# 善与恶的发明

## Moral

Die Erfindung von Gut und Böse

## 一部人类道德简史

Hanno Sauer

[德] 汉诺·绍尔 著　　续文 王蕾 译

中信出版集团 | 北京

**图书在版编目（CIP）数据**

善与恶的发明 /（德）汉诺·绍尔著；续文，王蕾
译. -- 北京：中信出版社，2025. 1. -- ISBN 978-7
-5217-7211-1

Ⅰ. B82

中国国家版本馆 CIP 数据核字第 20244F7L77 号



善与恶的发明
著者：　［德］汉诺·绍尔
译者：　续文　王蕾
出版发行：中信出版集团股份有限公司
（北京市朝阳区东三环北路 27 号嘉铭中心　邮编　100020）
承印者：　三河市中晟雅豪印务有限公司

开本：880mm × 1230mm 1/32　　印张：13.25　　字数：264 千字
版次：2025 年 1 月第 1 版　　印次：2025 年 1 月第 1 次印刷
京权图字：01–2024–6251　　书号：ISBN 978–7–5217–7211–1
定价：75.00 元


服务热线：400–600–8099
投稿邮箱：author@citicpub.com

# 目　录

CONTENTS

## 50 万年前：罪与罚

第二章



## 5 万年前：缺陷

第三章

## 5 000 年前:不平等的发明

### 第四章

## 第五章 500年前：罕见性的发现

## 50 年前：
## 历史的道德

**第六章**



## 5 年前：
## 非政治的思考

**第七章**

# 序　言

## 对我们而言重要的一切

我来给你讲述一段历史吧。这段历史讲完之后，我们还能彼此相爱吗？

这是一部漫长的历史，因为它涉及对我们而言重要的一切：我们的价值观、我们的原则、我们身份认同的来源、我们社群的基础、我们的团结协作和针锋相对、我们谴责他人和被他人谴责这两个方面，以及当我们醒来时，我们并不总是朝着入睡前的那一面。

我们应当如何定位自己？我们想要如何生活？我们应该如何相处？过去我们是如何成功的，未来又可能是什么样的？这些是道德问题，而我要讲的就是一段关于道德的历史。道德，听起来像是压抑和强迫，像是限制和牺牲，像是宗教裁判所、忏悔和良心不安，像是贞操和教义手册——毫无乐趣，保守封闭，对什么都摇动食指以示禁止。

这种印象倒也没有错，只是不够完整，需要补充。我的故事追溯了人类根本的道德变革：从生活在东非、尚未成为人类的最早祖先，到最近在现代世界大都市的网络中上演的关于身份、不平等、压迫和话语权的冲突。它讲述了我们的社会如何在各个时代发生变化，新的制度、技术、知识体系和经济形式如何与我们的价值观和准则同步发展，还讲述了每一种变化所包含的多个方面：生活在一个社群中的人会排斥其他人，理解规则的人希望监督规则，给予信任的人使自己依赖于他人，创造财富的人会造成不平等和剥削，希望和平的人有时不得不战斗。

每一次变革都是辩证的，每一次可喜的发展都有艰难、阴暗、冷酷的一面，每一次进步都有代价。早期的进化促使我们合作，但也让我们对所有不属于我们群体的人充满敌意——一旦说出“我们”，很快也就会说出“他们”；惩罚的发明驯化了我们，使我们变得友善平和，但也使我们具备了强大的惩罚本能，我们用这种本能来监督规则的遵守情况；我们的文化赋予了我们从他人处学来的新知识和新技能，从而使我们依赖于他人；不平等和统治政权的出现带来了前所未有的财富以及新的等级制度和压迫；现代生活解放了个人，使个人能够利用科学和技术控制自然。在这一过程中，我们对我们的世界祛了魅，我们身处其中却无家可归，并为殖民主义和奴隶制创造了条件。20 世纪试图通过全球化机制创造一个人人享有平等道德地位的和平社会，却给我们带来了人类历史上最令人震惊的罪行，并将我们推向了生态崩溃的边缘。最近，我们一直在为最终摆脱专断和区别对待、种族主义和性别歧视、恐同和排斥等遗留问题而努力。这是值得的，但我们也将为此付出一些代价。

我们的道德观就像一张羊皮纸：一张被反复书写，常常难以辨认和破译的羊皮纸。但什么是道德呢？人们如何去定义它？最好的办法是：根本不去定义它，因为“没有历史的东西才是可以定义的”[1]。但是，我们的道德确实有其历史，而且它过于复杂和厚重，不是我们坐在扶手椅上想出来的毫无生气的套话所能概括的。然而，道德难以定义这一事实，并不意味着道德无法被清晰地表述出来。它只是无法被**简短地**表述出来而已。

道德史并不是道德**哲学**史。我们对价值观的思考由来已久，但直到最近才开始把我们的想法写下来。《汉穆拉比法典》和“十诫”、“登山宝训”、康德的“定言命令”以及罗尔斯的“无知之幕”都在我的故事中占有一席之地，但相对而言它们都是次要的。这是关于我们的价值观、准则、制度和实践的历史。我们的道德不在我们的头脑中，而在我们的城市和堤坝、法律和习俗、节日和战争中。

我要讲述的历史旨在帮助我们理解当下。现代社会目前正面临着道德压力，即要在自身存续的可能性与最令人不快的存在真相之间取得协调。我们如何才能以一种揭示整体的方式来描绘目前正在经历的道德基础架构的转变？我们目前观察到的两极分化的不可调和性从何而来？文化认同与社会不平等之间有着什么样的联系？最后，这些要素结合在一起，形成了对当前道德危机的时代诊断。我提出的诊断源于我在本书中讲述的关于我们道德的历史。要了解现在，就必须回顾过去。

简言之，道德的进化尽管使我们具备了合作的能力，但将我们的道德倾向限制在那些被我们视为“族类”的群体范围之内（第一章）。外部环境的变化增加了合作的需求，这种需求只能通过在更大的群体中共同生活才能满足。惩罚的实践一方面使我们具备了必要的自我控制能力和社会兼容性，另一方面也使我们具备了一种心理，即以最大的警惕性来监控群体准则的遵守情况（第二章）。基因和文化的共同进化把我们变成了依赖于向他人学习的生物，以便能够最好地吸收积累起来的信息和技能等文化资本。与此同时，我们现在必须决定向谁学习——也就是说，信任和相信谁——而这种预先给予的信任需要借助共同的价值观（第三章）。我们这个能够合作、惩罚和学习的物种最终成功建立了越来越大的社会，而这些社会在其成员数量的压力下面临着崩溃的危险。严格的等级组织形式开始取代我们最初的平等主义，将人类社会分裂为社会经济精英和在政治与物质上处于弱势地位的大多数。社会不平等日益加剧，我们对不平等的厌恶也与日俱增（第四章）。道德的历史产生了一种文化组合，以个人间自主建立的合作关系取代作为社会结构性原则的亲缘关系和等级制度。社会进化的这一新阶段释放出前所未有的经济增长、科学进步和政治解放的力量，从而形成了我们今天仍然生活于其中的现代社会（第五章）。与此同时，我们对社会不平等的心理厌恶与基于个人自由的社会结构所带来的经济优势之间的矛盾也在加剧。随着物质的日益丰富，要求最终实现人类平等的呼声越来越高：处于弱势的少数群体的社会政治地位成为道德层面的优先事项（第六章）。这个问题无法如我们所愿地尽快得到解决，这也是我们当前所处形势的特点，在这种情况下，我们道德史上的主要因素形成了一种有毒的混合物：我们充满道德感的群体心理使我们容易受到社会分裂的影响。即使是在克服最后的社会不平等时所面临的困难，也会导致对所有那些未以必要的热情为同一事业而奋斗的人的怀疑。这强化了社会对“我们”和“他们”的划分，使我们更容易受到虚假信息的影响，因为我们越来越依赖于根据道德归属的信号来决定相信谁。现在，我们的惩罚心理开始越来越敏感地审视我们群体成员身份的象征性标志，并且越来越严厉地制裁不遵守现行准则的行为。当前的身份冲突——左和右——就是这种动态的结果（第七章）。但事情并不一定要这样结束，因为我们的政治分歧大多只是非常肤浅的，而在这一表象之下，存在着所有人都认同的、深刻的普世道德价值观，这些价值观可以成为一种新的理解的基础（结语）。

我说过，这是一段很长的历史。它开始于很久以前，结束于未来。它的节奏越来越紧凑：从第一章到第二章，跨越了数百万年的时间，而最后三章的跨度加起来只有几百年。不过，我所选择的时间划分方式不应过分按照其字面意思来理解。我所描述的许多发展都是重叠的，或者没有明确的时间顺序。本书章节排列所依据的时间划分应被理解为一种大致的范围，其目的是突出重点和提供概览。

其他划分方式也是可能且合理的。人们也可以将我们的道德史作为一部人类社会发展的历史来讲述：从可能只有 5 名成员的小家庭，到最早的 50 人或 500 人的氏族和部落，从早期拥有 5 000 名或 50 000 名居民的城市，再到现代拥有 50 亿或更多人口的大型社会。

道德的历史也是不同形式的人类进化史。它从生物进化的机制开始，其中我们的道德影响了我们成为什么样的动物，影响了我们今天作为一个自然物种是什么样子；它追溯了文化进化的形式，通过文化的进化，我们创造了所在的世界；它描绘了社会和政治进化的轮廓，正是这些进化塑造了人类历史的当前时刻。

最后，它还可以作为一个关于我们道德基础结构的基本要素的故事来讲述，在这个故事中，我们的合作能力与我们的惩罚倾向、对他人的信任和依赖、平等和等级制度、个性和自主、脆弱性、归属感和身份认同相结合，形成了人类特殊的生活方式。这里所选择的划分方式就如同一张地图，它的目的是提供方向，而不是描绘现实。最精准的地图并不总是最好的。

书里的每一章都建立在前一章的基础上，延续着叙述的内在逻辑。尽管如此，每一部分的写作方式都使其能够独立存在，并且可以与其他部分分开阅读。对人类的生物进化以及我们的道德如何塑造了我们这个**物种**感兴趣的读者，可以集中阅读前几章。想要了解人类早期文化史以及早期文明的道德基础如何塑造了这种文化的读者，可以从中间几章获益。最后三章主要针对那些想要更好地了解当下时代的道德精神的读者。而那些像我一样认为要理解当下最好先理解过去的人，或许应该阅读全书。

这是一部悲观的进步史。说它悲观，是因为每一代人**内部**都有着太多的恶。说它是进步史，是因为在各代人**之间**似乎存在着一些机制，这些机制蕴含着逐步改善人类道德的潜力，而且这种潜力有时会得以实现。道德的进步总是可能的，而且往往是真实的。但它并不是理所当然的，因为每一项成就的取得都必须抵御人类天性中的倒退力量、人类灵魂中的非理性因素和命运的无情。

只有了解了道德的起源，我们才能理解道德及其神秘性和矛盾性，这种观点并不新鲜。这一思想最终在哲学上取得突破是经由弗里德里希·尼采之手，他参考谱系研究，将这一项目称为“谱系学”。没有人比尼采更清楚，仅凭论据和事实并不能改变人们的思想。道德中的奴隶起义的故事，即弱势者和潦倒者在对强者、美者和高贵者的怨恨之毒的刺激下成功地重估所有价值，是一种修辞工具，旨在使我们对道德“偏见”产生最初的**怀疑**。尼采在描述他的积极替代方案时，拿出了他真正的道德批判：一种以宽容、自豪和肯定生命创造力等世俗价值观为导向的道德。

尼采在 1887 年发表的《论道德的谱系》中将“好”与“坏”的价值重新诠释为“善”与“恶”的价值，认为这是“群氓道德”的巧妙实施，借助这种道德，弱者和被剥夺权利的人一度成功地从心理上攻击了高贵者和强者，以至于后者开始将失败者与可爱者、将困顿者与有价值者混为一谈。这种重新诠释试图说明，我们的道德良知与其说是内心的声音在公正地提醒着我们道德的义务，不如说是残酷冲动的内化，它诋毁一切否定自我的道德禁欲主义，认为这是颓废和敌视生命的征候。

尼采关于道德起源的叙述的主要问题在于：它并不真实。尼采断言，在他那个时代居于统治地位的基督教的谦卑与平等、谦逊与同情等主流价值观，源于无权者的无能为力和自我憎恨，他们怨恨和蔑视有权势者的奢华，这激发他们创造出敌视生命的价值观。但这一断言经不起历史的检验。[2]

还有许多事情依然不为我们所知。尽管如此，我们现在已经非常清楚，应当如何提出关于道德起源的问题，以及这个问题的答案大致是什么样子的。为此，我们必须追溯到比尼采认为必要的久远年代还要久远的时间，而不是专注于从古代世俗的、贵族英雄主义的伦理学向基督教中世纪早期的过渡，后者开始强调同情和谦卑、罪孽、认命和死后的价值。相反，我们需要关注一个更为根本的问题，即人类的道德最初是如何产生的。只有这样，我们才能理解我们的价值观以及体现这些价值观的社会结构是如何随着时代的变迁而变化的。

我所要讲述的道德的历史并不是传统意义上的历史写作，后者指的是具体的、多少有据可查的事件和发展过程。而我要讲的是一种“深层历史”，不涉及日期和名字，而是要创造一种可能的情景，事情可能就是这样发生的。

事情发生的确切过程永远无法完全破解，因为过去的源头深远（甚至可能深不可测）。人们必须依靠不同学科的最佳组合——遗传学、古生物学、心理学和认知科学、灵长类动物学和人类学、哲学和进化论都提供了各自的视角，共同构成了一幅图景。

这种讲述会像尼采所认为的那样，揭示我们价值观的“可耻起源”吗？故事讲完之后，我们还能彼此相爱吗？在冷酷的日光之下看到的令人不安的真相，是否会击碎我们对自身价值观的信心？它能否证明我们的道德经得起推敲？还是说，这场伟大的庆典会在废墟、仇恨和耻辱中结束？

我们不知道未来会发生什么，不知道我们想要以及将要如何生活在一起。我们也不必知道。我们的道德价值观就像车头灯：你无法用它看得很远，但如果你依靠它，就可以走很长的路。这就是这段旅程的历史。

这段历史是这样开始的——

[ 第一章 ]

# 500 万年前：谱系 2.0

人类有一种异常自发的、

灵活得令人惊讶的合作意愿。

CHAPTER

—— ONE ——

## 从树上下来

随着干旱的蔓延，树木消失了。在龟裂的土地上，出现了崎岖陡峭的山谷沟壑、巨大黑暗的湖泊沼泽、巍峨的山峰和低矮的丘陵。从前有为我们提供庇护的茂密森林，里面生长着藤本植物、露水覆盖的巨大蕨类植物和汁水丰盈的多肉植物；从地面突起的根系之间，生长着充满芬芳的菌类与五颜六色的花朵。如今，森林已被多刺的灌木丛和锋利的杂草迅速取代了。

在我们离开树、树也离开我们之后，等待我们的是空旷的原野。在这个无边无际的新世界里，天上落下陨石和火焰，食物少得可怜。取而代之的是一些大型动物，它们牙尖齿利，而且比我们速度更快，也和我们一样饥饿。

一辆装了半满的骨化石的手推车。[1] 这就是我们最早祖先的全部遗迹了。无论如何，除了几颗牙齿、头骨残片、眉骨碎片、下颌和上颌的一部分、几块大腿骨的碎片外，再也没有其他发现。

专业术语总是令人困惑。今天，各个分类群之间的区分，取决于一种动物位于动物学谱系的哪一支，以及要强调哪些差异和进化分裂：人科包括所有类人猿，即除了人属之外，还有大猩猩属、猩猩属和黑猩猩属，黑猩猩属在全新世的代表有黑猩猩和倭黑猩猩。人亚科里除了人类，只包括黑猩猩属和大猩猩属，而亚洲猩猩（即红猩猩）被排除在外。最后，人族这个词在狭义上，但还不是最严格的意义上涵盖了所有人类：这个谱系——生物学上的族——包含最早的类人生物（但不得不承认还不是很像人），它们从大约 500 万年前开始在非洲南部和东部的部分地区繁衍生息。南方古猿里有一些是我们比较熟悉的类别，如匠人、直立人、海德堡人和尼安德特人。在这些人族中，唯一存续至今日的就是我们——智人。

## 合　作

第一批人族的进化史，是最早的原始人类祖先与今天仍然存续的其他类人猿的共有祖先分离后形成的历史。这关键的人类进化第一阶段可以划定到约 500 万年前。[2]

保存下来的化石——除了最古老的乍得沙赫人，其不对称变形的头骨发掘自乍得北部干旱的朱拉布沙漠里的托罗斯-梅纳拉遗址——主要分布在东非，今天的埃塞俄比亚、肯尼亚和坦桑尼亚：在草木茂盛的图根山区卢基诺地层中出土了图根原人的股骨碎片和一根拇指骨；在阿瓦什河河畔的阿法尔三角地区发现了地猿的后臼齿和南方古猿阿法种（“露西”就属此列）的下颌骨。化石发现的第二个主要集中地是南非，我们的各种祖先的遗骸出现在斯泰克方丹和格拉蒂斯瓦、德利莫伦和马拉帕的洞穴中。这种在漂流瓶中传递的信息或许也可以归功于猎豹和其他大型猛兽，因为它们生活在这样的洞穴中，并会把猎物拖进洞里吃掉。

今天，我们的化石遗骸散落在世界各地的古人类学研究机构中，在那里被死板地标识、备案、存档、登记和区分：乍得沙赫人被干巴巴地简称为TM 266，图根原人被叫作BAR 1000’00；其他的碎片、残缺物和块状物被列为Stw 573、KT-12/H1或LH4；地猿则至少保留了一点原始的名称：Ardi。[3]

这些出土物为我们讲述的人类形成史是暂时的。正如哲学家有时所说，它“受制于经验数据”，随时可能被新的发现检验、修正或超越。这也是一件好的、正确的事，因为只有教条才会一成不变——在科学中，长久不变的认识仅属意外。对我们最深远的过去的理解始终是推测性的，但这并不意味着无法证实和牵强附会的模糊，而是具有扎实稳固的意义。用比较形态学、分子遗传学、放射性碳定年、生物化学、统计学和地质学等最复杂的方法武装起来的众多聪明头脑，尝试从许多不同的理论及数据中重建这段历史的最合理版本。这项重建工作仍然依赖于一点，即地壳决定通过地质巧合与我们分享它的哪些秘密：在此我们常常像一个醉汉，当被问及为什么要在路灯下寻找丢失的钥匙时，回答说，因为那里的光线最好。

人类的摇篮可能已经转移到了东非，因为基于那里的地质条件，人们已经挖掘出了一些岩石层，而在别的地方，这类岩石层仍然埋藏在几十米深的碎石、沙子和黏土之下。此外，与所有科学学科一样，存在一种激励机制，诱惑着哪怕是最严肃的研究人员，使他们更愿意把最新的发现归于我们的祖先，而不是所谓更平庸的物种：令人惊讶的是，几乎没有黑猩猩和倭黑猩猩的化石被发现，当然，“没有人为了成为最早的黑猩猩发现者，而急于放弃成为最早的人族之一的发现者的机会”[4]。

当我们谈到与其他类人猿在进化上分离之后的最早人类祖先时，我们指的是体型与相貌和现代人类相去甚远的动物。这些原始人类身高不足一米，有着灵长类动物特有的超长手臂、凸出的鼻子、张开的宽大鼻孔，通体覆盖着厚厚的黑褐色毛发，他们与其说像我们，不如说更像现代猿类。开化和能够利用智力解决问题的最初迹象在很久以后才出现：使坦桑尼亚的奥杜瓦伊峡谷闻名于世的原始石器最多只有 250 万年的历史。

那时的气候也很温暖，但不会太热，因为我们的栖息地海拔往往在 1 000 米以上。在这些地势开阔、林木稀疏的草原上，我们日间以小组为单位在土里寻找根、块茎和苦涩的嫩芽，寻找坚果和蚁类，运气好的话，还能找到鬣狗或狮子剩下来的动物残骸——当时，这两种动物仍然是比我们更有天赋的猎人。

那些动物尸体上干掉的碎肉为我们提供了蛋白质，它们骨头和大脑中的髓质同样如此，我们用灵巧的手指将这些物质从破裂的头骨中挖出来。

200 万年前，更新世开始了，对于人类的进化来说，这是最具决定性的地质时代之一。地球上住满了奇异的巨型动物：猛犸、披毛犀、剑齿虎和巨犰狳在陆地上游荡。现在它们都已经灭绝了，部分也是因为我们。

我们生活在一个严酷、危险的世界之中。非洲大裂谷创造出的大草原般的广阔区域重塑了非洲大陆东部地区，使我们易受到猛兽的攻击，在草原化了的土地上，我们不能再通过迅速逃上树梢来保护自己。从西部开始逐渐形成的山脉将这片地区与风雨隔绝开来，这些风雨来自大西洋，本来可为这片土地提供水分。[5]

莱托利考古遗址遗留下来的脚印让人想到一个家庭——两个成年人和一个孩子。这些近 400 万年前的印记是通过萨迪曼火山的火山灰传递给我们的，它们是直立行走的生命最古老的可靠证据。密林之外新的生活条件支持这样一种双足生活的方式。虽然我们在很长一段时间内仍然是合格的攀爬者，但我们越来越依赖于以步行覆盖更远的距离。平坦广阔、野草丛生的平原催生出更好的视野和更轻快的脚步。

这些没有文字记录的早期人类的社会生活，可以通过最近才研发出来的时间预算模型来研究。[6] 为了在环境中求生存，我们灵长类动物（以及其他生物）终究必须做三件事：获得食物、保证休息和维持社会凝聚力。一旦人们对所谈论的那个时代的古老环境有了粗略的了解，并且可以粗略地计量出某个特定物种有多少纯粹的白天（即减去夜晚的时间）可以使用，就可以推算出群体的最大规模，其凝聚力是通过所谓的梳毛——相互打理毛发，这是灵长类动物中建立社会团结的核心机制——来实现的。那些必须花费特定长时间觅食和花费特定长时间休息的人，最多只剩下一定量的时间（x）来顾及群体凝聚力。这个时间量不足以维持超过 20 个成员的群体。

但社会生活为何对我们的祖先如此重要呢？为何我们的合作能力开始发挥如此重大的作用？这些问题将我们带回非洲大裂谷带来的气候–地理条件的变化。

人类的第一个根本性的道德转变在于道德的发现。大多数动物物种都表现出一种有助于增强族群凝聚力的行为规律。鱼群似乎鬼使神差地跟随一个听不见的节拍，通过行动的一致性来达成合作；社会性昆虫，如蜜蜂或蚂蚁，已经完善了劳动分工，这种分工往往需要个体为了蜂巢或蚁群的利益而完全地奉献自身。塑造了人类道德的特殊合作形式是将个人利益置于一边，以利于更大的共同利益，从而使所有人都受益。

人际合作的出现是我们这个物种的第一个关键的道德转变。为什么要合作？我们独特的合作能力的进化要归功于气候–地理条件的变化，热带森林被更加开阔、类似大草原的地区取代。这也解释了为什么我们的生活方式与黑猩猩和倭黑猩猩的迥然不同。我们的近亲没有受到类似的气候剧变的影响，它们继续生活在非洲中部刚果河周围茂密的森林地带，因此面临着与我们完全不同的选择压力。我们所生存的环境的不稳定以及我们暴露在危险猛兽的控制之下这一事实，使我们面临更大的压力，要通过更好地相互保护来弥补这种新生的脆弱性。通过更为密切的合作，我们在更大的群体中找到了支持和力量。我们人类是由最聪明的猿类被迫在大草原的开放空间中生存了 500 万年后才形成的。[7]

## 适　应

进化心理学试图从我们的进化史中找出关于现在的某些东西。进化心理学的名声很差：对许多人来说，它似乎仅是一种笨拙的秘密尝试，试图以伪科学的方式使反动的偏见合法化。这种怀疑并不是完全没有依据的，尤其是性别差异的研究诱使不少理论家去编造有时令人毛骨悚然的“原来如此”的故事，也就是那些几乎无法证实但听起来似乎颇有道理的、关于我们进化的史前史的故事，据说它们可以用来解释为什么女人喜欢买鞋而男人喜欢看足球：作为浆果的采集者，典型的女性总是喜欢去寻找五颜六色的小物件，并把它们带回家；而对于负责狩猎的男性来说，身体对抗、瞄准目标、努力战斗、夺取胜利自然就会产生无穷的魅力。因此，按照这种观念，男人负责把猎物带回来养家糊口，而女人则负责貌美如花，这种想法在今天似乎也挺天经地义的。

因此，说进化心理学犯了沙文主义错误，这种指责并非毫无道理。尽管如此，一门学科有一半是性别歧视的废话，并不意味着其另一半也必定同样不严肃。进化塑造了我们的心理，正如它塑造了我们的身体，这是无可争议的。如果自然选择只影响我们脖子以下的部分，那将是令人费解的——甚至是令人不安、不可思议的。

进化心理学试图以进化理论为工具来研究心理学。它试图找出我们的进化轨迹是否以及在多大程度上影响了我们的思维、情感、感知和行为方式，以此让过去成为今日之鉴。

这一学科的一个重要组成部分是搞清楚进化是在什么样的环境条件下发生的。毕竟，我们厌恶蛇与蜘蛛，用类似大草原景观的公园装点城市，喜欢篝火，可以花几个小时聊别人的八卦，会被突发的巨响吓一跳，或者向一个目标投掷，能够长距离奔跑，这些都不是巧合。我们的视觉只对电磁波谱的一个部分敏感——只有能够看到的那部分在生物学上才是有意义的（我们称之为“光”）。同样，我们的其他心理学性状也被认为与此类似。今天，我们的头脑仍然在按照曾经赋予我们祖先竞争优势的模式工作。通过适应而实现这种优势的性状被认为是“具有适应性的”。并非我们的每一项能力都源自进化。然而，那些功能复杂的性状很有可能是具有适应性的——或者至少曾经如此。

进化心理学最有趣的结果之一是，它可以解释我们思想和行为当中的许多失调现象。这种头脑与环境不协调的最著名的例子可能是我们对糖分几乎无止境的追求。碳水化合物是人体重要的能量来源，而能量通常有一个最关键的特征：稀缺。因此，我们在进化当中继承了一种倾向，这种倾向确保我们不会错过摄取糖分的机会，这是有其合理性的。只要碳水化合物是稀缺的，这种倾向就仍然具有适应性，因为对糖分的渴望有效地促使我们去摄取这种对我们很重要的能量来源。但是，当我们离开了进化适应的环境，并通过超市和加油站长期获得无限量的糖分供应时，我们的渴望就成了问题：进化的要求是必须尽可能地摄取能量，为饥荒的时候做好准备，但从现在开始，我们就必须有意识地限制这种本能了。

不幸的是，我们的心理学充满了返古的意向，而现代社会呈现出一个日益恶劣的环境，置身其中的我们必须不断地压制原始的本能、思想和行为模式。这提高了对自我控制的要求，并逐渐导致了一种扩散开来的“文明中的不适”[8]，因为文明在消除了物质贫困的同时，也提高了对认知纪律的要求。这就形成了一种自相矛盾的感知：发达的人类社会的物质繁荣似乎带来了幸福的承诺，但这种承诺只会令人沮丧地缓慢实现，而且永远不会完全实现，因为社会复杂性的每一次增加都会对我们的认知提出更高的苛求。

对于道德的历史而言，重要的是我们过去进化的哪些属性塑造了合作意愿的性质和程度。我们知道，我们有一种异常自发的、灵活得令人惊讶的合作意愿。但这是为什么呢？

我们人类进化的关键阶段，也就是我们与变形虫、两栖动物和其他哺乳动物不同的史前进化阶段，发生在一个极度不稳定的环境当中。这并不是说当时的天气特别难以预测，而是说我们祖先的种群不得不在几代人的时间内应对快速而剧烈的气候变化——这些变化本来是比较缓慢或不那么极端的，或者两者兼而有之。不稳定的自然环境使我们在觅食、迁徙、定居方面的灵活性和可塑性得到了提高。这使我们的祖先能够开拓新的栖息地，而不必首先经历解剖学上的改变。最初的技术突破提高了我们应对自然、在新的生态位条件下成功生存的能力。越来越反复无常的环境也使得分担风险成为明智之举。如果人们知道每年在二十座小屋中有三座会在风暴中倒塌，但不知道这一年会被掀翻的是谁的小屋，那么在社会结构中建立一个保险系统，临时保护同一个群体中的成员免受命运无常的影响，这样做就是值得的。

大型哺乳动物的存在使合作狩猎具有了适应性。许多动物都会合作狩猎，但人类表现出的精确性和协调性是其他动物无法比拟的。从某个时候开始，我们的祖先变得越来越依赖大型动物的肉来获取养分。这一事实使得集体意图——所谓“我们的意图”[9]——的形成在进化上具有重要意义：学习复杂的狩猎技能并最终与其他人共同实践。用来规范参与狩猎和分享猎物的复杂制度也开始同步发展。

如此一来，像我们这样懂得合作的生物就成功收获了自然环境或社会环境提供给我们的合作成果。所谓的规模经济出现了，随着合作网络的发展扩大，合作的好处实际上也在增加。这种现象被经济学家称为规模收益递增，意味着我们的行为收益并不总是线性发展的，有时会突然爆发。如果只能在至少六人一组的情况下猎杀大象或斑马，那么在五人一组狩猎和六人一组狩猎之间做选择，其结果的区别就不是五只兔子还是六只兔子，而是五只兔子还是**一头大象**。

"猎鹿博弈"是一种理论模型，可以用来模拟这种合作形式。在这一保证型博弈中，有两名玩家（A和B）与两个选项（猎鹿和猎野兔）。鹿需要两人合作才能获取，而野兔只需一个人就可猎得。现在很重要的一点是，玩家需要协调他们的行动。如果A选择猎鹿，而B选择猎野兔，那么A就会饿着肚子回家，而B则会浪费更好的机会。只有当二人都选择猎鹿时，才能获得最优结果。

在进化所适应的环境里，我们生活在小群体当中。进化人类学的一个关键概念是邓巴数。英国进化心理学家罗宾·邓巴证明，灵长类动物新皮质的大小决定了一个群体中成员数量的上限，因为群体规模越大，相应的社会结构越复杂，对我们的信息处理能力的要求就越高。[10]人们必须决定信任谁，并记得大家最新的社会声誉，好评估谁会成为好朋友，或者好老师，或者两者兼而有之，谁最会打猎，谁最会做饭，谁最会追踪痕迹，谁又在什么时候把谁得罪到什么程度。

长远来看，社群规模的扩大会产生不稳定的影响，因为我们生来就缺乏使得合作安排具有持久弹性的制度工具。邓巴甚至认为，从人类的平均脑容量推算出的人类群体的自然规模，可以相对精确地缩小到150人。这一数值存在于各种各样的环境当中，从部落社会到军事组织的内部结构里都能找到。随便举个例子，在一间酒吧里，你能够轻松加入与之一起喝一杯的，不超过150人。[11] 当然，人类社会的特殊之处在于，它可以容纳的人数远远超过150人。但这直到最近才成为可能，而且前提是要形成规范更大群体的合作方式的制度框架。自发的社群一旦在数量上超过其承载能力，就会分裂。

我们的进化祖先所适应的小群体的生活处于一种持续的、至少是潜在的冲突状态中。一方面，在我们进化史的过去，不可估量的环境条件常常导致关于稀缺自然资源的剧烈冲突。我们是否可以像托马斯·霍布斯所说的那样认为人对于人来说是狼，这是一个有争议的问题。然而，法医考古学的数据可以非常清晰地证明，人类群体之间通常极度敌对。[12] 据说，在一些由狩猎采集者组成的游牧部落中，甚至连自然死亡——不是由邻近部落成员的暴力行为造成的死亡——的概念都多少不为人所知。

史前群体的相遇通常一定会导致暴力冲突，这是毫不奇怪的。从进化的角度来看，预期会发生领土战争和资源争夺是有道理的，因为群体冲突非常适合增加合作机制的选择压力。[13] 个体的生存越是依赖于群体的成功，利他主义行为就越是有益于集体。许多人抵触将战争作为利他主义合作的例子，但从技术层面讲，这么说是没错的：参加战斗的人将自己的利益服从于一个共同的项目，从而选择了合作的选项。[14] 个体自己的贡献对于战争能否胜利来讲是可以忽略不计的。拒绝参与战争者也可以享受胜利的果实。因此，战争是典型的集体行动问题。战争行为是否服务于道德意义上的善举，这是次要的：即便在出于最卑劣的目的合作时，合作也是人类道德的核心基础。

暴力冲突的爆发可能不仅仅是偶然相遇的结果，还首先是敌对团体之间战略袭击的一部分。这两种情况都因上述的气候动荡而加剧，因为频繁的迁徙使从前孤立的群体之间更有可能发生冲突。对当代原住民人口的民族志调查也描绘了同样的画面。对内，我们的祖先是家族和平主义者；对外，他们是烧杀抢掠的犯罪团伙。

我们的进化所适应的环境不是一个可以在世界地图上圈出来的地方，不是一个可以在时间轴上标记出来的历史时期。我们的进化史是对自然条件和社会条件之集合的一个统称，这些条件对我们这个物种的发展施加了有效的选择压力。如果想要了解我们的道德，就必须了解这种选择的历史。

## 生物学上的进化

为了更准确地理解人类进化的机制，首先必须理解进化的一般运作方式。1790 年的时候，康德还认为，希望有朝一日会有一个“牛顿出现，他按照不是任何意图所安排的自然规律来使哪怕只是一根草茎的产生得到理解”①[15]，这样的想法是“荒谬的”。而仅仅 69 年之后，查尔斯·达尔文的《物种起源》就问世了，这再一次表明，今天看来不可能的事情，明天就可能成为现实。

生命世界是有意识干预的结果，这样的印象乍看之下是令人难以抗拒的。眼睛的存在是为了看，心脏的存在是为了跳动。猎豹身形敏捷、行动迅速，因而是天生的好猎手。鸟儿能飞，所以……如此等等。进化论消除了这种印象，将其揭露为一种目的论的幻觉。生命只是表面上看起来有目的，实际上，它遵循着无计划的突变和选择趋势。

事实上，智能设计的假象来源于一个渐进的过程，在此过程中，变异体出现的频率在外部的选择压力下（如因为流行病、气候变化等）于数百万年的时间里发生波动。进化总是发生于“有变化的继承”当中（达尔文的原话是descent with modification）。它基于多种因素的综合，如变异、差异繁殖的成功和遗传。随机突变造成了变异。由此产生的变异体之间相对繁殖成功的差异通过遗传导致下一代重新洗牌。这个过程就叫作自然选择。

所有这一切都是“盲目地”发生的，也就是说是“无计划的”。没有人指挥调度这一过程，正如哲学家丹尼尔·丹尼特所说，这个过程是“按算法”[16]进行的。算法是一种决策过程，

① 译文引自：康德，《判断力批判》，邓晓芒译，北京：人民出版社，2002 年，第 253 页。——译者注

当正确、重复地运用它时，会机械地产生特定的结果。通过变异和选择的反复交替，进化产生了适应性——从长远来看，造成了新物种的出现。

自然选择并非决定种群构成的唯一机制。除了随机的基因突变，性选择也起到了一定的作用。然而，性选择是不是自然选择的一个变种还存在争议。在性选择的过程中，生物体（更准确地说是它的基因）的繁殖成功与否并不取决于自然的要求，而是取决于另一性别的任性的偏好。

或许很少有科学术语看起来如此容易理解，却又经常被误解。适应这个概念引出了拉马克的错误结论，他认为环境的影响可以导致原有生物体在表型上发生变化。例如，依照他的理论，长颈鹿的脖子变长，是因为它试图够到特别高的树顶端的叶子。而与之相矛盾的事实是，后天获得的性状（除了少数表观遗传的例外）不能被遗传，且某些性状根本不能被获得。然而，一个更为根本性的误解在于，它假设进化是发生在个体身上的过程。事实上，进化的概念应当从种群统计学的角度来理解，它涉及种群中某一性状分布的代际变化，即某一性状的出现频率如何从一代到另一代发生变化。脖子长的长颈鹿有更多的后代，因此其后代中就会有更多脖子长的长颈鹿。

进化是适者生存的过程，这一表达并非达尔文本人提出的，而是在《物种起源》出版5年之后由英国哲学家、社会学家赫伯特·斯宾塞提出的。这句话表明，存在着与进化无关的适应标准，进化的过程随后就会找到这些标准。事实上，所谓的

"适者"就是那些繁殖成功率最高的个体。适应的概念似乎是同义反复的：谁能生存？那些适者。谁是适者？那些存活下来的。这些适者是谁，是大还是小，是强还是弱，是狡猾还是愚蠢，对进化来说都是无关紧要的，只要它们能够生存并产生后代。

某个性状具有适应性——这总是只在回看时才变得明显，而不会预先显现——并不意味着它就是最适应的。例如，许多人都想知道，为什么人类仍然会得癌症。这种"百病之王"[17]难道不应该早就被攻克了吗？进化不是应该让我们产生免疫力吗？遗憾的是，进化对我们和我们的痛苦无动于衷。它唯一关心的是，某个性状如何影响我们的基因的繁殖成功率。大多数人早在得癌症之前就把他们的基因遗传下去了。如果根本不会得癌症就**更好**了，但这不关进化的事，因为它只对**刚刚好**的事情感兴趣。在进化的竞争中，重要的是比起竞争者要**相对而言更能活下去**。最佳的质量并不重要。事实上，优化策略甚至是适应不良的，因为选择压力奖励的是对资源最有效的利用。完美主义者的日子不好过。

首先，并非每个性状都能归因于适应过程。除了适应之外，还有扩展适应，即某个性状的功能特征虽然最初确保了它的存续，后来却被改变了用途，或者更好的说法是功能异化了。典型的例子是鸟类的羽毛，其最初的功能是调解生物体的体温，只是后来在进化中又变成了飞行的工具。其次，种群中性状的表达往往根本不是由于功能（或功能障碍）导致的繁殖差异才改变的，而是由于随机的基因突变。例如，当某个物种经历种群瓶颈时，就会发生非适应性的突变：一场洪水或风暴消灭了群体中的很大一部分成员，只有那些偶然幸存者的遗传信息得以保留下来。

最后，某个性状是具有适应性的，即会导致相对繁殖成功这一事实，与该性状在任何其他意义上是不是好的或可取的没有关系。进化生物学和进化心理学是野蛮与淫秽行为的陈列馆，这些行为虽然往往在策略上是有用的，但在伦理上却是可疑的。在不同情况下，谋杀和误杀、强奸和盗窃、排外和嫉妒可能是具有适应性的，但这并不意味着它们在道德上是正确的。

进化论这一科学发现的重要性，再怎么强调都不为过。看似有目的的适应性可以用突变与选择之间不协调的相互作用来解释，这一观点是人类历史上最伟大的见解之一，仅有其他三四个具有类似地位的发现可与之相提并论。尼采曾断言："当你凝视深渊时，深渊也在凝视着你。"[18] 事实证明，"达尔文的深渊"[19] 比想象中的更加深邃。丹尼特恰当地将进化论描述为一种"万能酸"，它吞噬了我们的每一个传统概念、观念和理论。[20] 无论什么样的世界观接触到它，都会发生根本性的改变。许多思想体系根本无法在这种接触中幸存下来。

## 难实现的合作

许多事情发生了，尤其是在过去的几千年里。哲学家、神经学家约书亚·格林设想，有一个先进的外星文明每隔 1 万年会造访一次地球，可能是为了看看这里居住的物种里有没有哪个特别有前途。关于智人，他们在 10 万年前记录道："狩猎者与采集者，一些原始工具；人口：1 000 万。"[21] 在 9 万年前、8 万年前，甚至 1 万年前，他们还会写下同样的话语。然而，在 2020 年的最近一次访问中，他们记录道："全球化的工业经济，包括核能、远程通信、人工智能、航天飞行在内的先进技术，全面的社会/政治机构，民主的政府，先进的科学……"我们走过了漫长的道路，而我们的道德能力在塑造和推动这一发展的过程中起到了决定性的作用。

事情本来不一定会这样发展，因为很容易想象到其他情况。美国人类学家萨拉·赫尔迪比较了如下场景：飞行旅程中的乘客如果是黑猩猩，与人类乘客相比会有什么不同。[22] 我想，大概只有极少数人真的喜欢乘坐飞机。然而，必须承认，尽管在登机前必须克服一些令人沮丧的障碍，但整个飞行过程还是很文明的。毕竟，我们要坐好几个小时，紧紧地挤在陌生人中间，一言不发，一动不动，吃着别人端上来的可疑的食物，同时只能借助更为可疑的媒体打发时间。偶尔有一个喝醉酒的乘客或一个哭闹不休的婴儿让人恼火，但严重或暴力的事件有谁经历过呢？

在类似的条件下，黑猩猩会有什么表现？只能说，还是不要设计这种实验了吧：拆毁的座椅，破碎的窗户，地毯上的一摊血迹，被扯下的耳朵、手指和阴茎，遍布机舱内各个角落的猩猩尸体，一声声哀号和牙齿打战的声音。

附带说一下，这并不是说黑猩猩或任何人类以外的动物都是嗜血、冲动、没有合作能力的怪物。相反，关键在于，人类的合作能力与其他所有动物的都不同：我们合作得更频繁、更灵活、更慷慨、更有纪律、更少猜疑，我们甚至与陌生人合作。有些东西使我们看到——也可以说是利用了——合作的好处。谁能够为了各种双赢项目招募同类，谁就打开了一个充满新的可能性的世界的大门。我们非常善于识别并抓住这些可能性。

## 我们只想博弈

20世纪诞生了一门独立的科学学科，它在很大程度上涉及人类合作的条件和限制。这就是所谓的博弈论，它研究的是理性行为者如何相互影响，特别是试图解释合作行为的出现和稳定为何往往如此困难。

选中“博弈论”这个名称是不幸的，因为它要么暗示自己是对博弈游戏（比如国际象棋、扑克牌或者篮球）的科学研究，要么暗示人类的共存将被谴责为一种不严肃的消遣。然而，这二者都不符合实际情况。事实上，博弈论者感兴趣的是用精确的数学模型来描述人类的互动——尤其是为了理解为什么合作经常失败或根本不合作。“博弈论”这个术语与这一事实有关：互动可以被看作一系列的行动，其中A的每一步前置行动决定了B的最佳应对行动是什么。

当为了更大的共同利益而放弃自身的直接利益时，这样的行为就被定义为合作。这与自我牺牲无关：每个人都能从合作中受益。也因此，当合作由于小气、冲动或短视而失败的时候，就特别令人沮丧。

合作行为受到规则的引导，这些规则限制了个人的理性效用最大化，却因此导向双赢的局面，这在博弈论中被称作正和博弈。打扑克牌等零和博弈的特点是，一方的损失就是另一方的收益——收益与损失之和为零。在负和博弈中，每个人都会遭受损失。由于没有人从中吃亏，合作共赢的行为便满足了公正的一个重要标准：它对所有参与者来说都是合理的。

至少有一个博弈论的关键词已经进入了流行语境——“囚徒困境”。故事是这样的：两名罪犯被警察逮捕了，有足够的证据可以证明他们犯了轻罪（如非法持有武器），但事实上警察想以最近发生的银行抢劫案来给他们定罪，而这方面的证据还不充分。因此，这两个人被分别带入了不同的审讯室，警察向A提出了一个条件：如果A指控B，那么A就可以被轻判（1年监禁）；由于这样就可以证明这两项罪行B都犯下了，B就必须服刑10年。然而，警察也向B提出了相同的条件。如果两个人都保持沉默，就只能被指控犯有较轻的罪行，那么两个人各自都只会被判3年。如果两个人都出卖了对方，那么每个人就会被判5年。由于双方无法沟通，他们就必须为自己选择最佳策略。对A来说，如果B出卖了我，那么我也应该出卖

B，否则我将作为单独作案者入狱 10 年。但如果B坚持立场，保持沉默呢？那么我**还是**应该背叛他，这样我的刑期就会减少到 1 年。问题是，两个人处于同样的处境。因此，两个人都会背叛对方，也都会被判 5 年。

囚徒困境似乎描述了一种与日常生活无关的、离我们很遥远的特殊情况。事实上，它只是用一个生动的例子来说明一个更为普遍的问题，以精确地模拟社会行为的基本冲突。合作行为对每个参与者来说几乎都是最好的选择。问题在于，对**每个个体**来说可能更好的是，其他人都合作，而这个人又能从其他人身上占便宜。换句话说，无论其他人是否合作，不合作对每个个体来说都是最好的选择。如果其他人撒谎，那么我最好也撒谎；如果其他人都很诚实，那我最好还是撒谎。不合作成了**主导策略**，因此相互之间不合作处于一个稳定的**纳什均衡**之中：没有人可以单方面地脱离这个均衡而不吃亏。囚徒困境的悖论在于，它显示了个体理性和集体理性是如何瓦解的。如果每个人的行为都是理性的，那么集体就会达到一个次优的结果。合作的果实还无法收获。

一旦理解了这一基本理念，你就会开始看到，到处都存在着囚徒困境——或者更宽泛地说，存在着集体行动问题。这主要是因为，集体行动的问题**确实**比比皆是。或许最著名的一个例子是对自然资源枯竭的讨论。这个问题早在 18 世纪就被苏格兰哲学家大卫·休谟预见了，自加勒特·哈丁以来就以“公地悲剧”之名著称。[23] 这位美国生态学家观察到：没有被土地界标分配出去的自然资源，如牧场或渔场，往往会被开发到超出其能力的极限。无论其他人的行为如何——是可持续的还是剥削性的——每个人的最佳策略都是过度开发资源。每个人都可以从这种不当行为中榨取到好处，而代价则被“外化”给了集体的其他成员。

许多看似平平无奇的日常现象都可以作为集体行动问题来分析。高速公路上的交通堵塞往往是由好奇旁观者的轻率行为造成的，他们为了瞥一眼事故现场而短暂地减速，从而逐渐使自己身后的车越开越慢。踏越草坪对赶路的人而言是捷径，但最终对所有人而言，这意味着在草坪上留下难看的痕迹。

在经济学中，自从索尔斯坦·凡勃伦的“有闲阶级论”问世以来，人们开始谈论“炫耀性消费”，在这种情况下，往往有相当多的资源被花费在了地位的象征上，而这些象征最终并不能提供内在的满足，而纯粹只具有**夸耀地位**的作用：只有在（且因为）别人没有某些特定商品的情况下，它们才有价值。然而，一旦竞争者迎头赶上，每个人的境况都会变得更糟：每个人都更穷了，没有人会更快乐，而这种集体互相攀比的行为最好当初就不要开始。[24]

在政治方面，博弈论首先在冷战时期癫狂的军备竞赛之中得到了证明。[25] 在许多知识分子看来，冷战期间的世界简直疯掉了，对手的理智被不可调和的意识形态毒害，这种意识形态使敌人显得卑鄙或邪恶。但这种解释也有其致命的缺陷，因为它把问题归结为超乎寻常的、不可解决的，却没有看到这种对等的威慑情境的平庸内核。如果其他人都拥有核武器，那么我最好也拥有核武器。如果只有我拥有核武器，那就更好了。

许多社会问题也可以用这种方式来描述：美国的枪支持有者喜欢指出，他们觉得拥有枪支比没有枪支更安全；几乎每个人都认为自卫是一种合法的愿望，这就是为什么面对要求对枪支实施更有效的监管，特别是对突击步枪等威力强大的武器实施监管的呼声，美国的枪支游说团体斥其为软弱的东海岸颓废症或华盛顿精英步步紧逼的控制。博弈论的语汇表明，这些都是无稽之谈；事实上，这也关乎对这样一种情况的处理：拥有枪支这一个人理性行为对于集体来说却是非理性的。普遍持枪立刻就“吞噬”掉了个人的自卫优势。因此，人们不得不继续购买威力更大的枪支，直到邻里间的和平最终只能用坦克来捍卫。然而，即便是这样也不能维持很久。

最近反对接种疫苗的声音甚嚣尘上，归根结底，它也是一个集体行动问题。虽然所谓的接种疫苗的风险大多是假定的，但谁会愿意在儿科医生的候诊室里牺牲一个上午，与陌生人那生病的孩子挤在一起，为的就是让一个金属针头扎在自己那哭着愤怒抗议的孩子的手臂上？如果其他人都接种了疫苗，那我们就可以享受群体免疫的好处，而不必用这样的方式来折磨自己的孩子。只有当疫苗接种率低于群体免疫水平时，由于疾病发病率的提高，个人接种疫苗才会重新变得合理。因此，除了经常相信耸人听闻的阴谋论之外，“反对接种疫苗者”的行为并非不理性，只是**不道德**，因为他们从合作结构中获益，却没有做出自己的贡献。

在生物界，集体行动问题无处不在。加利福尼亚的巨杉树长到100多米高，只是为了确保阳光下的最佳位置。可惜，它们无法通过契约形式将彼此的最大高度限制在50米，否则就可以早点结束这场效率低下的竞争。[26]

集体行动并非不可能。然而，上述例子和集体行动问题的逻辑表明，形成一个能够采取行动的“我们”，这件事本身就面临着巨大的障碍，不存在一个统一有效的秘诀可以克服这些障碍。合作的安排总是容易受到剥削的伤害，这个问题是无法解决的。

这对我们道德的进化意味着什么？想象一下，有一小群虚构的类人生物，每个人都为自己而战，只对自己的利益感兴趣。合作是不存在的。现在，通过随机的基因突变，出现了一个个体，比其他个体更加利他、更愿意合作——但只是更利他一点点。这个个体有了初步的道德，有时倾向于不剥削他人，不总是把自己的利益凌驾于其他所有人的利益之上。

这样的变体不可能存续下来，只会在资源和繁殖的斗争中迅速消亡。这种变体将面临无情的选择压力，无法在种群中传播。反过来，在一群相互帮助的合作者中，一个通过突变偶然产生的、合作意愿仅比其他个体**稍差**的个体将拥有巨大的竞争优势。它的基因将通过更多的后代在种群中迅速传播。看起来，进化的选择压力似乎总是对道德行为不利。这就是合作之谜。

## 实验室里的合作

合作结构往往会崩溃，甚至陷入破坏性暴力的循环，这一事实已经一再被经验证实。行为经济学的实验表明，虽然人们倾向于有保留地合作，但这种意愿通常会被搭便车者利用，使个人对公共利益的平均贡献骤降，最终几乎下降为零。

为了准确地研究人类的合作行为，首先必须对其进行科学的操作。在“公共物品博弈”中，集体行动问题被塑造为一种决策情境，在这一情境中，四到五名参与者会获得一定的初始资金，每个人都可以选择是将其留给自己，还是贡献给公共的资金池。[27] 每一轮选择结束后，公共池中的资金将被乘以一个系数（通常是 2），并平均分配给所有参与者——无论每个参与者贡献了多少。我们可以立刻看到，搭便车（或者叫**背叛**）是主导策略。就个人而言，每个人都能从其他人的贡献中获益，甚至可以在每一轮中收到他们没有贡献给公共池的份额。

如果进行多轮博弈，且参与者事先知道这种连续囚徒困境的运行次数，这种效果就会进一步增强。每一轮的最佳策略就可以通过逆向归纳法从上一轮的最佳策略中推导出。参与者如果清楚地知道要进行十轮博弈，那么也就会清楚自己在第十轮，也就是最后一轮的行为不会对第十一轮的结果产生任何影响（因为没有第十一轮了）。因此，在最后一轮中，可以预期参与者的行为是不合作——这事实上将使第九轮成为最后一轮，所以在这里也可以预期不合作。这样一来，整个链条都崩溃了，不合作在第一轮就会变得不可抗拒。这一理论结果已被经验证实：尽管许多参与者在公共物品博弈的头几轮愿意合作，但在第一批自己没有贡献却从别人的贡献中获益的参与者出现之后，这种状态很快就崩溃了。几轮过后，对公共池的贡献就会趋向于零。

当然，实验性研究在现实世界中的有效性（用专业术语来说叫“生态效度”）始终是值得怀疑的，因为在高度人工化的实验室环境中，经过精心指导的实验对象的行为对日常生活中的血肉之躯的影响是有限的。尽管如此，这一现象对于任何经历过“幽居病”的人来说仍都是熟悉的：在一次露营中，当出现第一批未能为集体的成功做出贡献的成员时，所有参与者的合作意愿就会逐渐降低。即使对人类的新假设也不能改变这一点。一个早已被驳斥的流行谎言是：只有假设人是符合经济学思想前提的经济人时，才会出现集体行动问题。合作是脆弱的，因此就像瓷器、玻璃和自己的声誉一样，属于本杰明·富兰克林的易碎难补事物清单。

因此，在我们的“谱系 2.0”开始之初，我们就意识到，合作是非常困难的，更难的是维持已经建立的成功合作。世界的骰子被打上了不利于成功合作的记号。合作是需要解释的，不合作才是常态。社会学家尼克拉斯·卢曼可能会说，与合作的失败相比，合作是“不可能的”。每当两个——甚至更多个——人相遇，**偶然性就会加倍**：[28] 有无数的事情可能发生。两个人可能无视对方、攻击对方、以某种荒谬的方式行事，或者至少尝试了合作但失败了。正如有时所说的，**自我**（ego）和**他人**（alter）成功地把彼此的行为“连接”起来，这只是众多可能性中的一种——因此也是不太可能的。

## 人，猿

你不是也会保持沉默，拒绝揭发你的同伙吗？这难道不是个荣誉问题吗？应当是西塞罗说过，就连小偷也知道规矩，学生也几乎总是拒绝承认目的理性行为的逻辑；他们必须得被教育一番，才能看到不合作的好处。

如果你也有类似的感觉，那就说明你的道德正在提供指引。这也证明了一个论点：合作的本能可能是与生俱来的。你直觉上认为共同行动是有吸引力的，甚至会对搭便车者感到愤怒和不满，这表明，在持续了数百万年的学习过程中，进化已经在人类身上植入了社会偏好，使合作看起来是出于内在的需要。[29] 我们不必先了解合作是如何运作的。

我们的合作能力是与生俱来的，这一说法仍然富有争议，无法使用数学的确定性来证明。然而，我们可以找到有力的证据来证明某种行为模式是与生俱来的，或者说得更精确些，是受到进化的强力**引导**的。只要一种能力：（a）很早就发展起来，（b）在所有文化中都存在，以及（c）很难甚至根本不可能改变，它就极有可能是一种“内置的”倾向。

我们的道德正属于这种情况。尤其是，现在可以很好地证明，原始道德倾向出现得惊人地早。在“观察时间研究”[30]的帮助下可以看到，12个月以下的婴儿更喜欢看那些表现得乐于助人的人物或形象，而不是那些似乎要妨碍或伤害他人的人物和形象。即使是幼儿也会对不公正现象产生厌恶；惩罚作恶者的罪行是一种自发反应，不需要学习。

跟药物一样，关于人类的假说也经常被拿来在猿猴身上做实验，但这种方法仍然受到很大限制。在这种或那种灵长类动物身上也能发现某种能力，这一事实其实也恰好可以看作这些能力**不**能被解释为人类道德的证据。猿猴跟人类迥然有别，能做出的事情也非常不同（只要想想飞机上的黑猩猩那个思维实验）。只要在灵长类动物身上发现了某种特性，就不能只用它来具体解释特定的人类行为。因为如果可以的话，为什么猿猴不造船、不结婚、不写书呢？

荷兰的灵长类动物学家弗朗斯·德瓦尔不断地探索这些情境。最值得注意的是，德瓦尔在2003年于普林斯顿大学举办了著名的关于人类价值的坦纳讲座，后来又据此出版了《灵长目与哲学家》一书，他在其中试图通过说明我们的道德具有深刻的进化起源，来驳斥道德的“饰面理论”。“抓伤一个利他主义者，会看到一个伪君子在流血。”这是饰面理论者的口号。这一理论认为，我们端庄内敛的外表下其实隐藏着一个无视道德的杀手，最多只是为了自己的利益才不情不愿地、有保留地遵守游戏规则。只要一出现绝佳机会，即便看上去最无辜的羔羊也会随时准备烧杀掠夺。[31]

在德瓦尔看来，这是不可能的，因为在我们的近亲身上已经找到了基本的道德能力，它们可不会有这种战略性的伪装行为。因此，人类的道德必定比那些愤世嫉俗者所假设的更真实、更深刻，那些人认为，我们的价值观不过是虚情假意的表面文章。黑猩猩尤其明显地表现出了社会本能，例如同情或关心，并且似乎对于社会不公正的现象有着类似于人类的厌恶。[32]在一项研究中，一只黑猩猩拒绝了递给它的一根黄瓜，只是因为它的同胞只获得了一颗葡萄，这个实验已经成为一则传奇（尽管对它的阐释仍有争议）。

问题是，同情和互惠不足以解释人类道德的原因恰恰在于：人类能够建立拥有数百万成员的群体，并为这些群体找到互相合作的解决方案，要做到这一点，人类必须拥有截然不同的心理工具。如果一点点同情心再加上互相抓虱子就足以建立起高度复杂的庞大合作链，那么为什么黑猩猩生活的群体却等级森严，而且成员数量从来不超过几十个？这正是人类的**超社会**现象，这种现象的起源至今无法准确解释。灵长类动物有助于我们解开这个谜团，但只能通过向我们展示我们的哪些特性必须被排除出人类道德的决定性特性之列，也就是我们与我们的近亲所共有的那些特性。

因此，一个现代的、以科学为基础的道德谱系必须首先解释一件事：人类是如何成功地发展出合作倾向的，尽管这些倾向在进化过程中是不稳定的？为了回答这个问题，我们必须仔细研究一下，我们是在哪些条件下才赢得了这一进化挑战的。

## 无神参与的美德

我们的道德是一种促进合作的社会心理机制。我们现在已经掌握了理解这一机制所必需的一些科学工具。

在这一理论背景下，道德起源的问题可以被更精确地表述为：由于我们的道德并非一系列神授或先验的规范，而是有历史的，因此道德哲学——这是尼采无与伦比的洞见——就成了谱系学。一部有根据的道德史依靠的是进化论、道德心理学与人类学的最新发现。这样一来，它既避免了尼采所指责的他那个时代关于道德起源之猜测的幼稚性，又避免了尼采自己那有趣但实属坏习惯的夸张论战。

我们的道德是在特定的条件下，在我们的进化所适应的环境中产生的。在这种环境中，我们生活在相互冲突的小群体内，不得不在气候多变的环境中通过猎杀大型哺乳动物来确保群体的存续。这种环境使我们变得灵活、聪明、愿意合作，但也变得部落主义、有暴力倾向。

我们的道德是一种**人类特有的**道德。灵长类动物可以向我们展示，哪些能力恰恰**不**能解释我们道德的核心。如果猿猴拥有某种特性，那么这种特性作为对人类合作行为的解释就自动失效了。

合作行为和利他主义必须克服巨大的障碍才能产生。这些障碍一直存在，并对我们的道德倾向持续产生不稳定的影响，因此，成功达成的合作关系仍然是脆弱的。主要问题在于，不合作，即自己利益的最大化，几乎总是最好的选择。不幸的是，对每个人来说都是如此，这就使道德准则总是失去平衡。

合作是不太可能实现的，这可以表述为一个进化论中的解释性问题：进化是如何产生利他主义或合作倾向的，尽管这——至少看起来——必然会**降低我们的繁殖适应性**？帮助**别人**怎么可能**对我**有好处呢？让我的个体利益服从于集体的共同利益，怎么可能是值得的呢？

长期以来，信仰有神论的进化论怀疑者最喜欢的论点之一便是，进化论无法解释我们的利他主义道德。他们坚持认为，道德是人性的最后一根稻草，其起源**必定**来自神。进化论，特别是当它被简化为“适者生存”时，似乎预示着每个人都必须只为了自己的利益而行动。但是，难道邻居们没有互相帮助吗？难道我们不会为了孩子自我牺牲吗？难道没有友谊，没有集体，没有团结吗？我们不能爱我们的邻人吗？从无神论的角度来看，我们的道德似乎至少是一个巨大的错误，最坏的情况下甚至是一个无法解释的谜，一个科学反常现象，无神论者只能无奈地把它当作一个事实接受。

利他主义和无私奉献不可能源于进化的论点，仍然受到宗教辩护士的欢迎，但我们现在可以将其恰当地称为：一个已经被明确驳倒了的神话。尽管如此，这里不能说得太过火，因为有时信仰无神论的进化生物学家或哲学家会夸大自然主义解释的范围，只是为了不给神明留下一丝一毫的空间。应当抵制这种诱惑。事实上，科学的谦逊决定了，尽管进化论的研究计划已经取得了相当大的成功，但其不足之处也不应当被掩盖。说到底，我们（还）不知道是什么让我们成为乐于合作的生物，以及合作事实上是如何运作的。

实际上，破坏有神论观点的，并不是我们已经明确解释了道德的出现和传播这一事实，而是道德的自然主义解释随着时间的推移所慢慢取得的成功：实际上在19世纪末，合作和道德还被认为是进化论中完全不可解的谜团。而如今，我们道德的许多方面已经有了令人满意的解答，因此我们有充分的理由希望，剩下的问题也能最终得到解答——“光芒逐渐照亮了全世界”[33]。

## 两个兄弟（或八个表兄弟）

基本的道德行为模式可以用进化论来解释。利他的行为是有代价的——这很大程度上也是事实。然而，使合作行为在与诡计多端的竞争者争夺稀缺资源的过程中能够长期持续的机制，却是可以确定的。

进化论似乎描绘了一幅阴森、无情的生命画卷。无论何时，整个生物世界都在进行着肆无忌惮、永无休止的斗争，弱者总会沦为牺牲品。只有强者才能存续，才能成功繁殖出有前途的后代，从而将它们的基因，或者更准确地说是它们基因的副本，传递给下一代。这是一个冷冰冰的、没有同情心的世界，赢家得到奖励，输家则无立足之地。

这一切听起来很无情，但真相要阴暗得多。为了看清这一点，我们必须认识到，在进化过程的选择压力下，最终究竟谁得到了青睐，谁遭到了淘汰。是试图存续自身的单个有机体吗？是想要称霸全球的单个物种吗？都不是。事实上，在进化过程中，决定命运的基本选择单位是**基因**。

这种所谓的以基因为核心的观点在20世纪下半叶得到了大力推广，尤其是通过英国进化生物学家理查德·道金斯的里程碑式著作《自私的基因》。可以直言不讳地说，这是有史以来最容易被人误解的书名。[34] 在许多读者眼中，《自私的基因》似乎是想指出，在上述为生存所进行的斗争中，所有生物，包括人类在内，本性上都无可挽回地变成了冷血的反社会者，总是为了自己的利益行事，最多只能暂时接受道德的吸引，而且只是出于算计或虚伪。

而实际上，道金斯的书却表明，事实完全相反。我们是利他的，因为**我们的基因**是自私的。正因为基因不关心我们的情况，我们才成为有道德的生物。事实上，我们人类（以及所有其他生物体）简直是无私的奴隶，全部的努力都只是为了这个由分子构成的主宰。为了总结进化生物学上的这一哥白尼式转向，道金斯区分了**复制因子**和**载体**的概念。复制因子是一个能够复制自身的实体。载体是复制因子实现这一目标的手段。**我们**就是这些载体。

鸡生蛋不是为了生新的鸡，蛋生鸡却是为了生新的蛋。进化必然主要与基因相关，这一点是显而易见的。进化有时甚至被简单地**定义**为代际基因（更准确地说是等位基因）相对频率的变化。但是，即便不想通过概念性的**规定**来决定这个问题，我们也很容易就能意识到，最终承受住选择和变异的盲目游戏的，不可能是单个有机体；只有那些能够复制自身，且随着时间的推移因不同的繁殖成功率而累积下某些突变的实体，才能实现进化。树木会繁衍出新的树木，而不是老树的副本。只有基因才能够在严格意义上实现复制。

哪怕是那些清醒地认识到进化的历史就是一场无情的生存斗争的人，在这里也会觉得不太舒服。如果一切以基因为核心的观点是正确的，那么"我们"根本就不是进化的对象。我们只不过是经过35亿年的突变和选择而打造出的复杂机器人，目的是保护自我复制的基因不受恶劣的自然环境的影响。[35]另一个事实也能证明这一点：我们的DNA中有很大一部分不具备任何功能，而只是充当着占位符。这些看起来毫无价值的**垃圾**DNA究竟为什么会存在？从我们的基因的角度来看，这个问题完全没有意义。只有当我们假设，我们的基因是为了我们而存在时，未存储有用信息的遗传物质才显得令人费解。但是，如果**我们是为了我们的基因**而存在的，我们立刻就可以意识到：为了能够完成作为它们的载体的使命，我们这些复制因子的承载者只需要能够确保我们生存和繁殖成功的指令就够了。其他所有基因都是自动复制的，这对它们来说没有任何区别。它们是否无用，对基因来说是无所谓的。说到底就是：对谁来说无用？

在这一点上，人们必须再次明确，道德上值得称赞的行为模式在进化过程中持续存在是多么困难，以及为什么利他主义与合作从进化的角度来看，似乎长期以来都是不理智的。即便随机突变的过程曾经成功地偶然产生出一个具有合作倾向的个体，它也会立刻被淘汰。即便是具有合作特性的一整个群体也无法避免被搭便车者和剥削者从内部破坏，因为从统计学的角度来讲，基因重组长远来看会时而产生合作性较好的生物，时而产生合作性较差的生物，其中合作性较差的生物在任何时候都表现得更好，因此出现的频率逐渐增加。愿意合作的利他主义者由此被淘汰出局，似乎是**必然**的。不合作策略的入侵是不可避免的。

利他主义倾向如何在进化中保持稳定，是由威廉 · D. 汉密尔顿在他的"内含适应性"概念中首次阐明的。[36] 进化生物学中最著名的（不）等式或许就是汉密尔顿法则，它指出我们可以期待特定条件下的利他行为，尽管这些行为会对施助者不利，确切地说，这些条件是：（1）利他行为的成本足够；（2）施行利他行为的个体与从利他行为中受益的个体之间有足够近的亲缘关系，使施助者由此可以帮助到**自己的基因**。用公式来表示，汉密尔顿法则便是：$rB > C$。受助者必须从利他行为中获得比

“施助者”更大的利益，即B＞C（B代表利益；C代表成本）。然而，所获得利益的权重随着亲缘关系的拉远而减小，因此必须乘以一个系数（$r$代表亲缘关系）。我与自己共享100%的基因，但与父母或兄弟姐妹之间——平均来看——只有一半的基因相同。堂表兄弟之间甚至只共享12.5%的遗传物质。为了证明我为我的兄弟做好事而必须接受的适应性降低是合理的，我兄弟从中获得的好处必须至少是我遭受的坏处的2倍，因为B现在要乘的$r$等于0.5。据说英国生物学家约翰·霍尔丹比他的同胞汉密尔顿早几年悟出了这一洞见：“我愿意付出自己的生命来拯救我的兄弟吗？不，但如果是为了两个兄弟或八个表兄弟的话，我愿意这么做。”

帮助亲人的人也是在帮助自己的基因，也就是它们的副本。因此，利他主义就有了适应性。道金斯对于自私的基因的拟人化比喻表明，自私的基因可以产生利他的载体——我们。我的基因可以对**我的**幸福完全不关心，只要它们的副本得到照顾，因此如果这种适应性能够对我家庭成员的基因副本产生积极影响的话，就可以产生出关怀和帮助。这种洞见可能会产生令人不安的效果，使人暂时疏远或脱离核心价值观与各种人际关系。照这么说，我们爱自己的孩子不是因为孩子本身，而是因为我们——始终为了我们和我们后代身上的复制因子的利益——在基因上被编定了程序，将我们自己的利益服从于无意识、无感情的分子的利益？它们的外来意图干扰着我们的动机，而我们却没有意识到这一点？

## 以牙还牙

家庭成员之间合作态度的演变，可以通过将汉密尔顿法则和以基因为中心的观点相结合来加以解释。这种机制也被称为亲缘选择。

促成道德倾向进化的第二个机制是能够实现互惠的相互关系。互惠——“你帮我挠背，我也帮你挠背”——即便在遗传上没有关系或者关系很远的人之间也能发挥作用。从技术上讲，这并非利他主义的一种形式，因为相互支持对于施助方来说不存在净成本。因此，我们有时会称其为“互利共生”，即双方都能受益。而在真正利他的情境下，只有受助者能获得好处。

互惠合作的适应性有一个类似于利他主义的进化的稳定性问题。与内含适应性的情况类似，互惠合作的好处会被一个系数（正如上面的$r$）所抵消，这个系数会大大冲淡其收益。汉密尔顿指出，互动伙伴之间的关系越是亲近，亲缘选择越是有利于道德行为的产生，因此亲缘关系较弱或根本没有亲缘关系的人之间，得不到回报的帮助行为很快就变得得不偿失了。而在互惠利他主义背景下，要最终实现相互支持的好处，一切都取决于两个互动伙伴在未来再次相遇的概率。正如美国进化生物学家罗伯特·特里弗斯所指出的，只有当再次相遇的概率足够大时，互惠利他主义行为才会得到回报。[37]

在许多情况下，通过确保相互支持来结成长期有益的联盟是值得的。但哪种合作策略最有可能成功呢？如何在实践中实现互惠呢？

为了回答这个问题，美国政治学家罗伯特·阿克塞尔罗德在 20 世纪 80 年代初组织起 20 世纪最著名的实验之一。[38] 其基本理念是，在模拟的计算机竞赛中让不同的合作策略相互竞争，以找出被证明是最优者的合作方式。阿克塞尔罗德邀请了心理学家、数学家、经济学家和社会科学家提出策略，在迭代囚徒困境中彼此交锋。每个策略方案都要在 200 个回合当中与其他方案（以及自己本身）竞争。最后会显示出，哪种策略的得分最高。

参加阿克塞尔罗德的比赛的 14 名选手提交了五花八门的方案。其中一种策略是“永恒报复”，即先进行合作，但只要被剥削了一次，就永远以不合作来应对；另一种策略是随机地、不可预测地行动；还有一种策略是永远合作；当然也有永远不合作的策略。

哪种策略最佳，这在事先是无法预料的。也许那些总是寻求壮大自身利益的无情的强者会占上风？还是那些温和、宽容的人，他们即使被剥削也会毫无例外地合作？抑或那些令人捉摸不透的人，他们的行为是任意的，因此无法预测？或者那些报复心强的人，在遭受一次背叛之后，只想看到世界毁灭？

提交上来的各种策略有着令人费解的名字，比如“向前看”“击倒”“蒂德曼与基耶鲁齐”。最终获胜的策略是由美国数学家、多伦多大学教授阿纳托尔·拉波波特提出的，也是所有参赛策略中最简单的一个。它的名字是：以牙还牙（Tit for

Tat，即条件交换，或者说你怎么样对我，我就怎么样对你！）。“以牙还牙”策略总是在第一步选择合作，然后复制对手的上一步操作：如果对手选择合作，“以牙还牙”策略也会合作；如果对手选择背叛，即选择不合作，那么“以牙还牙”策略也会做出相同的回应。

“以牙还牙”策略出人意料地直接，并且在很大程度上符合我们的道德感，即应该如何与他人进行合作，以及我们善意的极限在哪里。从直觉上来看，首先选择合作是正确的，但也不能任由自己被剥削。此外，在对方提出相应的和解建议之后，自己也应当同意回到合作当中来。这种策略从情感上来说对我们是合适的，这表明我们在进化过程中配备了一种大致相当于“以牙还牙”策略的合作妙方。

阿克塞尔罗德的实验结果让很多人都感到惊讶，因此他很快组织了第二轮实验。所有参加第二轮实验的人都被告知，是哪一种策略在第一轮中取得了成功。尽管许多参赛者提交了更为复杂的、似乎是由这一策略改进而来的方案，但“以牙还牙”策略还是在第二轮中立于不败之地。简单的原始策略再次击倒了所有对手。此外，排名靠前的八个策略有一个共同点，那就是“友好”。一个友好的策略绝不会第一个背叛，无论它可能具有其他什么特征。

由此，阿克塞尔罗德得以证明，在特定条件下，倾向于合作的道德心理可以在进化中存续下来。那些一方面愿意合作，另一方面又不允许自己被剥削的行为主体，会使双方获益，同时既剥夺了不合作的行为主体结成双赢联盟的可能性，又避免了像过度合作的受害者一样被剥削的可能性。这种态度也被称为“有条件的合作”，在进化中具有潜在的稳定性。

我们来设想一个由三种不同类型的人组成的群体：傻子、骗子和记仇的人。这些类型代表了三种不同的策略。[39] 骗子从不合作；傻子总会合作，即便被剥削；记仇的人只跟其他合作者（也就是傻子和其他记仇的人）合作，跟骗子只合作一次，然后就再也不会合作了。不合作的骗子在一开始表现很出色。在前几个回合中，他们剥削记仇的人，剥削傻子尤甚。但傻子很快就开始灭绝了，因为他们抵抗不住骗子的无情剥削。记仇的人不肯被骗子再次剥削，而最后一个傻子也很快就消失了，因此最终只会是骗子相互剥削，而记仇的人相互合作。最终骗子也会灭绝。现在，只有记仇的人在相互合作的正反馈循环——所谓的“良性循环”——中找到了自己的生态位。

## 代价高昂的信号和绿胡须

要使互惠合作发挥作用，就必须能够识别出合适的合作伙伴。为此，就需要了解谁会回报自己的合作举动，而谁又会利用自己的助人意愿。由此，**社会信号**对于互惠合作的进化至关重要，因为个体作为可靠合作伙伴的声誉很难以其他方式变得透明。为了满足启动互惠合作链条所需的信息要求，如果存在醒目的外部特征来确定合适的合作伙伴，那将会很有帮助。

进化生物学家喜欢猜测这样的信号是否存在，以及它们是如何起作用的。一个有名的例子是绿胡须。[40] 最简单的就是，如果潜在的合作伙伴都有一个明确无误的外部特征，比如长长的绿胡须，那么每个人都能一眼认出他是一个心地善良的同时代人。

但是在自然界中，绿胡须可能极为罕见。绿胡须的遗传密码必须同时满足三个条件：（a）产生绿胡须；（b）发展出可靠地识别其他绿胡须的能力；（c）产生对其他绿胡须（并且只对这些绿胡须）采取利他行为的倾向。然而，由于基因信息总是反复重组，随机突变最终将不可避免地会在某个时刻产生所谓的"伪绿胡须"，它们带有外观信号，但缺乏代价高昂的利他主义动机，基因的随机重组将这一点与其他两个条件分离了出来。这些"伪绿胡须"在自然选择的过程中总是表现得更好，从而最终取代原有类型。

如果有可靠的信号，就会有不可靠的信号。而如果存在不可靠的信号，就会产生进化的动机，以完善欺骗性的虚假信号。[41] 这反过来会让我们变得越来越善于猜测他人的真实意图。就拿下面这句话来说："保罗忘记了，夏洛特知道，法提赫不相信尤利娅嫉妒约翰。"在人际关系中，这是一个棘手的情况，但从语义学的角度来说，我们可以毫不费力地理解这句话，尽管它描述的是多层相互嵌套的心理状态。其他动物都不可能拥有我们这种理解他人的信念、意图和情感的能力（通常称之为

“读心术”)。显然，进化赋予了我们一个模块，让我们能够凭直觉理解他人的内心。

这种难以捉摸的读心术、狡猾的欺骗能力以及由此进一步提升的读心术之间的辩证关系“深化”了我们的灵魂。在他人面前隐藏我们的真实意图的最好办法，就是先**对我们自己**隐藏真实意图。大多数人声称自己收藏名画纯粹是出于对艺术的热爱，或者声称以自己的名字命名捐赠的教学楼纯粹是为了慈善，他们可能是诚实的：他们并不是有意识的说谎者。尽管如此，即使你不是人性专家，你也可以理解，这种安慰剂式的理由主要是为了从道德上掩饰实际的利己动机和展示身份象征的行为。然而，我们的真实动机往往并不为自己所知，因为这正是我们最能够有效欺骗周围人的方式。

幸运的是，我们不必依赖绿胡须。解决虚假信号问题的更好方法是，让真实信号的代价变得**更加高昂**，这样一来，只有付出巨大的代价才能伪造出虚假信号，或者根本无法伪造。根据阿莫茨·扎哈维的“不利条件原理”，最好的信号是那些对持有者不利的信号。[42] 这位以色列进化生物学家的思想遵循的是一种反常的逻辑，因为不利的信号间接表明持有者能够承受这些信号。只有最强壮、最有进取心的孔雀才负担得起特别奢华的尾羽，而对于那些不那么引人注目的孔雀来说，奢华的尾羽将会是太大的负担。奢华的羽毛是一种代价高昂的信号，无法“伪造”，因为在基因上处于劣势的同类根本无法承受这样的信号。

有些在其他情况下难以理解的宗教习俗，可以被解释为群体内部合作意愿的一种代价高昂因而可靠的信号。尤其是一神教，似乎陷入了一种相互竞争的状态，看哪一个教派能要求信徒信奉更怪诞的教条和更荒谬的思想。无论是“杀死尽可能多无辜的人（和自己），死后就能得到 72 个处女”的承诺，还是“念诵几句经文就能把酒变成血（但它看起来还是酒，喝起来也是酒，并同样会让人喝醉）”的想法，抑或大言不惭地声称，某本明显由自己编造的书其实是从印有奇怪象形文字的金版上复制的（顺便也就无法追踪），而金版的位置是由一位天使透露的，通过一块神奇的石头就能读懂：大多数宗教的教义主要都是由这样显而易见的谎言构成的，任何理性的人都不会相信哪怕一点。那么人们为什么不仅接受了这些内容，甚至还公开宣扬它们呢？从代价高昂的信号理论的角度来看，宗教信仰的怪异性正是其要点所在：人们可以从谁愿意公开让自己背上精神错乱的名声这一点来识别出**真正的**信徒。

科学论文往往用艰深难懂的术语撰写，也可以这样解释。为什么科学家明明可以写得简单明了，却经常写得如此烦冗和晦涩？尤其是，为什么有些知识分子就是因为表达方式晦涩难懂而格外受到重视，尽管在他们冗长的句子背后往往隐藏着很少的意义，甚至根本没有意义？最初，为了能够摒弃日常语言中多变的语义内涵，以一种技术上精确的方式谈论科研过程，发展一种艰涩的科学语言是有意义的。因此，人为的深奥语言成为严谨和博学的标志。然而，过了一段时间，有人开始模仿"复杂术语"这一信号，却不具备其背后的特征——这就是"伪绿胡须"。

这就是道德进化中的根本问题：关于合作如何产生，每一种假定的解决方案都只会创造一种新的状态，而这种状态仍然很容易被新的、通过随机突变产生的不合作策略入侵，这些入侵的不合作策略又会破坏问题的解决方案。

## 他们中的利他主义者

构建道德的基石——利他主义和互惠合作——可以从进化的角度来解释，因为存在着使这些行为模式具有适应性的合理机制。然而，我们现在也知道，亲缘选择和互惠合作都没有足够的"可扩展性"，因此无法充分解释人类强大的合作能力。

我们人类是高度社会化的动物，在大型群体中合作。不难理解，为什么内含适应性和"以牙还牙"策略不足以支持我们在人类群体中观察到的共生规模。如果利他主义倾向只能在近亲之间流行，那么哪怕只有几百个群体成员，遗传关联度也会大大降低，导致助人行为的成本不再能被抵消。同时，互惠行为的链条在成员超过一定数量后就会变得非常混乱，导致社会性的付出与回报同样不适于整合任何规模的群体。

从一种状态过渡到另一种状态是如何发生的，这依然是一个谜：有些物种生活在大型群体中，有些物种生活在由少数个体组成的松散的联合体之中，但是哪个物种在10万年前还生活在小型群体中，如今却生活在主宰地球的全球文明当中呢？除了我们，别无其他。

为了解释广泛的人类合作如何可能，越来越多的科学家追溯到**群体选择**的概念。[43] 其观点是，人类进化出了广泛合作的能力，是因为在争夺环境中的稀缺资源的过程中，只有由高度合作的成员组成的群体才能在适应性上胜过其他群体。

达尔文本人也曾猜测，可能存在这样一种机制："如果一个部落中的许多成员都具有高度的集体精神、忠诚、服从、勇气和同情心，随时准备互相帮助并为共同利益牺牲自己，那么这个部落就会战胜其他大多数部落；这就是一种自然选择。"[44]

如今人们普遍认识到，这种群体选择理论——有时也被称为朴素的群体选择理论——是行不通的。主要原因是，一个或多或少模糊界定的竞争优势——合作"对群体有利"——不足以抵消在群体**内部**对于搭便车者来说**有利**的选择。当然，如果每个人的行为都是利他主义的，就会"对群体有利"。而且，虽然利己主义的个体战胜了利他主义的个体，但利他主义者群体要优于利己主义者群体，这也是事实。[45] 个体合作对群体的积极作用还不足以抵消搭便车问题的颠覆性力量。群体内所有成员都具备特质X就会对整个群体有利，这一事实还不足以使特质X在进化过程中具有适应性。[46, 47]

不过，群体选择理论也有明显的优势，例如，它为我们心理的各种特征提供了一个简洁的、有经验支持的解释。我们在内心深处强烈地以群体为导向，对属于“我们”的人往往会非常乐意提供帮助并愿意为之做出牺牲。与此同时，我们对其他群体及其成员往往怀有敌意。[48] 在过去的进化中，小的部落单位必须为争夺稀缺资源而相互争斗，这可能是造成这种道德心理特征的原因。对内和平、对外好战的群体最有可能取得成功。

反过来说，为了使群体选择发挥作用，群体**内部**不利于合作倾向的选择压力必须弱于群体**之间**有利于合作倾向的选择压力。这也只有在相应合作基因的携带者以某种方式优先相遇的情况下才会发生。亲缘选择和群体选择都基于一种等效的排序机制：利他主义只有——并且只能——在利他主义者互相抱团的情况下，才可以在进化过程中保持稳定。

只有当处于进化竞争中的单位之间差异足够大时，自然选择才能发挥其作用。两个群体越相似，其中一个群体相对于另一个的竞争优势必然就会越小。然而，遗传学研究表明，人类群体之间的迁徙流动——以及随之而来的遗传物质的交换——往往非常活跃。这可能是通过人口迁入和迁出发生的，也可能是通过奴役和通婚发生的。所有这些遗传“流动”机制都会破坏群体内的一致性，从而削弱选择的力量。

即使能以某种方式确保不同群体的遗传完整性，但只有在另一种机制将一群利他主义者与其他利他主义者聚集在一起的情况下，对具有合作性的群体有利的选择才能发挥作用。然而，目前还不清楚这种机制是如何运作的。在亲缘选择的情况下，一眼就能看出，家庭结构以及父母与子女之间的情感关系会确保他们彼此亲近。但是，如果亲缘关系缺失了呢？

这种替代机制的最佳候选理论可能是，假定愿意合作的个体倾向于与其他合作者生活在一起，这样利他主义者就会自愿聚在一起。诚然，这一假说也必须面对虚假信号的问题，因为它使有选择偏好的利他主义者容易受到不合作的“披着羊皮的狼”的欺骗。另一种选择是，从纯粹的统计学角度来看，超过一定成员数量的群体的“裂变”——即群体分化——可能会在某个时刻（甚至数个时刻）导致新群体的形成，而这些新群体恰好主要由愿意合作的个体组成。从那时起，这些群体就会优于所有其他群体，并在选择过程中获胜。[49]

500 万年前，我们发现了合作的优势。但是，合作总是要付出代价的，而不合作的行为仍然是有利的。为了在进化过程中保持稳定，我们不得不将合作的努力局限在小规模群体内：我们变得利他和乐于助人，但这只能发生在把人分为“我们”和“他们”的心理状态下。我们的道德变成了以群体为导向的。

但是，我们是如何成功地在更大的群体中强化合作结构，从而进一步提高合作行为的效益的呢？我们需要做出哪些改变，才能让反社会行为付出更大代价，让我们变得更加乐于助人、更加温和、更加社会化？

[ 第二章 ]

# 50 万年前：罪与罚

我们是最友善者的后代。

CHAPTER

—— TWO ——

## 阿道拉洞穴

出了巴勒莫老城就不远了：穿过有着小港口的阿雷内拉区，经过罗托利圣母公墓，再穿过与西西里岛上的许多城镇一样以圣母玛利亚命名的郊区，沿着佩莱格里诺山山脚下的小路，就到了阿道拉小城。从这里可以轻松爬上那些洞穴，直至今天它们还提醒着我们，人类的历史从一开始就是一部残酷的历史。[1]

从 1943 年开始，这三个岩洞便被盟军用作弹药库，以确保能够从被占领的岛屿出发，持续进攻法西斯在欧洲的势力范围。最后，在战争即将结束时，这里储藏的弹药爆炸了，导致石灰岩洞壁坍塌。在其背后的岩壁上，人们发现了一些奇怪的场景，显然是很久以前有人刻画在石头上的：除了公牛和野马，还能辨认出一些人的轮廓，他们仿佛陷入了狂热之中，欢呼雀跃，手舞足蹈，被他们围着的是另外两个躺在地上、以不自然的方式扭曲着身体的人。

这两个人绝不是在为众人展示技艺的原始运动员。他们似乎也并未让我们得以窥探史前欲望的世界。事实上，让这两个人保持痛苦姿势的既不是欲望，也不是意志力：如果仔细观察，就会发现有一根绳子绑在他们的脖子与背后的双脚之间，绳子拉得那么紧，他们撑不了多久就会因为体力不支而被绳子勒断脖子。我们正在目睹一场处决。

死刑远比 2 万年前刻画在西西里岛岩壁上的涂鸦还要古老得多。[2] 这种说法让一些人感到惊讶，他们把人类的原始状态想象成一个和睦的帐篷营地，在那里，爱好和平、衣着简朴的人们在篝火的温暖和奇异草药的芬芳中缓缓进入梦乡，或者聆听着有关祖先英雄事迹的节奏分明的歌曲，并低声向孩子们讲述仁慈神灵的恶作剧。这样的场景可能也发生过，但它们只是这个故事的一半，故事的另一半则涉及鲜血和内脏、哀号和恐惧、肢解和死亡。

如今，死刑——或者更概念化地说，一种由几个人有计划地将另一个人杀死的规范性制裁——在全世界范围内都在减少。[3] 在大多数国家，死刑已被完全废除。那些在正式法律中仍然保留死刑的国家，除了一些特别残酷的政权，也已经很少实际执行死刑，而且通常只适用于最严重的罪行。（联邦）德国自 1949 年以来就已经没有死刑了。

在西方思想中，死刑占据着一个特殊的地位。西方哲学的历史始于一次死刑：对其创始人苏格拉底的处决。公元前 399 年，他被雅典法庭判处喝下一杯毒芹汁——有人可能会认为，这并非完全不公正，因为苏格拉底确实支持过“三十僭主”，这些人摧毁了雅典的民主制度，并在长达 8 个月的统治期间大规模杀害雅典的民主派。或者，他确实是无辜的？

从历史上看，很少有社会**不**对不受欢迎的人进行仪式性的、合法的谋杀。然而，人们经常低估的是，惩罚在人类进化，尤其是我们道德的进化过程中所扮演的核心角色。

人类道德进化史上的首个重要步骤是合作的出现：我们发现，培养利他主义，将眼前的自身利益导向共同利益，从长远来看是最明智的策略。与此同时，事实证明，在进化过程中以稳定、简单的形式合作行动的机制很快就会达到其极限。因为内含适应性和直接互惠性的约束力，在成员数量超过几十人（或在特殊情况下最多几百人）的群体中，不足以确保群体内的合作行为。在核心家庭之外，遗传关系被高度稀释，互助链也变得脆弱且难以捉摸，因此需要装备更好的“工具箱”才能构建更大的群体。而这正是我们所需要的：因为与亲情和友情圈子之外的人共存，需要有能力在很大程度上克制住自己最具攻击性的冲动。

惩罚和驯化的制度使这成为可能。早在大约 50 万年前，我们就学会了通过社会性惩罚使不合作的行为在很大程度上无利可图。在最极端的情况下，一个人欺凌、奴役、操纵、攻击甚至仅仅是利用他人的倾向，就会导致他被那些受够了的人联手谋杀。一个物种如果持续几百代地杀死其最好战、最具攻击性和最冷酷无情的成员，就会产生一种强大的选择压力，使这个物种趋向和平、忍耐和控制冲动。我们是最友善者的后代。

虽然在我们进化的历史中，杀死不受欢迎的成员在某个时期是有意义的，而且在当今时代凭借更健全的认知能力，也给我们带来了一些令人欣喜的长期影响，但这并不意味着这种行为时至今日仍然是合理的。恰恰相反，道德的发展历史表明，我们的惩罚本能早已过了最好的时期。在现代世界中，它们往往不再有立足之地。

## 走出非洲

有时候，她会抬头望向天空，天空黑暗而神秘地悬在她的头顶。但洞穴里面比外面还要黑暗，尽管夜间洞穴内温度下降的速度比在下面的河床上慢，但独自离开洞穴的庇护，暴露在黑暗的神灵面前，是绝对不安全的。

好几天前，河床就已经几乎完全干涸了。不过雨水汇集到了山洞里，雨水尝起来有泥沙和臭味，但可以饮用。成群的巨大蚱蜢聚集在金合欢树干上，喧嚣不休。微风卷起树叶和细小的树枝，缠在她蓬乱的头发上，把她吓了一跳。

远处是沼泽地，青草覆盖其上，只有几处团状的树冠露出来，白天有色彩斑斓的鸟儿在其间嬉戏。

遗传数据显示，我们的血统在 75 万至 25 万年前从最终产生尼安德特人的脉络中分离出来。[4] 现代人特有的驯化综合征在尼安德特人身上几乎是看不到的。相比较而言，现代人变得更加温和、更善于忍受、更容易受控、更愿意合作。这表明，在智人身上产生这种综合征的惩罚机制大约是在这一时期开始发挥作用的。邓巴将海德堡智人（他将其归类为第一代古人类）的进化时间同样定在 50 万年前。[5] 在这一被惩罚驯化为社会人的过程末端，出现了解剖学和行为学意义上的现代人类——我们毫不犹豫地将其划分为我们的同类。而在这一过程的开端，存在一系列生活在不同时期、不同地点的古人类：先驱人通常生活在欧洲，匠人生活在非洲，直立人则主要生活在亚洲地区。海德堡智人被认为是尼安德特人和现代人类最后的共同祖先，它逐渐排挤并取代了这些更古老的物种，然后演变成现在的人类——至于如何演变的，目前尚无定论。

我们学会了更好地相互合作，保护彼此免受危险的捕食者的伤害；学会了集体狩猎，保障彼此在贫瘠环境下的生存能力：我们越是这样做，我们的生存能力就变得越强。我们合作和生存能力的提高使种群的规模不断扩大，这迫使我们学会在越来越大的群体中生活。更高的种群密度不仅带来了机遇，也带来了风险：与更多的同类为伍带来了合作的优势，但同时也导致更多的协调需求，从而引发更多的冲突。为了避免社会凝聚力的崩溃，由此产生的潜在摩擦需要加强自我控制，降低攻击性。通过发展惩罚性实践——既包括暴力惩罚，又包括更

"柔和"的社会制裁——我们成功地启动了我们这个物种的驯化过程。

与南方古猿不同，我们早期的同类看起来已经非常像人类了。法国有一位面具制作者伊丽莎白·戴内斯，她复原了在肯尼亚图尔卡纳湖发现的图尔卡纳男孩的面貌。这是一具青春期前的匠人化石，是迄今为止发现的保存最好、最完整的早期人类化石之一。复原图显示，这个9岁的男孩有着圆圆的鼻头、忧郁疲惫的双眼，裸露的皮肤上覆盖着干涸黏土的浅色斑点。几年前才在南非的新星洞穴发现的一具同样完整的纳莱迪人骨架，被美国古生物艺术家约翰·古尔奇复原为一个表情严峻、胡须蓬乱的成年男性，他嘴角向下撇，似乎在审视着什么。

人类起源于非洲，这一点现在得到了大家的普遍认同。今天，我们将人类从非洲大陆迁出的过程分为两个不同的阶段——"走出非洲第一阶段"和"走出非洲第二阶段"，在这两个阶段中，先是各种古人类，后来是智人，成功地离开非洲，在欧亚大陆的大部分地区定居下来。最后，我们还从这里出发，到达了美洲和大洋洲。我们的栖息地最初仅局限于非洲东部，在走出非洲第一个阶段，我们的栖息地逐渐扩展到了北非，这使我们能够通过直布罗陀海峡进入欧洲。经过西奈半岛，我们最终到达了高加索地区（非洲以外最古老的人类化石是在格鲁吉亚的德马尼西发现的），并从那里经由如今土耳其的领土到达欧洲。在相反的方向上，我们最终扩散到了南亚和东亚。

因此，在50万年前，我们已经走了很远。20世纪90年代，在英格兰南部位于布莱顿和朴次茅斯之间的博克斯格罗夫采石场，发现了海德堡人的一段胫骨，根据其大小估计此人身高约有1.80米，可以确定其年代正属于这个时期。我们之所以能到达那里，是因为当时覆盖北半球的冰川巨大无比，甚至可以通过步行从欧洲大陆到达现在的英格兰。在那里发现的工具和动物骨骼表明，它可能是一处屠宰场，我们的祖先在那里使用费劲打磨但仍然非常粗糙的手斧，从被杀死的狼、河狸、马鹿、野牛和小犀牛身上割下肉来。

被当地人称为“魔鬼之路”的56个脚印讲述了一个逃亡的故事：在坎帕尼亚地区罗卡蒙菲纳附近的火山爆发之时，一群海德堡人和动物，显然是跌跌撞撞、一步一滑、惊慌失措地试图逃生。

在法国南部尼斯旧港的“泰拉阿马塔”遗址，发现了用相互支着的树枝建造而成的小屋遗迹。这些住所有着椭圆形的地基，由两根中心支柱支撑着；它们为火塘提供了遮风避雨的场所，最多可容纳二十几个海德堡人。在这里，人们准备食物、睡觉、照顾孩子、晾晒兽皮、打磨长矛。

## 允许承诺

尼采早就推测，如果没有一部惩罚的历史，就无法写出一部道德的历史。在《论道德的谱系》第二章中，他试图表明，罪恶感——即意识到自己未能达到自己或他人的道德标准——来源于一种内化了的本能攻击性，而随着人类社会化程度的提高，这种本能攻击性不得不另辟新的路径："所有不能向外发泄的本能都会**向内转化**——这就是我所说的人的内化：通过这一过程，才能培育出后来被称为'灵魂'的东西。"[6]

这种观点建立于心理学中一个过时的"液压"模型之上，根据该模型，未得到宣泄的冲动会造成压力堆积，最终必须以某种方式在某个地方发泄出来：

> 敌视、残酷、迫害、攻击、变化和毁灭的欲望——所有这些都会对这些本能的拥有者产生不利的影响：这就是"罪恶感"的起源。人，由于缺乏外部的敌人和阻力，被禁锢在令人压抑的狭隘和循规蹈矩的习俗中，急不可耐地撕裂自己、迫害自己、啃咬自己、扰乱自己、虐待自己，就像一只在笼子的围栏上撞伤自己的动物，人想要"驯服"它。[7]

根据这种液压模型，压力会在我们的内心中积聚，并在某一时刻或多或少地爆发出来，但这种模型已经被证明是错误的。尽管如此，尼采还是正确地看到了问题的关键所在：惩罚在我们道德进化的过程中扮演了什么角色？它在当时发挥了什么作用？它在今天还在发挥着什么作用？或者，惩罚是否只是一种进化过程的“后遗症”，一种在现代社会中不应该继续存在的东西，一种应该加以克服的原始残余？自然在创造人类时为自己设定的任务就是，“培育一种能够做出承诺的动物”[8]。这种动物是什么时候出现的，是什么让它变得如此温顺、有纪律、有远见、有可塑性？它是如何产生的，是通过什么方式产生的？最重要的是：一个人必须具备哪些能力才能做出承诺？

做出承诺就意味着对另一个人承担义务：你宣称自己会在t时刻做X事，同时也就意味着，对方可以合理地期待这件事会发生。要做到这一点，你首先必须对未来有所理解。然而，最重要的是，你必须相信自己有足够的自控力，不会使自己陷入无法做X事的状况，而且当t时刻来临时，无论自己是否愿意，都会有兑现承诺的自律能力。因此，只有当一个人能够充分控制自己，从而保证自己具有必要的自制力时，他才“被允许”做出承诺。如果我答应一个朋友周一早上到她家接她去看医生，那就意味着我承诺自己不会在前一天的晚上狂欢到第二天起不了床。此外，我还表明了，即使我实际上不情愿，也还是会按时出现。能够为未来做出如此深远的计划，这是多么奇特？这种人类的特权是多么特别？能够承诺——甚至可以说是“被允许”承诺——在尼采那里成为探索一个拥有人类自控、远见、纪律和合作倾向的生物之起源的隐喻。

我们现在知道，惩罚是人类道德发展史上的决定性因素之一，我们的这些能力正是得益于惩罚。当然，这与尼采的想象完全不同。我们之所以有自控力和远见卓识，并不是因为攻击性冲动的内化，而是因为进化过程中淘汰了冲动和攻击性，使我们能够做出承诺。

## 被驯化的猿

在学院派的道德哲学中，惩罚常被普遍认为是一种必要之恶，是一种令人厌烦的繁重义务，人们充其量是带着抵触情绪去执行，更希望看到其在城墙外暗中完成。尼采对此也有不同的看法："看到痛苦令人愉快，制造痛苦更令人愉快。"这句话很残酷，却古老、强大，充满对人性的洞察，也许甚至连猿猴都会认同这句话：因为我们知道，在设计怪异的残忍行为这方面，它们已经令人印象深刻地预演了人类。"没有残忍，就没有庆典：这是人类最古老、最悠久的历史所教导我们的——惩罚当中也有那么多**令人欢庆的成分**！"[9]

简单回顾一下惩罚的历史，就能证实我们确实具备强大的惩罚本能这一假设。法国社会理论家米歇尔·福柯在他的《规训与惩罚》一书开篇描述了罗贝尔-弗朗索瓦·达米安在巴黎市中心的格列夫广场被公开处决的过程，在哲学史上影响尤为深远，他写道：

1757 年 3 月 2 日，达米安被判处"在巴黎教堂大门前公开谢罪”，在那里他将“被装上一辆推车，全身只穿一件衬衫，手持一根燃烧着的两磅重的蜡炬；在格列夫广场的一处临时搭建的行刑架上，他的乳头、手臂、大腿和小腿都要被烧热的钳子夹住，他的右手要握着弑君的刀子，并用硫黄火灼烧，所有用钳子夹过的地方还要浇上熔化的铅、沸腾的油、燃烧的沥青树脂和用硫黄熔化的蜡”。[10]

尤其令人震惊的是制造达米安之死的狂欢式快感——严格来说，对他弑君的指控并不成立，因为他刺杀路易十五的企图没有得逞，只是给国王造成了一个小小的伤口和极大的惊吓。在这里，法律不仅得到了冷静的、官僚式的执行，还上演了一场奇观、一出戏剧，正如当时的石版画所记载的那样，吸引了成千上万的围观者。

虽然1791年美国宪法第八修正案已经明文禁止“残忍和不寻常”的惩罚，但法国刽子手尼古拉-夏尔-加布里埃尔·桑松在处决达米安时似乎还不够残忍和不寻常：“最后他被四马分尸，”《阿姆斯特丹公报》报道说，“最后这道工序非常烦琐，因为使用的马匹不习惯拖拽，所以他们不得不使用六匹马，而不是四匹马；即便如此也还不够，为了割断这个不幸的人的大腿，还要切断他的肌腱，砍断他的关节。”

如今，大多数人都将公开折磨罪犯视为怪诞的野蛮行为，只适合作为恐怖故事的素材，以此来保证自己文明的优越性。

这种对暴力和残酷的厌恶本身就是很久以前开始的选择过程在晚近出现的结果。

## 自我驯化

如果将人类与其最亲近的非人类近亲黑猩猩进行比较，立刻就可以看出人类是多么无害：力气不大、身材瘦小、身体裸露、安静虚弱，看起来完全不具有威胁性，显得十分可怜（至少我们大多数人是这样）。这绝非偶然，因为人类的进化史在很大程度上就是一个“最友善者生存”的历史。[11] 这种“友善者生存”并不是对赫伯特·斯宾塞“适者生存”的替代。我们的适应性源自我们的忍耐力。

人类与黑猩猩之间最重要的区别之一，是它们在受到威胁或挑衅时各自的**反应性攻击**倾向。[12] 与此相对的是有预谋和计算的**主动性攻击**。黑猩猩具有极强的反应性攻击倾向，经常以暴力的方式解决冲突，例如咬掉对手的生殖器或撕咬对手的脸。人类也经常成为这种行为的受害者，例如 2009 年，黑猩猩特拉维斯攻击了查拉·纳什，还有圣詹姆斯·戴维斯，被黑猩猩莫攻击，失去了一只眼睛、鼻子和几根手指，后来只能坐在轮椅上。莫是在戴维斯家长大的，一直和他们生活在一起。

当黑猩猩种群在自然栖息地意外相遇时，几乎总是会爆发激烈冲突，最终往往会导致发生冲突的群体中的某些成员死亡。相较之下，人类的行为与黑猩猩的对比就像金毛犬与狼一样。当然，这种比喻只是半开玩笑，但“人类在某种程度上让人联想到驯化的动物”这个观点并不新鲜。达尔文也曾提出过这种猜想，但最终放弃了，因为他想不出有什么人能对我们的驯化负责。有神论假定这是神的干预，这种解释在他看来毫无科学价值；更高等的**非**人物种驯化人类的想法听起来同样不严谨。在他看来，人类**自己**驯化自己的可能性显然也不大。因此，他放弃了这一假设。

驯化的观点最初来自德国人类学家约翰·弗里德里希·布卢门巴赫，他在1775年的论文《论人类的自然差异》以及后续著作中指出，人类的特征在许多方面与驯化的动物类似。当然，与几乎所有的进化论猜想一样，人类驯化的观点也被滥用，为种族歧视辩护，根据这种观点，白人由于驯化程度较高，理应比其他人种优越。这一论点早已被证明是站不住脚的，并被布卢门巴赫本人否定过。

几十年来，特别是在20世纪，人们对驯化综合征进行了系统的研究，现在已经很好地了解了驯化综合征的内容、表现形式、生理机制的遗传过程，以及哪些具体的进化机制导致了人类选择更和平的行为方式。

驯化的动物几乎总是呈现出一系列特定且明显的特征，这些特征使它们有别于其野生的近亲。[13] 它们通常比野生的同类更温顺、更易训练、更爱玩耍、更不具有攻击性，这就是这种现象的核心。与此一致，驯化的动物常表现出幼态持续的特点，即保留幼年特征到成年。这包括体型较小，需要更多身体上的亲近和依偎。大多数驯化物种的大脑和颅骨会略微缩小，牙齿、耳朵和鼻子也会变短。与此同时，有一些特征直观上符合驯化动物更温顺、更亲和的印象，但原因不明，比如卷尾、下垂耳和明显的色素缺失症状，表现为身上的白斑，常见于额头或眼睛之间。

发现和描述这种综合征的先驱是别利亚耶夫兄弟。作为人类遗传学家，尼古拉·别利亚耶夫在苏联受到政治上的怀疑，于 1937 年被苏联的秘密警察枪决。从 20 世纪 50 年代初开始，他的弟弟德米特里和同事柳德米拉·特鲁特继续他的研究，并在了解野生动物的驯化过程方面做出了开创性的贡献。人们很早就知道，驯化的动物往往具有前文所述的特征。在马、狗、猪、骆驼、牛、鼠、猫甚至羊驼身上也能观察到这些特征或类似特征。然而，别利亚耶夫和特鲁特感兴趣的是一个更深层次的进化问题，即通过有利于亲社会性的特定选择，是否可以重现同样的特征变化。如果有针对性地对一个物种进行友善性育种，会发生什么？

为了研究这个问题，别利亚耶夫和特鲁特对西伯利亚银狐进行了一项长达数十年的实验。[14] 虽然将狼驯化成狗需要数千年的时间，但通过人为选择最亲人的狐狸，可以将这一过程压缩到几十年之内。别利亚耶夫和特鲁特只让种群中经过人工驯化的样本成功繁殖，经过十代、二十代，最后是五十代的繁衍——在此期间，狐狸开始每年多次发情，而不再是每年一次，这是另一种典型的驯化效应——原本独居的森林动物变成了呆萌的玩伴。

驯化综合征的遗传基础直到几年前才被破解。[15] 无论是通过自然方式还是通过人工干预，有利于友好与合作的选择是如何以及为何产生上述驯化综合征的，长期以来一直是一个谜。攻击性下降与耳朵下垂、毛色带白斑有什么关系？现在有非常明确的证据表明，这个谜题的答案在于一种特殊的干细胞，即所谓的神经嵴细胞。在早期胚胎发育过程中，这些干细胞最终形成了肾上腺，而肾上腺在产生和调节关于压力和焦虑的激素方面发挥着重要作用。驯化过程最终会间接导致肾上腺功能减退。在脊椎动物胚胎的早期发育阶段，这些神经嵴细胞位于一个特定的位置，即神经管的背侧（脊柱方向）末端，中枢神经系统就是从这里发育出来的。随着胚胎的生长，这种细胞不仅会迁移到肾上腺，还会迁移到颅骨和四肢。由于神经嵴细胞**还恰好**参与颅骨和牙齿的生长，并影响色素沉着，因此会导致白斑的出现和嘴唇变短、牙齿变小。因此，驯化综合征实际上是某种肾上腺功能减退的结果。这种减退一方面影响了调节恐惧和攻击性的激素，另一方面也影响了颅骨发育时的细胞类型，导致色素沉着减少，颅骨也长得较小。

人类的自我驯化不仅导致了行为举止的改变，还有助于深刻地改造人类的认知。只有这样，人类的忍耐力才得以提高，攻击性才得以减少，社会生活才变得更加丰富多彩。脆弱的群体和平越来越少遭遇突发暴力的挑战。这反过来又创造了一个新的生态环境，在其中，沟通能力和社会认知——即思考他人想法或需求的能力——得以极大提高。此外，色素缺失现象也出现在我们的白眼球中：它明亮的颜色能让我们快速、准确地辨认别人注视的方向和焦点，使我们的意图和想法对他人来说更透明。与此相对，类人猿的眼珠则近乎黑色，因此我们很难猜测它们在注意什么。

这些认知能力的物质基础是大脑皮质的前额叶，它负责行为的控制和调节。前额叶位于额头后方，如果它受到损伤，例如由于事故、肿瘤或中风，通常会导致行动和规划能力受到限制，执行意图时也会发生困难。其结果是冲动性增加，自控力下降，在遵守准则和规则方面也会出现问题。[16]这一现象被称为后天反社会人格障碍。

很明显，驯化综合征——幼态持续、头骨缩小、牙齿变小、友好合作的行为——也存在于人类身上。但是，在银狐的例子中，我们可以清楚地知道是哪里来的选择压力把这些野生猛兽驯化成了摇尾乞怜的宠物，但我们并不能确切地知道是谁驯化了人类。

目前最有可能的假设是，我们直接杀死群体中最具攻击性、最暴力的成员，从而驯化了自己。这通常是通过小范围的密谋，在夜间伏击那些最无法无天的人，置他们于死地来实现的。这些史前暴君因暴力致死而无法繁衍后代、传递基因，从而导致人类的攻击性、较差的冲动控制力和暴力行为逐渐减弱。人类于是像后来的银狐和（更早的）狼一样被驯化了。

因此，我们的进化史使我们同时变得更加残暴又更加温和：尽管从这一阶段开始，我们大体上是渴望和平、愿意合作和需要和谐的，但我们对他人偏离准则的行为反应更加敏感，我们严格监控并无情惩罚这些行为。许久之后，我们对暴力的厌恶也转向了惩罚本身，稍后会再来讨论这一点。

当然，我们很难找到原始形式的死刑普及的直接证据。不过，我们确实知道，在狩猎采集社会晚期有对不受欢迎的人和制造麻烦的人进行谋杀的做法。比如，居住在非洲南部的昆桑人直到20世纪后期还保留着传统的生活方式，对他们来说，有计划的处决就是解决冲突的最后手段。研究昆桑人生活的专家理查德·博沙·李报告说：

> 朱何阿西人（昆桑人的别称）有一种最终手段，一张王牌，用来结束一连串的杀戮。唯一可以描述它的方式就是“处决”这个概念。……在一个最具戏剧性的例子中，一个名叫特维的人在光天化日之下遭到伏击，身负重伤，因为他此前杀了另外三个人。他奄奄一息的时候，所有人都向他射出含剧毒的箭，用一个知情者的话说，“他看起来就像一只豪猪”。然后，在他死后，不论男女都走上前去，用矛刺他的尸体，象征性地分担杀死他的责任。[17]

每个人都可以参与——这进一步表明人类社会的组织方式高度平等。这与黑猩猩不同，黑猩猩生活在森严的等级制度中，其顶端有一个雄性首领，在很大程度上垄断着食物、资源和性，而人类在新石器时代革命之前都处在更加多变的结构中，没有稳定的统治阶层，也没有明显的物质上的不平等（见第四章）。当然，这种平衡并不能自动维持，处决逆反的潜在暴君可能是人类得以长期维持其平等主义生活方式的原因之一。

当然，在小规模人类群体中，仍然需要**以某种方式**确保社会凝聚力。没有对权力的垄断并不意味着没有权力。虽然无政府主义者和怀疑权威的自由主义者经常向往史前的无国家状态，但如果认为无人领导的狩猎采集者群体不需要以某种方式控制他们的共同生活，那就错了。这种情况很可能导致一种近乎偏执的氛围，即几乎所有成年的成员都深感必须严格遵守群体当时的社会交往准则，以避免自己成为下一个被处决的对象。

从那时开始，这种重塑人类身心的文化进程，使得死刑实际执行起来更加容易。杀死一个人总是会带来一个伴有风险的技术难题：在大多数情况下，被杀的人肯定另有打算，不会毫无抵抗地踏上最后的旅程。一些解剖学发现表明，人类可能在大约 50 万年前就掌握了投掷武器的使用。不断增长的脑容量极大地增加了能量需求，只能通过增加肉类摄入量来满足。然而，可能只有那些会使用长矛合作狩猎的人才能获得这些肉类。此外，精准地投掷长矛也需要相应的身体部位，即肩膀、手臂、髋部和上半身的协调合作，以达到足够的力量和准确度，从远距离给大型哺乳动物（比如另一个人）造成致命伤害。化石发现表明，这些解剖学上的变化可能在当时就已经完成了。[18] 人类的驯化在一定程度上得益于技术上的创新，让我们能够更容易、**更安全地**互相杀戮。

## 惩罚与合作

泰国“野猪”少年足球队的 12 名球员被困在探銮洞深处两公里多的地方长达 10 天之后，两名英国潜水员约翰 · 沃兰森和理查德 · 斯坦顿才在一个高处发现他们。[19] 这里没有食物和光亮，他们已经失去了所有时间概念，但身体状态良好。

在山洞中，男孩们商量谁应该先被救出去。他们共同决定，让回家路途最远的人先潜水逃生。男孩们默认他们要骑自行车回家。为什么不呢？毕竟，他们是骑自行车来的。他们没有意识到，他们的命运在几周内已经吸引了全世界的目光，洞口前有超过 1 万人参与救援行动，其中包括 100 多名专业潜水员、2 000 名士兵，来自 100 多个国家的代表、记者、医生、围观者——当然还有他们的父母。数百名志愿者负责准备食物，帮忙从被水淹没的山洞中抽水，并照看帐篷营地。

没有一个参与者真的相信救援行动能够取得成功。这也合理：要在雨季从世界上最深、最危险的洞穴群之一营救出 1 名年轻人和 12 个孩子，这几乎是不可能的。这些孩子都没有潜水经验，很多甚至不会游泳。为了防止他们在水下惊慌失措，必须给他们注射大量镇静剂，并为他们戴上覆盖整个脸部的氧气面罩。然后，来自英国、美国和澳大利亚的经验丰富的潜水员以及泰国海军海豹突击队队员才能在水流湍急、能见度极低的情况下引导他们通过崎岖的山洞。其中一名潜水员在此过程中丧生。但救援还是成功了，在他们失踪18天后，最后一名获救者——无国籍的蒙坤·本比安到达了洞口。

我们的道德使我们能够在全球范围内开展合作，并为了帮助遭遇困难的陌生人做出惊人的牺牲。但它是如何做到这一点的呢？我们与黑猩猩和倭黑猩猩的基因构成有99%以上的相同之处，但它们数百万年来一直生活在小群体中，除了用拳头大小的石头敲打坚果之外，从未有过其他进步。

正如我们所看到的，答案的一部分与人类的自我驯化有关。针对我们这个物种中最暴力、最具攻击性成员的系统性选择，使我们变得异常温顺、循规蹈矩。死刑的塑造力量已经被**我们**自己实实在在地刻在了我们的DNA之中。但是，惩罚影响了我们的道德，并不仅仅是通过创造有史以来最温顺的灵长类动物。实施惩罚同时也是一种**机制**，它通过社会性制裁对抵制不合作行为产生了激励作用。

简单回顾一下，合作的进化必须解决的问题是（现在也仍然是）合作的不稳定性。在个体间任何形式的互动中，**自我**都面临着一个问题，即应该对**他人**采取合作还是不合作的态度。合作行为起初总是要付出代价的：帮助他人或不利用他人本身就是一种不利条件。正如进化理论家所说的，这是一种“不良适应”的行为。

汉密尔顿的“内含适应性”概念和特里弗斯的“互惠利他主义”概念可以解释简单形式的合作如何在进化中占据优势：如果亲缘关系足够近，或者再次相遇的概率足够高，那么帮助基因上有亲缘关系的个体或未来可能的合作伙伴就是值得的。然而，在较大的群体中，这两个条件通常都不具备，因此合作的行为还需要额外的支持。

这就产生了一种张力：一个群体的规模越大，就越难只把合作的好处给予这个群体内大多数也具有合作意识的其他成员。这导致了矛盾的后果，因为到头来，大规模群体中的非合作者不可避免地会获得更高收益，并逐渐占据更大比例，因为他们可以同时从自己的不合作和其他人的合作中获利。[20]随着时间的推移，不合作的策略（“变节叛逃”）会逐渐占上风。为了让一小部分合作者得以巩固并最终占据主导地位，不合作者的数量不能太多，否则整个结构很快就会崩溃。

惩罚可以解决这个问题，因为从长远来看，惩罚会让不合作行为付出高昂的代价。[21]一开始，抢劫别人似乎是一个很好的策略，尤其是当你周围的人不会经常反过来抢劫你的时候。然而，当你的行为因此受到惩罚时，这种情况很快就会改变。如果我被抓进监狱好几年，那么我前面三次抢劫银行所得的微薄赃款也就没什么安慰作用了。

人类实施惩罚的特别之处在于，我们有**利他式的惩罚**。动物也可以通过反抗性的攻击或日后报复来制裁不合作行为。但在人类有一种（很大程度上）独一无二的现象：C可以有非常强烈的动机去惩罚B，因为后者对A做了什么——即便C本身并不是B的受害者。

惩罚有助于人类合作的出现，从而有利于共同利益的达成。但这种解释有两个关键缺陷：首先，惩罚的实施无法从根本上回答合作是如何在进化中产生的这个问题，因为利他式的惩罚本身就是一种个体付出高昂代价的合作形式。（这就是所谓的“二阶集体行动问题”，因为我们当然不能通过简单地预设另一种合作形式来解释合作的可能性）。其次，社会性惩罚可以让**任何**行为模式稳定下来，而不仅仅是那些有利的行为。分享猎物也意味着分担风险：每个人在狩猎时都可能运气不好，因此，通过按照规范分享肉类来防止运气坏时饿肚子，对每个人来说都是有益的。那些吃了别人的肉，却不想把自己的拿出来分享的人，就会受到惩罚。

然而，在某些情况下，人类社会中形成的准则并不符合任何人的利益，或者只服务于有权有势的少数群体。中国的缠足或各种文化中对生殖器官的残害都是令人震惊的例子，说明了客观上有害、痛苦和怪异的行为是如何在一个社会群体中传播开来的。准则一旦确立，就会以同样的惩罚机制执行，使得对所有其他（也许更实用的）预期行为的违反失去吸引力。由于无视现有准则或拒绝监督其遵守情况往往会带来巨大的声誉损失，因此也可能出现反常规、反人类的准则，并通过利他性的惩罚进一步巩固。

群体选择在其中可能发挥了重要作用。或许我们可以这样设想一下惩罚的进化过程：一些群体更多是偶然地发现了这种机制，而另一些群体则没有。前者由于从中获得了合作收益，因此会表现得更好。如果这些相互竞争的群体之间的选择压力大于群体内部个体之间的选择压力，那么从长远来看，施加惩罚的群体可能就会占据优势。

我们知道，惩罚可以维持合作。我们可以通过实验来研究这是如何发挥作用的。经济学家恩斯特·费尔和西蒙·盖希特已经证明，惩罚可以将社会合作有效地保持在令人期望的水平上。[22] 我们已经看到，在囚徒困境之中，合作准则会迅速崩溃，因为搭便车的激励结构使得不合作行为成为主导策略：无论别人做什么，不合作总是更有利的。在公共物品博弈中，很明显，仅经过几轮博弈后，对公共资金池的贡献就会急剧下降，最终趋向于零。

为了确定惩罚性制裁对群体社会稳定性的影响，人们必须模拟这样一种情况：如果所有参与者共同做X，则对所有参与者整体有利，但如果每个个体参与者都做Y，则对每个参与者个体有利。然后，将这个对照组与另一个群体进行比较，后者有一个额外的选择，即惩罚不合作的行为。两个群体中的哪一个更愿意为共同利益而努力？

费尔和盖希特也曾思考过这个问题。他们做了一个实验，划分若干小组，每个组由4名参与者组成，每个人都分配了一定数量的钱（在本例中为20瑞士法郎，或称为“货币单位”）。在几轮游戏中，参与者可以决定向公共的资金池贡献多少钱。规定如下：对个人来说，不贡献或只贡献很少的钱是最有利的。然而，对于整个小组来说，最好是每个人都投入最大数额的金钱。

最初进行了 6 轮游戏，结果如下：参与者的合作意愿（表现为每轮投入公共资金池的平均数额）一开始很弱，然后很快就急剧下降。到第 6 轮结束时，参与者把大部分钱都留给了自己。重新开始玩游戏时，参与者有机会“惩罚”最吝啬的玩家。参与者每花 1 个货币单位的钱来惩罚 1 个不合作的参与者，就可以从被惩罚的人身上扣除 3 个货币单位。这对整体合作意愿的影响是惊人的：在这一次的 6 轮游戏结束时，合作水平几乎达到最高。因此，对不合作者的惩罚解决了搭便车问题。

50 万年前，我们的祖先必须共同应对的现实情况也与之非常相似。无论是在敌对群体之间的暴力冲突中，还是在狩猎大型猛兽或建造住所时，重要的是每个人都要为更大的任务做出贡献，如果没有群体的努力，这个任务就根本不可能实现。与此同时，即使在这种情况下，也不是每个人都非要做出贡献不可。即使是那些没有参加战斗或狩猎的人也能从安全的村庄或可观的战利品中获利。这种不参与社会合作却从中获利的可能性可以通过利他式的惩罚加以遏制，但直到今天它仍然存在。

## 报复心理

为了抵消这种可能性，我们不得不喜欢惩罚。这一时期发生的选择过程不仅仅创造了可以作为文明机制传递给下一代的惩罚准则和实践，它还将制裁准则破坏者的偏好深深地刻在了我们的心灵深处。

这在我们今天的惩罚心理学的语法中依然可以看到。[23] 在很大程度上，这是与生俱来的：它可能在不同文化中有不同表现，但同时又显示出普遍的模式。我们甚至常常意识不到这些模式。我们无法通过简单的自我思考来观察它们，而必须进行巧妙的实验才能发现它们。

在日常生活中，我们对报复的需要与我们为具体惩罚行为给出的理由往往大相径庭。[24] 当被明确问及为什么要实施惩罚时，我们认为制裁会带来震慑效果。然而，当震慑的可能性被明确排除时，我们对罪犯应受到多严厉惩罚的判断几乎没有发生变化。在一项有趣的研究中，行为科学家埃亚勒·阿哈罗尼和社会心理学家艾伦·弗里德隆德明确指出，由于某强奸犯已因患病完全瘫痪，审判也不公开，因此对他的惩罚不会产生任何效果。但这并不妨碍参与者继续将震慑作为惩罚强奸犯的最重要理由，即使再次被明确指出这样做是徒劳的。因此，我们实施惩罚的官方理由仍然是宣称其承担着社会性制裁的惩戒作用，即使所描述的案例明确排除了震慑效果。

如果有人违反了准则，我们就会寻求报复或复仇。我们很难将惩罚可能产生的后果纳入我们的计算之中。如果我们要求研究参与者对这样一个案例做出判断：一家制药公司生产的流感疫苗总体上可以救命，却导致一些儿童死亡，那么大多数参与者或多或少都会对惩罚该公司会产生的影响漠不关心。[25]无论惩罚是公开的还是秘密的，无论惩罚是否会导致公司完全停止生产疫苗（最终会导致更多儿童死亡），无论公司是否投保了此类诉讼的保险（因此不会承担任何后果），研究参与者建议的惩罚力度都是一样的。此外，重复犯罪的可能性似乎也不会对我们认为应该如何惩罚某人以及惩罚的严厉程度产生太大影响。[26]

我们的报复心理似乎有些矛盾：惩罚的作用实际上是产生某种效果，即遵守合作共存的准则；与此同时，奇怪的是，我们关于是否惩罚以及如何惩罚某人的有意识判断，似乎并不受惩罚建议在产生这种效果方面会有多大作用的影响。这两者是如何一起出现的呢?

事实上，这只是看似矛盾而已。某种认知状态的进化功能与其内容相背离是很常见的。比如，我们为什么要发生性行为?我们对性感兴趣的“远端”（发生在遥远过去的）解释是进化，与我们这一物种过去的生物繁衍功能有关：我们想要性，因为我们是那些对性繁殖感兴趣的人的后代。我们的祖先中对这个问题漠不关心的那些人，显然给后代留下了较弱的遗传记忆。这就是性的**功能**。然而，当我们想要发生性行为的时候，性的生殖功能很少**在特定时刻**发挥作用：对这种或那种轻率行为的“近端”（与当下有关的）解释几乎总是些别的东西。我们只是感觉到被对方吸引——身体上的，情感上的，或者两者兼而有之。这就是感觉的**内容**，与性的功能无关。事实上，把性的远端功能作为近端动机往往会营造出一种相当不健康的氛围：许多想要孩子却未能如愿的夫妇可以证实，以结果为导向的实用主义和自发的激情往往是不相容的。

我们的惩罚心理也很相似。惩罚的远端功能是防止大群体的崩溃。因此，用专业术语来说，这种功能被称为结果主义——它是为了实现特定的结果。然而，就近端功能而言，我们对惩罚的需求并不是结果主义和结果导向型的，而是报复型的，也就是说，我们希望犯错者得到他应得的惩罚。这是否对我们或我们的群体有利，此时此刻是完全不重要的。

## 说谎者与欺骗者

我们配备了认知模块，专门用来追踪不合作的准则破坏者。根据康拉德·洛伦茨的观点，我们可以说，我们思维的先验内容（即我们无须通过自身经验学习的东西）是我们进化史的后验内容（即我们仅从经验中得知的东西）：我们祖先的经验经过世世代代的适应性实验和试错，已经沉淀到了我们的精神器官之中。[27] 其中一些固有的思维模式专门用于实现和维护合作这一任务。

“觉察欺骗者”就是一个著名的例子。基于所谓的“华生选择任务”的研究表明，我们对打破社会准则的现象天生就很敏感。这项测试有两个不同的版本：一个是简单的思考题，另一个是在思考题中加入社会准则。虽然是同样的测试，但大多数人都未能通过第一个版本，而解决第二个版本却没有问题。从直觉上来说，思考社会准则对我们来说很容易，因为这是我们社会本质的一部分。

这项任务的原始版本旨在测试我们的条件认知能力，即思考“如果–那么”的关系。研究参与者会拿到四张卡牌：一张是A，一张是K，另外两张分别是4和7。任务是检查以下“如果–那么”规则是否适用于这四张卡牌：**如果卡牌的一面存在辅音，那么另一面就是奇数。**这样做的目的是，在规则得到明确证实或反驳之前，尽可能少地亮出卡牌。大多数受试者决定翻开K和7。但这是错误的方法，正确的方法应该是翻开K和4，因为只有偶数背面的辅音才能说明既定规则是否适用（通过证伪规则）。7的背面是否有辅音与规则的真假无关（因为规则**没有**说：**只有**当背面存在辅音时，正面才可能是奇数）。

几乎每个人都会犯这个错误，因为我们都是证实偏差倾向的受害者，而且一般都不善于思考与我们的现实世界无关的抽象条件命题。对于道德谱系学来说，如果卡片测试的内容变为违反社会准则，就会变得很有趣。当辅音与数字被准则与人类行为取代时，我们突然就变成了敏锐的逻辑学家。一旦规则变成，**如果一个人饮酒，那么他必须年满18岁**，而卡牌显示（a）饮酒，（b）不饮酒，（c）年满18岁，（d）未满18岁，我们就会自动选择正确的卡牌，即（a）和（d），尽管这个测试在结构上与前一个抽象条件命题的测试非常相似。[28]

当干巴巴的数字和字母被社会内容取代时，为什么我们会突然觉得条件认知变得如此容易呢？进化心理学认为，我们天生就具备一种直觉能力，可以帮助我们准确而迅速地识别违反准则的行为。从进化的角度来看，这是有道理的，因为这意味着我们不必为了得出结果而不断地、费尽心思地去思考反复出现的问题。如果人类群体依赖于合作的成功，那么对不合作的“搭便车者”的常规处理就是首要任务——如果不能做到这一点，人类在早期阶段就会（完全）陷入混乱。

## 社会性制裁

惩罚有助于我们驯化自己，因为惩罚教会了我们一些重要的技能，如自制力、温顺、有远见与爱好和平，这些技能使我们能够在不断壮大的群体中生活。早期人科动物在没有国家机构和集中垄断武力的状态下生活，这一事实即使在今天也会激发无政府主义者的幻想。但是，这种看似不受官方权威约束的无限自由也付出了高昂的代价，因为暴力和纪律的实施并不是多余的，而是通过一种更柔和但无处不在的对社会准则的集体控制来补偿的。

并非所有的社会性制裁都像死刑那样严厉和彻底。人类的道德至少在很大程度上是通过更微妙的非正式准则监督实践来维系的，通过这种方式，一个社群可以非常精细地计算其成员的社会声誉。对于像我们这样依赖合作的生命体来说，名誉受损可能是灾难性的。

对某个社群成员的信誉和声望进行记录和归档，曾经是（现在也是）通过流言而实现的。在人类进化史上，尤其是在语言的进化过程中，闲谈和谣言之间的转化曾经发挥过重要的作用，语言最初的功能可能主要是就他人的行为进行社会交流。[29] 诽谤可能是猿类相互梳理毛发和抓虱子行为的某种延伸，此前主要是这些行为确保了社会的凝聚力。同样，在人类当中，随着群体规模的扩大，有必要转而采用新的社会合作形式：由于舔舐需要直接的身体接触，而且非常耗时，因此对于人类来说，这并不是一种在最亲密的家庭边界之外加强凝聚力的合适手段。此外，语言的优势在于能够同时向更多的同类发出信号。利用语言，人类得以发展信任网络，交换有关其他群体成员性格的信息，结成联盟，确定、完善和摒弃行为准则。

声誉受损总是会带来毁灭性的后果，许多受到波及的人从此一蹶不振。但实际上为什么会这样呢？有人会想，谁会在乎别人对你的看法呢？只要一个人没有遭受任何生命、身体或财产的损失，他就可以对其他部落成员、驼背的亲戚或社交网络上一群怨声载道的陌生人如何看待他漠不关心。但事实并非如此："如果一个人被告知他有口臭，即便这对他没有任何影响，他也会深感不快。"[30] 正如大卫·休谟所指出的那样，伊曼努尔·康德——并不以敏锐的洞察力和观察力而闻名——也注意到了，他人对我们的看法以及谣言、流言和传闻在集体共存中所扮演的角色对我们来说有多么重要：

> 然而，在所有的讨论中，没有什么比关于某一行为的**道德**价值，并由此推断某人品格的讨论更能激起人们的参与热情了，否则，他们的理性很快就会使他们感到厌倦，这种热情参与给社交带来了一定的活力。那些对所有微妙的、需要深思熟虑的理论问题都感到枯燥、乏味的人，在大家辨别所叙述的或好或坏的行为的道德内涵时，都会很快加入进来，而且是如此精确、如此深思熟虑、如此微妙地辨别出一切可能降低其意图的纯洁性，从而降低其中的美德含量，甚至使其变得可疑的东西，而这是在面对任何其他思辨对象时都看不到的。[31]

顺便说一句，康德对更为险恶的闲谈的同情要少得多，他将其斥为“污蔑”、“窥探他人道德”和“嘲弄癖”。[32]

这是真的——失去社会的认可往往会产生非常明显的后果。对于南太平洋的小岛亚萨瓦岛上的居民来说，一个人的社会声誉也标志着他的法律地位。一个人的名誉受损越严重，就越容易被合法地排斥、嘲笑，越容易遭受暴力、盗窃和破坏而成为受害者。当这些被社会抛弃的人捕鱼时，他们的房屋会被放火焚烧，或者工具会被盗，而对他们施暴的人却可以逍遥法外。这也会产生一种驯化效应：“那些没有学会当地准则、不能控制自己或屡次犯错违反准则的人，最终会成为残酷剥削的牺牲品，然后被赶出村庄。”[33]

众所周知，丢脸也是自杀的常见动机之一。例如，在加纳的阿散蒂人中，这种情况在 20 世纪初仍然存在：“‘如果要在丢脸和死亡之间做出选择，宁可选择死亡。’有一个故事最能说明这一点：一名年迈的村民在向来访的贵宾鞠躬致敬时，‘无意中放了一个屁’；不到一个小时后，他就回家上吊自杀了。当被问及这一极端的反应时，他的部落同胞们一致认为他在这种情况下的行为是得体的。”[34] 在一些民族中，丧失社会声誉并不被认为是比处决更加温和的替代方案，而是被视为更大的不幸。

## 犯罪调查

人类最伟大的道德成就之一就是在残酷中找到乐趣。一旦这种对残酷的欲望得逞，要想摆脱它就更加困难了。

回顾过去，人们可能会认为，我们的大部分聪明才智和先进技术都用在了开发出更加复杂的方法来给其他人造成痛苦上。阿姆斯特丹运河环带辛格尔河上的 449 号楼设有一座酷刑博物馆，在这里，每人只需要花费 7.50 欧元（12 岁以下 4 欧元），就可以看到一些最原始的酷刑。在这里，可以看到铁链和铁笼、刀片和箱子、拇指夹、拉伸长凳、烧红的钳子、脚手架、颈手枷、绞刑架和铁处女。“发现痛苦的过去”不是隔壁心理治疗师的口号，而是博物馆网站上的邀请函。中世纪的工程师们一定对疼痛与坐姿之间的联系特别着迷，因为在座椅和靠背上覆盖铁刺的酷刑椅似乎非常流行。此外，还有类似体操器械的刑具，顶部呈金字塔形，受刑者必须坐在上面。受刑者还会被关在“西西里公牛”——一座公牛形状的空心青铜雕塑——的肚子里，架在火上被活活烤死，而一个由喇叭和管道组成的传声系统则被设计用来将受刑者痛苦的叫声转化成公牛的咆哮。

我们的进化史显然赋予了我们过度的倾向。长期以来，我们宁愿采取过于严厉的惩罚，也不愿选择过于宽松的惩罚，并且认为更加严厉、残酷、无情的制裁会特别有效。对罪犯惩罚太轻，会让我们在感情上无法接受。因此，即使我们的嗜血行为只是稍有节制，也可能意味着巨大的进步。大多数文化中都有“以眼还眼”的原则，如今，它常常被视为最原始的野蛮行为的一个例子。事实上，“以眼还眼，以牙还牙”的指令必须与当时流行的其他替代方案相比较。在一个破坏性的血腥复仇永无休止、循环往复的社会中，诸如同态复仇原则所包含的同等比例复仇的要求是一个巨大的进步。

与此同时，该原则的简单性也是它的致命伤，因为尽管简单的原则直观上是合理的，并且易于教授和学习，但由于各种个别情况和技术实施上的障碍，它也可能会失效。例如，在某些社会中，强奸或谋杀一个男人的女儿可以通过强奸或谋杀**犯罪者的女儿**来抵偿。[35] 那么如果犯罪者没有女儿该怎么办呢？巴比伦的《汉穆拉比法典》宣称，对损坏一只眼睛的惩罚是毁掉一只眼睛，对弄坏一颗牙齿的惩罚是毁掉一颗牙齿，而对破坏听力的惩罚则突然变成了赔偿“一座银矿”。或许他们还不太清楚如何毁掉一个人的听力，所以不得不想出一种替代的补偿方案？

无论如何，犯罪和惩罚从来都不是公平分配的。一个社会中的不平等总是表现在对准则的践踏和对这种践踏的惩罚上。在暴力犯罪的施害者和受害者当中，有一个群体始终占绝大多数，那就是年轻男性。通常情况下，80%以上的谋杀案受害者都是男性。在杀人犯中，男性所占比例更是远远超过90%。[36]男性罪犯一直受到更为严厉的惩罚，也因为他们被认为具有更大的危险性。例如，自13世纪亨利三世在位以来，绞刑、开膛破肚和四马分尸一直是英格兰对叛国者的惩罚方式，但从未用于惩罚女性。

不同群体社会经济地位的差异也反映在社会性惩罚的实践中。一些法典，如约2 000年前印度的《摩奴法论》，明确按照社会种姓进行区分。[37]一般而言，种姓越高，惩罚越轻。身体上的惩罚对低种姓的首陀罗最为严厉，而只有在极少数特殊情况下才会对最高种姓婆罗门实施。然而，财产损失的经济责任则以相反的方式承担，社会声望越高，就有义务支付越多的赔偿金。

除了古老而奇怪的惩罚方式之外，我们还能在历史上找到一些例子，说明我们的惩罚实践是如何变得越来越个性化的。虽然大多数社会几乎都将家庭视为基本单位，但在发展中，社会也会逐渐意识到个人的权利和义务。在中古时期的中国，对于某种行为的惩罚仍然是根据被告人和受害者之间的关系来衡量的。针对近亲的犯罪比针对远亲的犯罪会受到更重的惩罚，而针对远亲的犯罪又比针对非亲属的犯罪惩罚更重。[38]家庭的内部结构也在其中发挥了作用。例如，原则上法律对于年长者更加宽容；如果父亲杀死自己的儿子，所受惩罚相对较轻，而儿子则要担心弑父的行为将面临更严重的后果。

整个家族都可能为个别成员的暴行承担责任。直到欧洲中世纪盛期，这种“家族责任”原则才逐渐被削弱。12 世纪的《马格德堡法》首次阐述了这样的观点，即父亲不需要为实际由儿子犯下的谋杀罪负责——如果至少有 6 名独立的、无可指摘的男性证人可以证实这一点的话。[39]

今天，我们仍然可以在不同文化之间的惩罚方式中看到这种惩罚的结构性变化——从血缘关系原则转向匿名第三方对个人的惩罚。[40]正如博弈实验所展示的，在大多数社会中，不合作行为都会受到惩罚；然而，在中东地区或在东欧文化中，我们会发现，在上一轮游戏中受到惩罚的参与者会在下一轮游戏中试图报复涉嫌制裁过他们的人。这种情况主要发生在法治薄弱、**社会资本**（即非正式形式的社会信任）较少的社会。在西方社会，这种行为几乎不会发生。

随着以亲属关系为导向的法律规范发生转变和部分被废除，出现了作为犯罪责任推定之基本原则的犯罪意图思想。中世纪的法学家开始区分作为行为的犯罪和作为精神状态的犯罪。为了用相应的个人责任原则来补充被削弱的家族责任，现在必须明确规定知情、意图、可预见性和因果关系与犯罪评估的相关程度：

> 让我们来看下面这个案例：一个铁匠向他的帮工扔了一把锤子，结果把他打死了。中世纪的法学家开始不仅要问铁匠是否**想要**杀死他的帮工（动机：死者曾与铁匠的妻子调情），还要问铁匠是否**有意**杀死他，以及他是否**认为**锤子适合用来杀人。如果铁匠打算下周杀死他的帮工（用毒药），而他在此之前误认为他是个窃贼，无意中用锤子杀死了他，这重要吗？他们认为，铁匠是否有罪，取决于他不同的精神状态。[41]

从这里就可以看出，情有可原的情况可能会影响一个人的罪责：一个不成熟的、醉酒的、一时冲动的、精神错乱的或有病的人，可以不再期待与一个完全意识到自己不法行为的罪犯相比获得同样的惩罚。

废除死刑在很长一段时间内仍然是不可想象的。在对暴力的合理化方面，德国哲学的一个可疑的优势变得显而易见。伊曼努尔·康德作为人类尊严的勇敢捍卫者而被世人熟知和称颂，他在如何对待罪犯的问题上有着明确的观点，并将自己带入了启蒙哲学中最黑暗、最卑劣的段落之一：

> 但如果他杀了人，他就必须**死**。这里没有任何替代品可以满足正义。再悲惨的生活与死亡之间也没有**平等**可言，

因此，犯罪与复仇之间也没有任何等价性，只有通过依法对犯罪者执行死刑才能实现——但必须摆脱一切可能使人类在受难者身上看到畸形生物的虐待。即使一个市民社会在全体成员的一致同意下解体（比如一个居住在孤岛上的族群决定分散到世界各地），也必须先处决监狱中最后一个杀人犯，才能让每个人的行为受到与之相称的惩罚。[42]

格奥尔格·威廉·弗里德里希·黑格尔在他的哲学体系中甚至走得更远，他反对放弃执行死刑，认为这是对死刑犯的不尊重。杀人犯有权获得死刑所蕴含的承认，因为死刑不会将人贬低为任由其内驱力和本能摆布的动物：

惩罚……被视为包含了**其**自身的权利，在这个意义上，罪犯的理性得到了**尊重**。——如果惩罚的概念和尺度不是取自他的行为本身，他就不会得到这种尊重；——如果只把他看作是一种有害的动物，需要使之无害，或仅出于震慑或矫正的目的，他也不会得到这种尊重。[43]

在那之后，**功利主义**思想家首先提出了将惩罚人性化的要求。功利主义是一种哲学思潮，它认为道德的目的在于实现人类福祉的最大化。功利主义者曾认为（现在也依然如此），即使是社会性制裁，最终也应当根据社会效用标准——“最大多数人的最大幸福”——来判断。意大利法哲学家切萨雷·贝卡里亚的影响尤为深远，他在 1764 年撰写的短文《论犯罪与刑罚》中，首次系统性地主张废除死刑，实现国家惩罚的全面现代化。他认为，死刑不可能成为社会契约的一部分，因为没有人会自愿赋予国家杀害自己的权力。此外，贝卡里亚认为，快速死亡的威胁不如在监狱中长期受苦的限制更有震慑力，而且处决会使社会变得残暴而非文明，因此贝卡里亚坚决反对死刑。

功利主义道德哲学在社会政治问题上带来了某种工程师和小商贩的心态（无论好坏）。最早的功利主义者经常被改革建议冲昏了头脑，这些建议介于感人的天真和乌托邦式的傲慢之间。杰里米·边沁设计了一种新的监狱建筑，其蜂窝状的牢房围绕中央塔楼一圈一圈地排列，这一设计尤为著名。这种设计旨在用尽可能少的人手监控尽可能多的囚犯：因为从中央塔楼可以看到每间牢房，但囚犯无法判断看守者是在看自己还是在看别人，因此囚犯就像是在自己看守自己。边沁本人将他的设计称为“全景监狱”。

## 审　判

在大多数社会中，对犯罪者进行惩罚之前都要先进行某种审判，在审判中会或多或少地使用正式确立的规则，来决定某人是否以及应该如何受到惩罚。在这里，对审判和听证历史的审视也常常被用来不加批判地确保自己的进步性，并将过去的审判参与者描述为毫无良知的刽子手或陷入妄想的狂热分子，他们或出于愤世嫉俗，或出于意识形态的盲目，滥用法律权力倒行逆施，毫不留情。事实上，即使是最陈旧的做法也有其内在的逻辑，只有对相应的历史环境进行更严谨的审视才能破解它。

我们这些现代之子喜欢举起双手，嘲笑中世纪神判法的天真，这些神判法试图为上帝创造一个揭露事实真相的机会来确定被告的罪行。事实上，神判法出人意料的理性，一点也不盲目。[44] 首先必须强调的是，神判法只被用于最严重，因而也是最罕见的罪行，即便在这种情况下，也只适用于没有供词、无法从可靠证人那里获得不在场证明，以及找不到其他间接证据或线索可以做出判决的情况。另外一个鲜为人知的事实是，在大多数案件中，上帝的判决都是无罪释放。例如，根据匈牙利的《奥拉迪亚档案》（13 世纪初创建的一份刑罚记录）所述，所谓的热水测试，即必须从一壶沸水中捞出一枚戒指或其他物品，使 60% 以上的被告无罪释放。这怎么可能呢？

显然，仅仅是热水测试的威胁，就会诱使许多对神判法深信不疑的罪人承认自己的罪行。如今，人们低估了被告本身是多么坚信这种神圣判决的有效性。然而，大多数无辜的人也相信神的裁决是可靠的，他们都表示同意，因此真正经受了这种测试考验的大多数是无辜者。但是，如何防止大批无辜者因不可避免的烫伤而被判有罪呢？根据官方规定，热水的准备工作必须秘密进行，这使得负责测试的教士有机会将水温调节到可以忍受的程度，以便预先筛选过的受试者能够在仪式中尽可能毫发无伤，经受住考验。此外，这套程序的辩护人也非常不希望给无辜者定罪。据说偶尔会出现这样的情况：某人被判定犯有谋杀罪，但过了不久，所谓的被害者又活了过来。这一所谓无懈可击的判决随后便失效了，哪怕最虔诚的信徒在这一刻都有可能会被永久动摇信心，因此必须不惜一切代价避免这种情况发生。神圣审判受到的世俗影响远比当时许多地方所认为的要大得多。

即使是动物、死人甚至无生命的物体都不可能永远不受法律管辖的影响。在世界历史上，有许多动物受到了最严肃、最庄重的审判，以使它们的劣行在神和世人面前被公之于众，并受到适当的惩戒。[45] 在法国阿尔卑斯山上的圣朱利安镇，人们曾经商讨对啃食庄稼的象鼻虫实施惩罚；1451 年，日内瓦湖对危害鲑鱼的七鳃鳗下达了临时禁令；1474 年，在巴塞尔，一只被指控下蛋的公鸡被斩首；不幸的骡子、狗和驴子现已成为人类温柔关注的对象，却曾经被鞭打、流放或被烧死。猪、牛、老鼠和马经常被指控谋杀并被定罪。在马达加斯加，偶然被捕获的鳄鱼会被审问是否对同类犯有谋杀罪。在 897 年的僵尸审判（Synodus Horrenda）中，教宗福慕的选举舞弊行为受到审判。这位教宗可以说出现在了法庭上，但他其实早在几个月前就已经去世了，人们必须先把他的尸体挖出来。如果涉嫌“谋杀”，甚至刀剑、水井和马车也会受到审判。教堂的钟是一种致命的危险，这在今天或许不为人知，但在当年却不容小觑，它就曾经被锁起来。1535 年，安东尼 · 怀尔德在诺丁汉郡闷死在一个干草堆里，机智的陪审团就从中挑了一堆干草认定为“罪魁祸首”。[46]

## 惩罚的未来

惩罚在道德史上的作用也可以启发我们，现代社会应该如何施行惩罚。事实上，惩罚的未来在于更温和的制裁，以及对我们最无情的本能的回避和很大程度上的遏制。

惩罚的历史表明，并不是越严厉的惩罚就一定能起到更好的震慑作用。道德的演变表明，**任何形式**的社会性制裁确实都在将社会合作保持在可接受的水平上发挥着不可或缺的作用。然而，决定性的变量并不是惩罚的严厉程度，而是惩罚的预期收益（或对被惩罚者而言：损害）。而这显然不仅取决于惩罚有多么令人不快，还取决于惩罚实施的可能性有多大。如果我假定自己永远不会被抓到，那么即使是死刑也只会对我产生一定程度的震慑。如果我足够确信有一天会被处以杖刑，那么承受十下杖打就会产生强大得多的效果。

我们需要尽可能好的理由来调节惩罚的力度，这首先表现在当我们仅仅出于满足自己的报复欲而做出政治决定时。美国哲学家尼尔·辛哈巴布曾计算过，按照伊拉克战争的成本，我们可以为活着的大约 2 000 只大熊猫中的每一只赠送一架隐形战斗机（每架飞机价格为 7 亿美元）。[47] 即使最初可能认为

“反恐战争”是正当的，人们也必须扪心自问，2001 年 9 月 11 日导致近 3 000 名无辜美国人死亡的事件，是否能够通过其他 6 000 多名美国人的死亡（更不用说阿富汗和伊拉克方面成千上万的人命）得到补偿？他们去送死，只是为了在战争开始 20 年后与最初的敌人缔结和平条约。这种做法经不起任何成本效益分析。

自 20 世纪 90 年代高纯度可卡因在美国蔓延以来，美国一直在激烈地发动所谓的“禁毒战争”，现在可以有把握地宣称这场战争已经失败了，它所依据的同样是进化论中继承下来的犯罪和惩罚原则，根据这些原则，只有通过越来越严厉的惩罚，才能成功地打击社会中的不良行为。这不仅导致了对实际上根本不应被归类为犯罪的行为的过度刑罚，还导致了对吸毒等行为的过度惩罚，而这些行为要么不伤害任何人，要么只伤害行为人本身。[48] 与此同时，出现了从体罚到监禁再到经济制裁或赔偿的全球趋势，需要进一步推进或——更好的是——加快推进。[49]

过度惩罚是不公正的，因为一个人通过基因彩票出生于哪种环境，以及随之而来的促成其做出犯罪行为的社会问题和不当刺激，往往都是偶然的。[50] 越来越严厉的监禁刑罚只会加剧这些问题，因为长期的监禁会使一个人更难回到更适应社会的生活中去。当快速且高概率地执行惩罚时，效果是最好的。而严厉的刑罚往往无法达到这一效果。例如，死刑的判处和执行过程往往旷日持久，因为要涉及冗长的程序（没有人愿意错误地处决无辜的人），也因为很少动用死刑。

在许多情况下，胡萝卜都胜过大棒：对非犯罪行为的激励往往比惩罚的震慑更有效。[51] 此类措施往往在道德上被斥责为对犯罪行为的"奖励"。最重要的是，这表明我们很难选择更好的政策而不是更坏的政策——即使数据摆在桌面上。一旦某项犯罪措施与我们根深蒂固的情感结构背道而驰，我们就更有可能选择对任何人都没有好处的替代方案，而不是真正能带来改变的方案。

尽管存在许多令人遗憾的例外，现代社会仍在缓慢但坚定地朝着惩罚人性化的方向发展。沃尔文普林监狱是荷兰乌得勒支市的一座监狱。它是一座砖造建筑，位于市内运河环线的黄金地段，自 2014 年以来一直空置着。荷兰的犯罪率越来越低，不仅是因为犯罪行为越来越少，还因为违法行为也越来越少，而仅剩的违法行为中被判处监禁惩罚的也越来越少。乌得勒支的许多市民都希望，这座从前的监狱能被改建，在充满历史感的阴森环境中新建一些阁楼，然后帮助过热的房地产市场稍稍降温。

## 缓慢的死亡

乾隆病了。紫禁城里流传着皇帝即将驾崩的谣言——这可能是两名宫廷御医出于维护自尊心而编造的谎言。他们也许没有考虑到后果：

> 仅仅经过3个小时的审理，法庭就做出了判决，并确定了刑罚：造谣者将在大雪节气后的第一天被处以“凌迟”，即“缓慢的死亡”。犯人都被绑在柱子上，两个人必须面对面站立，看着对面的人即将遭遇的事情：刽子手先用剪刀剪掉左边的乳头，再剪掉右边的乳头，然后用刀割下整个胸部，接着是腿上的肌肉，先是大腿，然后是小腿，每条肉都被割成细条，直到在流淌的鲜血中显露出白花花的骨头来。然后，上臂和下臂的肉也会掉进浸透鲜血的锯末中，直到造谣者变成滴着血咆哮的骷髅，他们不是由于刽子手而完全是由于自己的谎言才变成幽灵的。[52]

凌迟是一种中国古代实施的极刑，有1 000多年的历史，直到20世纪初才被废止。这种刑罚长期以来一直受到欧洲知识分子和作家的关注。对恐怖和异国情调的迷恋当然会导致他们对一些描述的夸张和美化。法国哲学家乔治·巴塔耶在观看凌迟照片时，甚至被一种伤感的胡思乱想迷惑，认为自己能够从一个垂死之人失神的目光中辨别出狂喜和极乐奉献的迹象。

“千刀万剐”再次展现出人类对待犯罪的热情——必须将造谣者、通奸者、杀人犯和小偷绳之以法。尽管进化使我们热爱和平、目光长远、能够控制自我，但它也赋予了我们强大的惩罚本能，我们常常希望看到违反共存准则的人受到无情的惩罚。[53]

由此实现的人类的自我驯化，使我们比当时仍与我们共同生活在地球上的所有其他人科动物都更加温顺、更加愿意合作。但是，最终使我们优于其他人科动物的并不仅仅是这种驯化，文化的复杂程度——获得衣服、住房、武器、食物和知识等技术的发展——也给我们带来了优势。文化和道德的共同进化使我们得以再次扩大人类社会的规模；使我们成为社会适应性强的生物，能够根据道德准则和社会规范行事。我们的文化赋予了我们灵活性和多样性。因此，我们成了同类的祸害，也成了世界的劫难。

[ 第三章 ]

# 5 万年前：缺陷

**文化意味着多样性和灵活性，**

**也意味着依赖和任人摆布。**

CHAPTER

—— THREE ——

## 他人的生活

我们常常自问，我们在宇宙中是否孤独。我们只是忘了，自己也是初来乍到。

我们之外有智慧生命吗？至少现在没有了。我们低估了尼安德特人，这经常受到批评。他们体格强壮、肌肉发达，凸起的脸被蓬松的乱发包围，双手笨拙，粗糙的手指上指甲开裂。长久以来，我们自身的狭隘让我们把人类的亲属视为愚蠢的野人和残忍的白痴；尼安德特人这个词最终从一个生物分类单元演变成一个贬义词，用来侮辱被贬低为未开化野蛮人的同类。

尼安德特人的真实存在难以否认，因此与他们从类别上保持距离显得尤为迫切和必要。由于不愿承认在欧洲中心存在过另一个早已灭绝的人类物种的可能性，即使是像鲁道夫·菲尔绍这样杰出的当代博物学家也猜测，1872 年呈交给他的独特的头盖骨碎片来自一个因关节炎、多种骨折和骨骼软化而变形的普通人遗骸。也许是一个孤独的俄罗斯哥萨克人，在很久以前——不可否认是在一个久远得令人惊讶的时代——不知怎的流落到杜塞尔多夫附近的费尔德霍夫石窟。

根据苹果地图，此地离我的办公桌约 12 公里。1856 年夏末，约翰·卡尔·富尔罗特曾作为当地自然历史协会的创始主席前来参观，他出于好奇检查了这些奇怪的骨头，并且机智果敢地将之认定为人类。富尔罗特随即把骨头交给波恩的解剖学家赫尔曼·沙夫豪森，一年后，在普鲁士莱茵兰和威斯特法伦自然历史协会的一次会议上，他们一起介绍了这项令人震惊的发现。尼安德河谷那处意义重大的石灰石采石场的工人后来证实，这些骨头埋在原始砂岩中半米深的地方，所以它们一定很古老——非常古老，古老得惊人，甚至古老得难以解释。[1]

从埋葬死者的方式可以看出一种文化的发展。根据这一标准，我们可以认为尼安德特人的内心生活十分丰富，而这种丰富性直到最近——更稳妥地说是在 150 年前——还被认为是我们独有的不可侵犯的特权。1960 年，美国考古学家拉尔夫·索莱茨基在库尔德扎格罗斯山脉的沙尼达尔洞穴发现了一座葬有一名尼安德特成年男性的坟墓，埋葬者显然想让托付给他们的尸体躺得舒适一些：他像孩子一般侧卧着，身上精心覆盖着谷物和药用花束，这位父亲、朋友和战友已被移交给了永恒。

布吕尼凯勒洞穴中的石圈也流露出相似的超凡品味。20 世纪 90 年代初，中学生布鲁诺·科瓦切夫斯基在法国南部阿韦龙峡谷数百米深的钟乳石洞中发现的这一结构，在当时没人知道有什么作用。但是，谁能排除，那些由破碎的石笋堆积起来的排列空间可能是仪式舞蹈、唱歌和让人迷醉的场所，而我们人类的亲属开始在此表达他们心中正在觉醒的对一个超越感官世界的感觉？

尼安德特人是彻头彻尾的人类。他们的牙齿因为使用牙签、加工兽皮和制作绳索而磨损。他们的大脑比我们的大，几十万年来，他们成功地在整个欧洲的荒凉环境中定居下来。这种环境有时急剧降温，越来越多地被冰川覆盖，有时又迅速升温。那时的橡树和椴树林中不仅生活着如今看似是本土动物的山羊和野牛，还有巨大的森林象、河马和巴巴里猕猴。他们用燧石制作双刃楔形工具，用其他较小的工具保持其形状和锋利度；他们佩戴用鹰的羽毛和扇贝制成的饰品[2]，将珍珠串成漂亮的几何图案。在一些动物骨头上发现的直线排列的孔洞，意味着这些骨头可能被用作笛子一类的乐器。他们用硕大的猛犸象骨头建造风格奇幻的房屋，上面覆盖兽皮，入口用粗大的象牙撑开。他们的咽喉和腭部解剖结构使他们能够产生人类的语言，耳朵的结构使他们能够理解语言。

大约 5 万年前，尼安德特人开始消亡。一个流行的假设是，可能是我们消灭了自己的远房好兄弟。不过，任何物种在某个时候完全灭绝的情况都并不少见，虽然我们在欧亚大陆的各个地区平行生活了数万年而没有消灭彼此。或许有几个因素最终导致了这第一批欧洲人的消亡：上一次寒潮的气候剧变，将北欧的大部分地区埋在数百米深的绝望冰层之下；适合狩猎的大型哺乳动物随后逃亡；新的疾病暴发；火山喷发，灰尘遮天蔽日。他们最后的痕迹是在直布罗陀的戈勒姆岩洞中发现的，距今已有 3 万年历史。现在，我们的时代来临了。

## 我们是谁

我们这些最后剩下的人类，发现自己很了不起。然而对于其他许多物种来说，我们的到来往往意味着一场噩梦降临："大约 5 万年前，当我们来到欧亚大陆，用投掷武器进行狩猎和采集时，我们几乎消灭了冰期的所有掠食动物。"[3] 我们可怕的优势是有原因的："从大约 5 万年前开始，武器、工具、饰品和手工艺品的质量和数量都发生了明显的变革，其规模和性质都是前所未有的，更不用说帐篷、灯具和一系列更次要的工具，以及船只。"[4] 但是这些工具是从哪里来的呢?

我在此关注的时期正好是智人通过所谓的"南线"从东非穿越阿拉伯半岛向欧洲和亚洲扩散的时期，今天它被称为"走出非洲第二阶段"。当时我们已经拥有了性格和能力的独特配合，使我们——解剖学上的现代人类——优于当时与我们共享地球的所有其他大型哺乳动物，尤其是优于所有其他人科动物。除了先进的认知能力（包括有语法结构的语言）以外，我们的超社会性和社会化学习能力对道德的进化也意义非凡。[5] 我们极度合作的性格使我们有可能生活在越来越大的群体中；同时，这些群体为文化知识库的出现创造了条件，我们学会了如何精确地吸收这些知识——人类学家称之为“高保真度的学习”。

我们的道德是我们为自己构建的生境/生态位（Nische）。它使我们能够建立起前所未有的全球生态主导地位，这导致许多科学家将当前的地质时代简单地称为“人类世”：人类的时代。大多数动物在速度、力量和技能方面都远远超过我们（至少相对于它们所面临的要求而言）。我们的强项在于借助外部技术来弥补我们内在的不足。道德规范、价值标准和实践就是这样一种技术。

这种由我们自我构建的环境（我们的语言、城市、发明和组织机构）造就的“脚手架”[6]，是由我们的超社会性促成的。有缺陷的人类的主导地位本质上来源于他们在大群体中的合作能力。如果没有道德，这种程度的成功合作是不可想象的。道德规范和价值标准是像我们这样天赋不足的生物实现高度合作的方式，在人类以外的动物世界中，除了一些社会性的昆虫物种，再也找不到这样的合作了。我们与那些昆虫的区别在于，它们遵循严格的遗传程序，而我们可以建立起灵活的合作结构。这使得道德成为我们的人性及其所处的文化发展中的一个，甚至是**唯一一个**决定性的因素。

是什么让我们人类与众不同？对这一问题的追寻长久以来一直被认为是失败的。几千年来，人们试图将人类的本质简化为“动物+X”[7]，但每一次寻找这样一个我们人类且只有我们人类才拥有的X的新尝试都被证明是误导性的。

人类是工匠之人（Homo faber），即唯一能使用工具的动物吗？会敲开坚果的黑猩猩和会用树枝捞昆虫的乌鸦早就推翻了这个观点。或者是游戏之人（Homo ludens），即会玩耍的动物？只要观察过猫和毛线球或一窝小狐狸，就会发现很难将游戏看作人类专有的特权。或仍然只是智人（Homo sapiens），即能思考、有智慧的理性动物？[8]我不知道你是如何把麦粒和谷壳分开的，但是像日本猕猴那样在海水中淘洗谷物，然后就可以从水的表面撇出较轻的、可食用的部分，在我看来就是相当聪明的。因此对于所有动物物种中最沉迷于身份定位的人类来说，用智慧解决问题也不是其独有特征。

另一个问题是，关于人的概念定义并不仅仅是像哲学家们喜欢说的那样，必须是“外延适当”的：不仅要成功地找到只适用于人类的特征。当被问及人是什么时，据说古希腊哲学家柏拉图回答说，人是一种两条腿的、没有羽毛的动物——这个定义在过去2 500年里受到各种嘲讽一点儿都不冤枉。此外，“独特”也是廉价的：每个存在都以自己的方式独特，但并不因此而特别有趣。如果戈特弗里德·威廉·莱布尼茨的观点是对的，那么任何事物都是独一无二的；如果有两个物体在任何方面都没有差异，那它们根本就不是两个物体，而是一个。

我们寻求的“人类学差异”是用于标识人类的，必须选取一些特征来解释人类（所谓的）特殊地位，甚至做到更多，必须令我们了解自己。如果只是知悉除了人类之外没有其他生物既是两足又没有羽毛，那就是对人类之谜一无所知——也没有了解自己。

在柏拉图之后不久，亚里士多德勇敢地做了新的尝试，并提出有史以来关于人的概念最著名和最有影响力的定义：人是具备语言天赋的生物（zoon logon echon），最终被拉丁语的经院哲学翻译为理性动物（animal rationale）而影响深远。亚里士多德的“动物+X”版本遵循经典学说，即某物是由上一个更高的属和该属内部的具体差异来定义的。人是拥有语言的（属内具体差异）的动物（上一个更高属）。

即使是这个提议也不得不在其后加以修改，因为虽然我们的健谈或许是无与伦比的，可是人类的语言和许多动物物种的鸣叫、歌唱、呼喊和动作似乎属于同一种连续的符号交流。伊曼努尔·康德将我们贬低为仅具备理性**天赋**的生物（animal rationabile），他试图通过自己的定义呼吁人们变得更加谦虚。[9] 理性是一种潜力，所有人与生俱来；然而只被部分人尽力使用，而且只是被他们偶尔且不完美地使用。

就这样直到某一天，寻找使我们独一无二的东西的尝试被宣布为徒劳。人是寻求自己本性的动物，却永远找不到。

## 电话及其发明者的四次死亡

他的呼吸一定有一瞬间的停滞，因为当他第一次成功地使用电信号将声音从一个地方传输到另一个地方时，一种崇高的感觉攫住了他。1854 年，他首次向公众展示他的发明，当时这一发明还只是停留在一个想法上；自 1860 年之后，他懂得了如何将声音转化为电压脉冲；1861 年，他将自己的发明命名为“电话”，并一直沿用至今；1871 年，美国专利局接受了一项编号为 3335 的有条件专利，它涉及一种名为“声音电报”的装置，这种装置第一次使两个人之间的远距离对话成为可能；1876 年，在费城世界博览会上首次公开展示后，电话的突破性成功就再也挡不住了。

电话的发明者在加拿大新斯科舍省、陶努斯山区的弗里德里希斯多夫、法国的圣塞雷和纽约的斯塔滕岛分别经历了第一、第二、第三和第四次死亡——有时离他的出生地佛罗伦萨、爱丁堡、布鲁塞尔和盖尔恩豪森很远，有时则较近。

电话的历史在维基百科的法语版上是这样开头的：“在法国，电报管理局的一名代理人夏尔·布瑟尔提出了电话的原理。”另一边，这部在线百科全书的意大利语版则确定：“电话的发明正式归功于佛罗伦萨人安东尼奥·梅乌奇。”菲利普·赖斯和海因里希·冯·斯特凡是该网站的德语版中最先提到的两个名字。当然，在英语世界，苏格兰人亚历山大·格雷厄姆·贝尔作为电话的发明者而被人熟知。

事实上，没有人发明了电话——至少不是**一个**人。伟大的发明必然来自伟大的发明家——一个孤独的天才在他的书房里，从纯洁的自然中诱导出它最深的秘密，这种想法在很大程度上是爱国历史学家所坚持的虚构。我们能够跨越遥远的距离直接沟通，不应归功于一个人，而是源自一个被我们的头脑忽略的过程。在这个过程中，无数个人通过细微、渺小的科学、概念和技术改进，成功找到解决一个问题的方法，而这个问题或许几十年前压根没被当成问题。这一过程被称为累积的文化进化。文化进化是如何开展的？以及为什么它在我们的道德进化中发挥了如此关键的作用？

文化知识经历了一系列深刻的发展，使我们向现代人的过渡成为可能：一方面，这使我们有能力通过改进技术和激发更有效的经济活动为越来越大的社会群体提供物质保障。另一方面，这允许我们按照彻底由自己构建的规则生活，这些规则促成了人类生活形式的多样性，并将我们从生物本性的要求中解放出来；文化造就多元，还可以让我们通过时尚、语言、旗帜或仪式等方式，符号化地标记群体边界，从而进一步加强已经通过生物进化过程为群体成员量身定制的心理。此外，文化发展使我们成为依赖社会学习的生物，我们的技能和知识必须从他人那里获得。这造成了知识和道德的重要结盟：我们变得比以往更加重视群体，因为成功的学习很大程度上取决于我们可以信任谁，而可以信任谁的问题又取决于谁和自己拥有共同的价值观及规范。文化意味着多样性、灵活性和群体性，但也意味着依赖和任人摆布。这些特征让我们在一段时间后，最终进入了等级森严的大社会。

在过去的十到二十年里，在进化论和人类学的推动下，人们越来越清楚地意识到，文化进化的机制是解开人类历史上一些最棘手谜题的关键。文化资本的积累解释了我们如何在地球上繁衍生息。它表明，正是文化创新使我们人类能够完成所有其他动物无法做到的奇异壮举：没有文化进化，就没有阅读和写作，就没有舞蹈和绘画，就没有城市、桥梁和城墙。不仅如此，没有文化进化，就没有道德（反之亦然），因为规范我们共存的具体环境的道德准则只能作为文化遗产传承下去，而且只有能够理解和遵守这些准则的生命才能生活在足够大、足够多的群体中，以维持非基因遗传的复杂信息和技术的传递。

文化进化的过程从根本上改变了我们人类作为生物的存在——我们的基因、解剖学和生理学特征。“缺陷生物”一词暗示了，人类无论在体力还是先天本能方面都难以与任何非人动物匹敌。这并非巧合，而是要归功于文化进化的过程，在此过程中，我们让越来越多的身体功能被一个自我构建的环境接管。锅碗瓢盆取代了我们大部分的消化工作；长矛和弓箭使体能强悍变得多余；分享和互助的规则取代了雄性动物的主导地位。

## 累积的文化

我们逐渐知道是什么让人类与众不同：我们是唯一拥有**累**

**积文化**的动物。对人类学差异持续几千年的探索由此在几年间成功画上句号。

在此，我们应从广义上理解“文化”，因此它不仅包括贝多芬和普鲁斯特，还包括通过教与学代代相传的一整套信息、技能、实践、仪式、制度、规则、价值观、技术和人工制品。这种传播是**横向**的：文化对象——无论是思想还是工具，其传播并不受制于基因突变和优胜劣汰的缓慢速度；文化知识可以通过**社会学习**直接从一个载体传递到另一个载体。由此，对我们外部生活条件的更好适应无须受制于出生和死亡的无情实验和错误，不必总是马上产生一个具有新基因构成的新生物，而是可以灵活地尝试新的变体形式。

有些动物，尽管数量极少，也具备并不健全的文化实践能力。上文提到的日本猕猴，不仅会洗小麦，还会洗地瓜。它们从幸岛上的同种雌性伊莫那里学到了这些技术，1953 年，伊莫一岁半，它显然是自发地开始做这些事情的。[10]很快，伊莫周围的绝大多数猴子都学会了这些技能，除了最老的那些猴子，到它们死后，这些技能就被所有的猴子掌握了。不过，灵长类动物也不是唯一的文化生物。不同地区的麻雀经常拥有不同的“歌曲”，这些地域性“歌曲”也会通过学习过程在群体中传承下去。[11]

我们的不同之处在于，我们不仅生产文化产品并将其传承下去。至关重要的是，每一代人不仅被动地吸收了这些产品，而且反过来对各自的文化遗产进行了渐进式改进。这样的变化单个来看往往显得微不足道、不引人注意，而且只是渐进的；然而，只要有足够的时间，成群的人就能以这种方式完成令人惊讶的复杂实践。从某一时刻起，以这种方式打造的知识和技能储备变得极其复杂，无法再用个人的创新能力来解释，或者一旦丢失就无法依靠个人力量重建。此时我们的文化就有了自己的生命。

拥有累积的文化并不仅仅让我们变得与众不同。它作为一个标志也很**重要**，足以在很大程度上解开我们自身的神秘性谜团。累积文化的能力解释了为什么我们有语言，为什么我们有感觉，我们如何感觉，如何以我们的方式生活。它的解释潜力怎么估计都不为过，根据加拿大科学家和进化论专家约瑟夫·亨里奇的说法，在过去的 5 万年里，即对近期人类发展至关重要的时期，文化变化一直是我们进化的主要驱动力。[12] 累积文化解释了为什么有些人长着蓝眼睛并且对乳糖有耐受性，它解释了我们直立的步态、我们长距离行走的能力、我们以惊人的准确性投掷物体的能力；它解释了我们似乎没有尽头的童年、在生命的头几年持久的依赖性和对照顾的极度需要；它解释了为什么人类女性与其他大多数动物不同，会在痛苦中分娩。

它解释了我们的不足。也许我们最显著的特征是我们拥有的天赋知识或技能太少。与非人类动物相比，我们人类的天赋很差，这一洞察并不新鲜。与其他哺乳动物的相对独立性形成的对比毕竟十分明显：小马出生后立即能站起来，它们的发育多多少少已经完成。剩下的就是成长。

我们人类极其脆弱：没有皮毛、爪子或翅膀；一具瘦弱的裸露身体不得不支撑着一个硕大的头骨和退化的下巴；由于缺乏本能、天赋知识，甚至缺乏生存所需的最基本能力，我们在生命的最初几年一直停留在完全依赖他人的状态，直到成年仍然保持着相对的依赖性，依赖一张由父母、祖父母、老师和导师组成的网络，他们的主要任务似乎是阻止我们死于非自愿的自杀。

普鲁士哲学家约翰·戈特弗里德·赫尔德在其 1772 年发表的《论语言的起源》一书第一节中就已指出，人类是“自然界中最孤独的孩子。赤身裸体，软弱无力，胆小怕事，手无寸铁，而且他的痛苦之总和在于被剥夺了生活的所有主导权”[13]。1886 年，在尼采的《善恶的彼岸》一书中再次出现了人类缺乏本能和任人宰割的主题。在尼采看来，人是一个“崇高的怪胎”和“尚未确定的动物”。[14] 他对新印象和新经验的开放态度，他在选择生活空间方面的灵活性，以及他在应对环境不断强加给他的新挑战方面的创造性，都是以高昂的代价换来的。

在哲学人类学（20 世纪上半叶在德语世界兴起的哲学思潮之一）中，人类是有缺陷的存在这一论点被系统地推向极致。马克斯·舍勒认为人的特征是“对世界的开放性”[15]。别的动物生活**在**这个世界上，人类则**拥有**一个世界。人类有机体和环境之间关系的这种断裂，使我们能够从外部观察自然和身处其中的我们自己，而不是直接依附于自然。赫尔穆特·普莱斯纳关于人的“离心定位”的概念暗示了类似的距离。[16] 所有生物的特征都是在有机体和环境之间建立边界。人类不仅通过生存，还通过智力行为和对环境的有目的的操控，有意识地协调他们与世界的关系，从而本能地成功建立了与环境的边界。阿诺德·盖伦发展了具有政治社会学意义的“缺陷生物”概念，由于人的先天不足，他将救助功能归于社会机构。人的非确定性被传统的和习得的社会实践阻断，人仍然在存在上依赖于这些社会实践。[17]

大约在同一时间，瑞士生物学家阿道夫·波特曼提出了人“生理性早产”的表述。人类共同生活的复杂性不断加深，使得大脑新皮质的增长成为必然，以便能够在认知上满足逐渐升级的信息处理需求。人类大脑的这一最大部分除了需要越来越多的能量外，最重要的是需要一个东西：空间。我们的头骨很快就膨胀到不可思议的大小，这就决定了出生的时间越来越提前，在头骨长到一个我们女性祖先的解剖结构刚好允许通过的时刻。因此，人类的出生成了一件异常危险的事情。极高的产妇死亡率是一个后果，人类幼儿出生时几乎完全呈现为发育不足是另一个后果。

## 迷失和搁浅

你和你的49位伙伴跳伞进入热带雨林。飞机上同行的还有50只卷尾猴，你必须与之竞争以求生存。除了给人穿的衣服外，禁止使用任何设备。两年后统计幸存者，坚持时间最长的生物获胜。约瑟夫·亨里奇问道：

> 你的赌注下给哪一方，猴子还是你和你的伙伴？那么，你知道如何制作箭、网或盖小茅屋吗？你知道哪些植物和昆虫是有毒的（很多都是有毒的），或者如何解毒吗？你能不用火柴点火或不用锅子做饭吗？你会制作鱼钩吗？你知道如何制作天然黏合剂吗？哪些蛇是有毒的？你将如何在夜间保护自己不受捕食者伤害？你从哪里取水？你对追踪了解多少？[18]

猴子会处理好的——至少不会比它们本来会做的差。反观我们人类，我们对文化"上瘾"。如果让我们完全依靠自己，不再有工具的支持，不再凭借关于某地区的专业知识和实践经验来驾驭熟悉的环境，那么对于更有能力的掠食者来说，我们不过是一道美味佳肴而已。

像这样的场景并非单纯的虚构。"幽冥号"（HMS Erebus）和"恐怖号"（HMS Terror）是两艘英国战舰，在约翰·富兰克林船长的带领下，于 1845 年出发，船队开始探索通往太平洋的西北航道。第二年冬天，船只再次被冰层困住。这些人再也没有出现过。2014 年，这两艘船在相隔不远的海底被重新发现。

发生了什么？一个大问题是船员越来越严重的铅中毒，因为作为口粮的罐头——数量本应足够维持 5 年——没有以正确的方式包装封存。而在北极地区获取食物似乎毫无希望。或者并非如此？

事实上，内茨利克（Netsilik）因纽特人在3万年前就已经在威廉王岛周围地区居住，他们在那里繁衍生息。这里环境恶劣，但资源丰富。问题绝不是两艘船上的105名船员缺乏食物，而是这些训练有素的船员不知不觉地走上了注定失败的道路，因为他们无法从土著居民因纽特人数千年的文化进化中受益，因纽特人则能从中学会如何建造安全的住所，并使用由驯鹿和北极熊骨头制成的鱼叉捕杀海豹。要发现海豹的洞穴，及时感觉到它们的存在，并巧妙而有力地杀死这些动物，需要极其专业的知识，这些知识是通过一代代因纽特人传承、保存和完善的。生活在这里的人们必须知道如何生火和使结冰的海水变得可以饮用。

无论如何，建造一栋冰屋总是可以成功的吧？我对此表示怀疑。[19]为此所需的知识太过复杂，步骤繁多且要求精确，必要的指令必须得到严格遵循，所以这些知识无法在一代人的时间内再生——一旦失去，它（暂时）就无法挽回了。冰屋没有设计者，没有发明者。它是在文化进化中形成的。

## 捕捉火种

我们永远不会确切地知道，我们是如何成为一个文化物种的。事件的确切过程已经消弭在历史深处。尽管如此，我们仍然可以带着一定的自信说，在人类讲给自己听的所有关于自己的起源神话中，普罗米修斯版本的有关使用火的人类起源传说最接近真相。最重要的文化创新也许就是对火的控制。[20]随着这种能力的发展，我们走上了一条不断升级的反馈循环之路，不断地加速了有丰富文化的环境以及从该环境中受益的学习能力强的灵长类动物之间的共同进化。

我们是有缺陷的生物，这一点在我们用来摄取和消化食物的器官上表现得最为明显。我们的嘴太小了，我们的下巴肌肉不值一提，我们的牙齿基本上没用，小小的胃和短短的肠子上演着消化的悲剧。

控制和使用火来烹饪的能力比任何别的证据都更能解释为什么我们会成为有缺陷的生物。煮熟的食物能提供的能量更丰富，同时也更容易消化。渐渐地，我们设法将我们消化和加工食物的过程越来越多地“外部化”。我们开始切碎、研磨、捣碎、磨碎、腌制和发酵食物。由此产生的食物一方面经过了预先消化，另一方面含有更丰富的能量，这使我们能够节省资源，否则这些资源将不得不用来维持臃肿的内脏和粗大的咀嚼肌。由此释放出来的能量可以转而用于我们的大脑发育，而萎缩的咀嚼器官和膨胀的头骨又为大脑提供了足够的空间。这种回馈过程使我们走上了学习之路，从而也走上了文化之路。

会烹饪的灵长类动物寿命更长、更健康，因此会留下更多的后代，使烹饪的习性越来越普遍。较小的器官和较大的大脑为上述人类解剖学中的大多数适应性发展奠定了基础。渐渐地，我们迷恋上了熟食。更重要的是，如果一个人把他的食谱改为生肉，首先就必须吃得更多。很快，尽管食量越来越大，但他每餐之后仍然会感到饥饿。两周后，蛋白质中毒和腹泻开始了；几周后，死亡降临。[21]

## 学徒，为了进化

基因和文化的共同进化带来的最重要结果，也许是有丰富文化的环境对个人的学习能力的奖赏。文化环境中包含的知识，特别是技能诀窍，提供了许多生存优势。那些最有能力接入现有文化宝库并下载可用信息的人拥有决定性的优势。学习能力最强的人的繁殖成功率最大，因此整个人类的学习能力一代更比一代强。文化宝库得到进一步充实，它就像一块海绵，变大的同时也在变厚，吸收力越来越强。可供下载的内容越多，对用于访问这些内容的认知设备的投资就越值得。

当文化学习不仅是顺带发生，而且是由教师和学生共同积极构建它时，这种动力系统就会迅速加速。在人类历史的某个时刻，我们开始有目的地为青少年构建学习环境，使之能促进与简化学习本身。根据澳大利亚哲学家金·斯特瑞尼的说法，这使我们变成了“进化的学徒”。[22]

学习环境的设置让教与学越容易实现，烹饪、制作工具、讲故事或打猎所需的技能就越容易获得。这一发展的末端是幼儿园、中小学和大学，因此在当今大多数社会中，人类生命前半段的大部分时间是在传播知识的社会机构中度过的。今天的高中毕业生若放到500年前，将会是他们那个时代最伟大的数学家，并且凭借其百科全书式的知识而被当作超人般的天才载入史册。昨日的天才——我们当然是站在他们肩膀上的——经过文化进化，变成了今天的平庸之辈。

## 生态位建设

大多数动物在一个狭小的生态位里勉强生存。青蛙生活在食物丰富的浅水区边缘；鹳鸟经常栖息在靠近人类的环境中。各个物种与它的生态位之间存在着高度的适应性，这使得一个物种的生存无可选择地需要某种特定的生态位。

与此同时，有些动物在基因上具备构建自己生态位的能力。河狸是筑坝专家，许多鸟类是合格的筑巢者。这些遗传的行为脚本在各种不同物种的生活中发挥着极其重要的作用，因此理查德·道金斯创造了“延伸的表型”这一概念来称呼它。[23]

我们人类的独特之处在于，我们可以根据环境灵活地调整我们的生态位结构。[24]这种能力使我们成为唯一能够在几乎所有环境中——从北极的荒芜冰原到印度尼西亚的热带雨林，再到伦敦的热闹街道——成功生存下来和繁衍生息的大型哺乳动物。在亚利桑那州和迪拜，空调帮助我们应对炎热的气候。在拥挤的城市，我们能够与众多陌生人和平合作，求得生存。

## 基因与文化的共同进化

生物与文化进化的协同作用，对有缺陷的人类的出现具有决定性意义。这两个过程不仅平行运行，而且通过复杂的反馈回路相互联系。生物学上的变化使文化进步成为可能。然后，这些文化创新开始以指数级的速度增长，赋予我们的基因进化以特定的人类形式。这种结合被称为**基因与文化的共同进化**（gene-culture coevolution）。

这个过程是“自催化”的——它给自己生产燃料。[25] 本来由不可控的自然界强加的选择压力，现在由自己创造的环境施加。我们的祖先越能适应彻底的文化生活方式，他们的基因就越能在下一代得到体现。

这种共同进化效应的清单很长。在大多数情况下，文化对我们基因遗产的影响很难从表面上看出来，或者根本再也看不出来。我们的整个身体从头到脚都是由文化塑造的。体温调节的适应性也许是文化创新如何决定我们遗传轨迹的最惊人的例子。尤其有两项技术使我们成为“出汗的物种”：循迹追踪和耐力长跑的神奇能力。我们修长的四肢、特别有针对性的肌肉纤维、强大的背部肌肉以及帮助我们保持平衡的独立躯干/头部旋转，使我们成为完美的长跑运动员。与此同时，我们对液体的需求增加了；在此期间，共同进化的其他过程也发生了，它们导致我们的内脏器官萎缩，为身体内部的摄水量设置了敏感的上限。文化进化还解决了这个问题：人类猎人很快就想出了如何使用体外容器携带水，并开始使用鸵鸟蛋、动物的皮或大贝壳储存水。追踪、长跑和运水能力的共同进化最终使我们成为如今这样赤裸且流汗的"猴子"。

乳糖耐受性也许是累积文化引发遗传后果的最著名例子。[26]它源于一个单一的基因位置上发生的突变。所有新生的人类都具备乳糖耐受性，这种能力通常会在儿童时期消失。当我们定居下来的祖先开始饲养乳牛的时候，他们就创造了条件，大大提高了有利于成年后乳糖耐受基因的选择压力。使某些群体能够代谢乳糖并不是一个随机的基因突变。我们将**遗传**的乳糖耐受性归功于我们自己在畜牧业上的**文化**创新。

在城市里，人们更密集地生活在一起，人与动物之间的接触也更密切。因此，城市生活一直是瘟疫和流行病的理想滋生地。相应地，城市化历史更久的人群对疾病的抵抗力更强，免疫力更高。

蓝眼睛也是基因和文化共同进化的产物。从历史上看，蓝眼睛起源于波罗的海–北欧地区，是黑色素生成减少的副产品。而在靠近赤道的地区，黑色素生成增加导致人们肤色变深，为抵御紫外线辐射提供了重要保护。农业的诞生使我们人类有可能在食物供应较少的北方地区定居。较弱的太阳辐射会减少对皮肤中黑色素的需求；同时，黑色素会阻碍维生素D的合成，而维生素D是维持生存所必需的，因此，在阳光较少的地区，浅色皮肤具有进化优势。身体产生的黑色素越少，人的眼睛颜色就越浅。因此，农业实践的文化进化创造了一种新的选择压力，使北欧人口的肤色变浅，眼睛变蓝。

工具的使用锻造了我们的双手，其灵巧程度在动物界无可比拟。我们的手变成了理想的教学和学习工具，注定要制造和使用复杂的人工制品。同时，我们也成为唯一能够准确瞄准和投掷的物种。所有这些进化使我们在文化上变得强大而身体上变得虚弱，因为不知何时起对肌肉力量的投资不再值得。一群能使用弓箭、长矛和吹箭的灵长类动物和谐地合作，在狩猎时几乎不会再暴露在任何危险之中。因此，我们成了当地每一种常驻巨型动物的噩梦，我们的到来往往给它们带来灭绝的后果。

除了累积文化在我们基因中留下烙印的具体例子之外，没有经过基因编码而仅是通过文化学习可以获得的知识和技能储备，对认知力度提出了更大的需求。在可以学习到更多有用东西的地方，学习能力的增强会得到回报。这种学习能力需要更大的大脑和更密集的神经结构。文化进化赋予我们超大的大脑、高风险的生育，以及儿童期可塑性不断增强的、极其漫长的发育阶段。累积文化甚至使我们的大脑变得太大，以至于我们的两个颅骨半球只有在出生后才最终长到一起，这样胎儿才能在实际上过于狭窄的产道中承受住头部压迫而生存下来。

## 文化进化

没有人知道如何制造飞机。[27]今天，人类使用的所有飞机都是莱特兄弟在1903年做出的第一架能运作的模型的直系后代。在这架模型之前，产生过数百架不能正常运作的模型。当出现了这第一架能停留在空中的模型时，它就成为所有后续模型的鼻祖。当然，“我们”知道如何制造飞机——但文化进化永远不会回到绘图板上，而是基于对我们文化遗产的逐步改进和实验性修正。假如所有的飞机和蓝图在一夜之间消失了，人类就会真的忘记如何飞行。文化知识可能就会以这样的方式丢失，而且可以说，无法在短时间内凭借原始的智慧和专心的思考将其找回。

这种事情可能发生过不止一次。混凝土在古罗马的建筑和城市规划中发挥过核心作用。罗马帝国崩溃后，这项技术就被遗忘了。[28]几个世纪以来，人类不得不放弃使用混凝土，因为这项文化知识已经丢失。直到近代初期，这项必要的知识才被重新发现。

不过，文化宝库的萎缩也不一定是坏消息。2007年，美国政府在对其W76核弹头进行例行检查时发现，他们已经忘记如何制造核武器。[29]一种代号为“雾堤”的关键成分（其确切的研究情况是保密的）无法再生产，因为没有人知道如何生产。文化知识必须被**维护**。当它的承载者消失时，它也会随之消失。

生物进化领域的变化和选择机制同样制约着文化产品：具有可变异的和不同的再生产成功率的谱系。因此，进化机制在自然界中随处可见。生物进化和文化进化都是一个更普遍的原则中的特例。

一个人只要在互联网上停留哪怕几个小时——很可能在不知不觉中——就已经熟悉了文化进化理论的相关词汇。如今，“模因”几乎是指在推特、Reddit或4chan等互联网论坛上流通超过半天的任何形式的内容。这个词最早是由理查德·道金斯创造的，他想把文化产品的传播比喻为基因的突变、选择和传播的结果。[30]思想、信息、概念、谣言或理论将受制于与生物实体相同的机制。模因被复制和模仿；被复制和模仿时的成功程度各不相同，有一些盛行，而另一些消亡。许多模因形成了自己的生命，有些模因，如巫术信仰或反犹阴谋论，会造成巨大破坏。

特别成功的模因会形成“病毒式传播”。这个意味深长的术语来自法国人类学家丹·斯珀波的“流行病学”文化理论。[31]根据美国生物学家彼得·里克森和人类学家罗伯特·博伊德的观点，文化是任何“由同物种的成员通过教导、模仿和其他社会传播形式获得的、能够影响个人行为的信息”[32]。显然，这些信息单元在社会传播过程中不可能每一个都同样成功，更成功的信息单元会占上风，并开始在文化宝库中占据越来越多的领地。

思想、概念、实践和技术在个体间的社会交流中自我繁殖。有些想法之所以流行，是因为它们特别简单；有些是因为它们精炼流畅或令人难忘；还有一些是因为它们能引起特别强烈的情感共鸣或与我们的固有本能产生共鸣。进化论的视角也解释了为什么文化从来不是浑然一体的。文化不是单一的，而是支离破碎的，因此它们的内容是由不同的时代、传统和起源背景提供的："除非用进化的视角来观察，否则关于文化的一切都没有意义。"[33]

## 巴黎还是加利福尼亚?

文化进化基于达尔文的遗传变异原则。但遗传的维持性和变异的建设性，哪一方更重要？在围绕这一基本问题的争论中，形成了文化进化理论的两个"流派"，有时被称为**巴黎方案**和**加利福尼亚方案**。[34]

主张加利福尼亚方案的人认为，文化信息单元的社会传播本质上就是复制。只有对久经考验的做法进行认真的乃至一丝不苟地模仿，才能取得我们人类文化所著称的累积性成功。想要改进一项传承下来的技术，并最终传给下一代，首先必须能够准确地模仿它。

另一方面，巴黎方案比起遗传更强调变异。虽然基因确实创造了自己的副本，但模因和其他文化产品在教与学的过程中始终不断变化。这种传播过程受到所谓的"文化吸引物"的调节，使得繁殖过程偏向于某些变体。我的《格林童话》全集共三卷，包含数百个童话故事，然而我了解的不超过十个；可以复述两到三个，而且还是在我当了父亲并相应地更新了我的知识之后。我相信你知道的也不多，我还敢打赌，你知道的那几个和我知道的是一样的。《小红帽》《汉塞尔和格莱特》和《青蛙王子》显然引起了原型感受，符合认知模式，使它们在复述和记忆的竞争中比不知名的童话故事《费切尔的怪鸟》“更具适应性”。甚至某种明显荒谬的叙事也可以成为这样的文化吸引物。然而，或许正是某种叙事显而易见的离谱，甚至自相矛盾，才使它被一遍又一遍地分享、转述和阐释。

巴黎还是加利福尼亚？真相可能介于两者之间。一些文化生产形式最好遵循准确的复制模式：重印一本书或者按食谱烹饪是旨在尽可能准确地再现原内容。这个过程自然不可能是完美的。这种复制的不完美性在中世纪研究中发挥了重要作用，例如，可以根据某些“有证明力的错误”澄清一份手稿副本的谱系。其他形式的文化传播大多遵循重视创造性的巴黎方案。翻唱一首歌（或第二次按食谱烹饪）的人通常会力求独立创作。因此，文化进化由细致的模仿和有建设性的修改混合组成，既包含已经保存下来的东西，同时又通过实验对其进行改进。

## 认知工具

有证据表明，使我们能够进行文化学习的思维结构本身就是从文化中习得的。来自牛津万灵学院的英国进化生物学家塞西莉亚·海斯试图表明，我们不仅要把我们思维的“水”归功于文化进化，还要把使这种水变得可用的“磨坊”也归功于文化进化。她把这些磨坊称为“认知工具”。[35]

为了建立起储存知识和技能的文化库，人们首先需要一样东西：向他人学习的能力。这种**社会性学习**经常与**个体性学习**形成对比：社会性学习是指从他人那里学习，例如一位年长的部落成员向我展示如何制作毒箭，或者一个优兔视频教我如何更换轮胎；个体性学习则不由他人直接传达，例如我独自站在红绿灯前，注意到它变成绿色。

进化心理学试图通过研究人类的进化起源来了解人类的思想——我们的感觉、思考和感知——是如何运作的。在其经典形式中，它试图识别所谓的认知“模块”[36]。这些都是与生俱来的，即不是“学来的”思维模式，它们履行极为具体的功能，并且通常由专门用于该功能的神经元结构来执行。证明这种认知模块存在的一个重要迹象是，它们可以受到非常具体的损害——如由肿瘤、受伤或发育异常造成的损害——而其他思维功能不会同时受到影响。例如，患有面孔失认症的人难以识别面孔。面部识别很可能是一种高度由遗传引导和由进化塑造的知觉能力，不需要学习。而**文化**进化心理学现在声称，正是存在这样的认知模块，它们不是天生遗传，而是自身通过文化过程形成和传递的。例如，想要成功进行社会性学习，需要依靠各种过滤机制，告诉学习者应该向谁学习——社会性学习必须是有选择的，而不是无差别的。然而，这些选择策略，如“做大多数人做的事”“做最有名望的人做的事”“做最年长者做的事”“做最成功的人做的事”“做专家做的事”，往往本身就是文化传播的策略。

根据海斯的说法，有一些类似于“入门工具包”的感知过程从根本上促成了社会性学习，比如我们有一种自然倾向是，相比于其他声音更关注人的声音。（这种先天偏好是有利于人类信息传递的最重要方式之一，对社会学习的有益影响是显而易见的。）但是，许多选择性的社会性学习的策略似乎不是由基因决定的。“做**数字原住民**做的事”是中老年人在对待现代通信技术及媒体时成功应用的一条规则。恰恰是这种所谓的**元认知**规则，是在没有遗传基础的情况下通过文化习得并在社会上传播的。

## 超级模仿者

除了选择性的社会性学习之外，模仿他人的行为对于建立累积文化至关重要。模仿久经考验的行为方式几乎总是奏效的，因为这是学习有用知识的唯一途径，而且不必自己去投资费时费力的实验。

黑猩猩和人类儿童都向他人学习。在许多情况下，社会性学习可以优化行动成果——参照他人正在做的事情，能更好地实现自己的目标。我们人类的特点是执行复杂行动模式中甚至看似多余的组成部分。人类是**超级模仿者**。例如有一项研究旨在比较两岁儿童和黑猩猩的学习，其中发现人类儿童相当忠实地执行了一种技术，即便它实际上不如另一种技术有效。[37]给他们设置的任务是使用一个类似耙子的工具去够一个想要的东西（如甜食）。耙子齿朝下地呈现给测试对象（黑猩猩或儿童）。以这样的朝向很难够到物体，由于东西很小，它经常从齿间滑落。人类儿童遵照成人实验者演示的方式执行任务，即仍然采用这不利于实现目标的朝向。许多黑猩猩则洞悉了这个劣势，直接把耙子掉转过来。对他人行为的盲目模仿——常被我们戏称为“依样画葫芦”——是典型的人类行为。

## 文化的不透明性

当人类在学习目标明确但生效方式难以直接理解的复杂行为过程时，过度模仿的倾向会得到更多回报。纪录片《寿司之神》令人印象深刻地展示了这种练习和模仿的阶段可以持续多久；小野祯一跟随他的父亲，85 岁的寿司大师二郎学习，尽管他自己也年事已高，但他的学徒生涯还没有结束。

文化进化最令人吃惊的内涵也许是，它可以产生完全或部分超出参与者（即教师和学徒）理解能力的物品和实践。只有作为超级模仿者的人类，会对呈现于眼前的行为照单全收，即使他们难以直接推断出这种行为的意义。他们会学习此类做法，并代代改进。

原住民对食物的烹制，特别是他们消除食物毒性的做法，深刻地展示了文化进化的机制如何催生出远远超过其人类承载者洞察力的知识和技能。“那度”（Nardoo）是一种原产于澳大利亚东部的蕨类植物。其株形类似三叶草，其子实体产生的孢子被一些原住民［如扬杜旺德拉（Yanduwhandra）人］加工成可食用的面粉。[38] 未经加工的“那度”是有毒的，会使人因缺乏硫胺素而患上脚气病。为了安全食用“那度”，原住民开发了一套多工序的加工技术：采集之后将其磨碎并清洗；在烘烤过程中，必须向糕体里添加灰分，以降低其pH值；通过形成非常特殊的外壳完成解毒过程。

参与者并不清楚为什么这些步骤中的每一步都是必要的。所以罗伯特·伯克和威廉·威尔斯于1860年组织的探险队也不会知道。他们在粮食耗尽后向“那度”伸出手，但只是粗略地复制了那度糕的制作方法，几周后，尽管吃得足够多，他们还是饿死了。

木薯根的制备更加棘手。木薯看起来像黑婆罗门参和土豆的杂交品种，营养丰富，分布广泛，在南美洲尤其常见。[39] 哥伦比亚的图卡诺人开发了一套复杂得令人窒息的程序，使木薯成为可食用的食物——把它们刮削、压碎、清洗和熬煮，之后将植物纤维原封不动地放置两天。这种加工方式可以避免氢氰酸中毒，该毒的毒性十分隐蔽，只有在食用多年后才会表现出来，这使得在没有相应的医学知识的情况下，几乎不可能准确地将这种疾病归咎于木薯。每个步骤都是必要的，但负责加工木薯的妇女无法解释原因。

文化比承载和传递它的个人更聪明。再举最后一个例子：制作用于狩猎的毒箭的过程往往非常复杂，甚至连植物学家都难以破译各个工作步骤的确切含义。像亚瓜族这样的亚马孙部落经常需要几十种成分来制作他们的箭。毒药（通常是箭毒）必须与其他物质混合，经过加热和冷却后才能用于狩猎。在这里，必要的专业知识也是通过数代人的文化进化获得并传承下来的。[40]

文化产品的不透明性也体现在社会机构中。例如，民主社会的运作取决于制度、传统、规则、价值观、行为和思维模式之间复杂的相互关联。即使我们已经进行了数十年的系统研究，仍不清楚是什么让它们稳定下来的。三权分立、政党制度、选举、政治运动、强大的公民社会和相应的媒体格局分别以每一种民主制度所独有的方式进行协调，不能随意复制。这就是很难向一些国家输出民主制度的原因之一，它们尚未经历那数百年的文化传统。文化进化大多没有捷径。在一个机构网络能够永久地发挥作用之前，必须完整经历它的整个过程。

我们对于从文化上继承下来的生活环境的依赖，怎么估计都不为过。我们的因果知识的“肤浅性”就表明了这一点。[41]我们都能**使用**马桶和**操作**电话。但是，除了一些可能与管道和数据信号有关的极其模糊的想法之外，你是否对这些日常用品的工作原理有一丝了解？你会修理你的电话机吗？能复制一个吗？如果让你坐着时光机穿越到一百年前，你能向你的曾祖父母解释它是如何运作的吗？你的电磁炉呢？你的汽车发动机呢？你的圆珠笔呢？也许你对这个或那个设备有所了解，但对于你每天理所当然地使用的绝大多数人工制品，你并不理解。

在大多数情况下，文化产品的因果不透明性仅仅是其复杂性的一个副作用。然而在某些情况下，这种不透明性是使其发挥作用的关键部分。加拿大拉布拉多省的纳斯卡皮人是优秀的猎手。[42] 不幸的是，他们猎杀的北美驯鹿在躲避猎杀方面同样出色。由于这些驯鹿会避开以前遇到过猎人的地方，因此纳斯卡皮人必须尽可能预判出动物的行踪，以便选择相应的狩猎地点。他们的做法是把死去驯鹿的肩骨放在火上烧，直到出现裂开、断折和烧伤的痕迹，形成一张地图，据此来推测动物的行踪。

这当然是行不通的——或者至少达不到预期。该仪式的实际作用是使纳斯卡皮人的狩猎行为无法被动物预测。驯鹿骨头上的烙印图案的意义**就是**它们没有实际意义，只是允许人们随机选择狩猎场。对于纳斯卡皮人来说，这种占卜仪式可能具有更深的意义，但这种意义很容易被关于仪式的真相侵蚀。

随机化也有助于解决人际冲突。生活在中非北部的阿赞德人的文化特征是对巫术的强烈信仰。同时，巫术在那里被视为一种平常之事，与欧洲人过去在所谓的与撒旦的契约中看到的可耻的形而上学侮辱毫无关系。对阿赞德人来说，日常生活中的大部分不幸都可以追溯到坏邻居的巫术影响，而这些可能是无心之失，甚至是在无意识状态或睡梦中行使的巫术。[43] 为了判定被怀疑施行巫术的邻居是否真的有罪，要请示一个名为“本吉”（benge）的毒药神谕。在仪式上，混合出一种毒药，然后给一只鸡服用。原告向神谕请求，如果被告有罪，就杀死这只鸡；如果他是无辜的，就饶恕它。本格的特殊性在于，必须进行**两次**仪式才能做出终审判决。毒药会喂给另一只鸡，问它同样的问题，但征兆是相反的。也就是说，如果在第一轮中，毒药应该在邻人有罪的情况下杀死鸡，那么现在这只可怜的动物应该在第二轮仪式中幸存下来。一桩罪行只有经过这毒药的相反效果证明后，才被排除嫌疑。在“定罪”后，嫌疑人的仪式化道歉通常足以恢复社区的和平。

为什么要进行这第二轮仪式？答案是：它保证了随机性，使得有罪判决的概率各为50%，这对双方来说都是可以接受的获胜概率。为了使一只普通的鸡在一种情况下能从仪式中存活下来，而在相反的情况下则被杀，毒药必须既不能太强——这将杀死两只鸡——也不能太弱。毒药神谕的关键也可能在于参与者看不透仪式的实际生效方式。当人们期待神灵的智慧建议时，谁会愿意听从偶然性的摆布呢？

## 第四次伤害

文化进化超出了我们的想象。这对我们的自我形象意味着什么？自弗洛伊德以来，我们一再听到这样的论调：科学-技术的现代精神并没有让我们毫发无伤。随着近现代开始，日益去中心化的世界观给我们形而上的自恋带来了三次“伤害”，使我们从全能的造物主最宠爱的问题儿童一步步堕落为宇宙中无足轻重的小玩意。第一次伤害是哥白尼发表日心说，它将地球从宇宙的中心驱逐到太阳系的外围，而太阳系只是众多星系中的一个。达尔文带来的第二次伤害瓦解了人类在生物中享有特权地位的观念；我们不再是拥有量身定制的不朽灵魂的造物巅峰，而是变成了进化流水线上的大众货，与甩粪的猴子甚或最原始的水母和阿米巴原虫之间不再隔有原则性的鸿沟。我们有意识的思考只是我们认知大厦的顶层，我们精神生活的大部分都发生在地下室里，那里容纳着被压抑的情感和不可触及的驱动力，这是第三次伤害，是弗洛伊德教给我们的。

在叔本华和尼采那里也可以找到类似的评述，他们尽管在哲学观点上有种种分歧，但至少一致认为，人对自己的高估掩盖了人的不重要。对于“人在宇宙中的地位”这个问题，叔本华毫不留情：

> 在无限的空间里，有无数发光的球体，在每个球体周围，滚动着十几个较小的、被照亮的球体。它们的内部很热，覆盖着坚硬、冰冷的表皮，表皮上的一层霉菌里产生了有生命、有知觉的生命体。[45]

尼采的说法与此十分相似：

> 在由无数太阳系组成的闪闪发光的宇宙中的某个偏远角落，曾经有一颗星星，生活于其上的聪明动物发明了认知。这是“世界历史”上最傲慢、最虚假的一分钟：但只有一分钟。在大自然的几次呼吸之后，这颗星星冻结了，聪明的动物们不得不死去。——人们可以就此撰写一则寓言，却仍然无法充分说明人类的智慧在自然界中是多么可悲，多么灰暗和短暂，多么任意和漫无目的；漫长的岁月中不曾存在人类智慧；当它再次消失时，也什么都不会发生。[46]

文化进化论为这些诊断补充了第四次伤害，从而加入了这种“废黜叙事”[47]的流派。这些叙事将人类一步步逐出宇宙中心，从根本上剥夺了人类对其世界的控制甚至理解。文化进化论表明，每个人都只是一个过程中微不足道的、完全可替代的部分，这个过程在他之前开始，且在他死后延续，而他无法看穿。我们曾经认为人类在自然界中占据特权地位，宇宙是我们的**家园**，我们在宇宙中是受到欢迎的。这个宽慰人心的观点如今受到了冲击。这些洞察令人不适，但并不一定表示我们要反对它们。一种理论难以接受，并不意味着它就是错误的。相反，一种理论与人们所珍视的幻象分歧越大，它就越有可能是真实的。

## 个人主义成见

另一个在文化进化中受到攻击的论点可以称为**个人主义成见**。康德说："要有勇气使用自己的理智！"这句话成为启蒙运动的格言。[48] 谁会想反驳呢？谁喜欢把自己视为认知上的群体动物，不加批判地重复别人的观点而没有自己的观点呢？20世纪不是以最壮观和最可怕的方式展示了随波逐流、唯唯诺诺和群体压力的陷阱吗？

如果文化进化论是正确的，上述个人主义的成见也必须被修正。作为有缺陷生物的人类始终依赖累积文化，通过文化传播和代代相传并提炼的知识来弥补其身体上的不足。我们是否应该与累积文化一起并借助它生活，这样的问题甚至压根不存在。我们天生是文化生物，这使得在文化构建的生态位中生活对我们来说绝对不可避免。这似乎也不是值得向往的情形，因为无论是我们的生存还是具体的人类产品，如艺术、精神或游戏，离了文化都不再存在。

正是这样的洞察让个人主义成见失效。我们的文化宝库由信息和技能组成，这些信息和技能只能通过一代代人的知识与技术的传承和逐步完善来产生。这座文化宝库不可能在一代人之内再生，因为文化知识的复杂性远远超出了个人的创新能力。这个过程取决于两个因素：在发送方，有经验的人努力构建教学环境，使下一代的人类学习者能够尽可能轻松和准确地吸收文化存储的信息库；在接收方，人类学习者关注的是通过模仿和试探性的实验来接收现有的知识。

人类生活——以及共同生活——的可能性和成果在极大程度上取决于行为倾向，而这类行为倾向直接违背了个人主义的格言，即一个人应该独立思考，形成自己的观点，对传承下来的知识体系及传统持批判性的怀疑态度。我们的所有认知和合作都是建立在我们或多或少不加批判地接纳上一代人的观点和行为的基础上的。模仿和适应对于累积文化的建立至关重要。[49] 质疑、审视和反思在文化进化的大山面前始终是次要的。“要有勇气利用别人的理智”，应该是更正确的格言，或者更准确地说：我的思想是别人的思想；没有别人，我的思想就不可能存在。

## 一切照旧

反个人主义的重点是，已证实的知识和行为模式对我们的人类生活有多重要，这似乎给累积文化进化理论带来了保守的政治推力。我们也不难看出这种印象从何而来，自古以来，保守主义政治思想的传统就是将久经考验的传统与对彻底重组社会制度的可能性的怀疑态度相结合。埃德蒙·伯克或许是最重要的法国大革命保守派批评家，他对革命成功的前景表示怀疑，这前景直接关系到累积文化的进化过程：“这项事业本身需要的才智助力远远超过一个时代所能提供的。”[50] 破坏稳定的社会制度总是比建立起它更容易。因此对于从根本上重塑社会的激进建议，应该非常谨慎地对待。

理性主义的乌托邦往往在纸上比在现实生活中更有意义。哲学家们倾向于设计一个最终的宏伟乌托邦社会，在这个社会中，所有的分歧都被消解，所有的不公都被废除，所有的冲突都被彻底调和。在这片愿景下，家庭组织通常显得特别可耻。为了造就一个真正公平的社会，必须首先改革这种亲属关系和党派关系的繁殖单元。从美国的布鲁克农场到英国的震颤派，再到以色列的基布兹和 1968 年的公社，[51] 乌托邦实验往往从家庭组织开始，尝试将哲学家和社会改革家的崇高设计付诸实践。这些实验几乎总是以灾难告终；如果没有失败，则往往是通过逐步精确复制那些人们原本想通过实验废除的结构——家庭和伙伴关系、劳动分工、商品交换、社会制裁——来避免各自实验的崩溃。我们不能回到干船坞，从头开始构建我们的社会机构。相反，我们仍然依赖久经考验的生活方式。

尽管如此，我们仍然可以抵制这种对文化进化的保守解读。第一个要考虑的问题是，累积文化变迁的事实是否真的让保守派常常渴望回归的社会制度和生活方式有了可取之处。保守派心目中的旧生活是什么样的？我们应该回归的黄金时代是什么时候？ 20 世纪 50 年代吗？这些结构实际上是：由一个男人、一个女人和两个孩子组成的市民家庭，由少数根深蒂固的民族实业家家族主导的经济体系，以多数人的忠诚换取法律和秩序的政治体制，一个围绕着共同价值观准则的社会共同体。这样的结构早已解体或已经完全消失。**从今天的现实**回到大多数保守派心中的理想社会，恰恰是保守派一直警戒的那种激进的社会变革。保守主义思想的理性内核是，在没有非常充分理由的情况下，不要废除经过考验的价值观和制度；而这种态度应与温和变革的有益意愿相结合。

其次，文化进化论的保守意涵被高估了。人们有时会做出一些末日预言，比如同性婚姻合法化或妇女运动取得的成就会导致社会走向崩溃，如今看来它们都是毫无根据的。尽管我们仍然认为，只有在小心谨慎并且有令人信服的理由的情况下，才可以废除已经证实的知识体系和经过检验的社会合作形式。与此同时，累积进化的成功史鼓励我们对实验持开放态度，挖掘创新和变革的潜力，不断重新调整传承下来的文化宝库。

## 文化与道德

道德与文化密切相关。首先，道德规范和价值观是实现复杂的社会合作形式的必要因素，而复杂的社会合作形式又是建立累积文化的先决条件。学习能力的提高和文化知识储备的增长所形成的动态回馈循环在很大程度上依赖于一定的群体规模。一个群体内的成员越多，就能越快、越好地造就一个充满文化内容的生境，供下一代吸收和改进。我们的道德解决了这个问题，因为假如没有道德准则，人类群体就无法达到这种动态循环所需的规模。道德使人类的共同生活获得了“可扩展性”，这反过来又为累积文化的进化之路创造了条件。换句话说，道德允许作为有缺陷生物的人类通过组织起互相合作的共同生活，为累积文化的产生奠定基础，从而弥补自身的生理不足。一个群体的规模与其所能承受的文化复杂程度直接相关，因为某些技术和知识的发展依赖于足够多的教师和学习者。[52] 例如，通过比较澳大利亚和新西兰土著群体的文化复杂程度就可以看出这一点：新西兰的人口数量要少得多，而且在地理上与世隔绝，到了一定时候，他们就无法再成功地复制某些手工艺品和社会结构，因此它们就被人遗忘了。

组织起不同人类群体共同生活的具体道德规准则和价值观本身就是文化进化的产物。拥有累积文化的生物——也就是我们——是道德的生物。学习能力的提高赋予了我们丰富的规范心理，使我们能够学习并遵守复杂的社会规则。同时，这也意味着文化进化允许各群体在构成合作的规范和准则上有一定程度的变化。进化使我们能够在道德准则和社会制度的基础上进行合作。然而，这些准则和制度具体如何设计，取决于各种各样的因素。我们的人类本性预设了某些线条，而文化进化的过程则以不同的方式描绘出这些线条。因此，通过合作实现的文化可以弥补我们的不足，却也会产生新的问题，即新的不足，这些问题再度需要合适的解决方案。

人类社会规模的再次扩大是由技术进步推动的，技术进步使社会性学习者能够在适当的条件下创造经济盈余。一旦一小部分人成功占有了这部分盈余，从而在等级化日益加深的社会中巩固自己的权力，我们就会发现社会不平等成了人类群体新的构建原则。物质上的不平等与社会阶层的分化促使产生了第一个人类大社会、早期的帝国文明以及第一次城市化浪潮，神君（Gottkönige）的奢华铺张则以人类的压迫和奴役为代价。在这种社会中生活会有什么样的感觉呢？

[ 第四章 ]

# 5 000 年前：不平等的发明

**平等或许是“更自然”的状态，**

**但它并不是理所当然的。**

CHAPTER

—— FOUR ——

# 月　神

来看看吧！快点，放下一天的工作，出发吧，不然就错过了！

今天他来到了南纳的金字形神塔前，南纳——这个无名者，拥有所有名字者，前所未有的强者，蓄长须者，光芒四射者。

我们的一切不都是他的功劳吗？在这里，我们有枣和坚果、多汁的蛇和新鲜的面包、橄榄、蜂蜜、五颜六色的鱼、山羊肉和辛辣的汤。紫红色的芬芳烟雾预示着他的到来，他的队伍行道两边簇拥着庄严的鼓手，从远方的宫殿传来号角之声，提醒人们不要忘了下跪，恭迎乌尔那姆来到至高之屋与月神一同入梦。

他们从四面八方赶来：从拉尔萨赶来，那里的人们锁两次门；从尼普尔赶来，那里有猎鹰栖息；甚至从艾什努纳赶来，据说那里的火焰永远不会熄灭。在这里，陌生人用令人发指的声音警告着时间的终结，疯女人怀抱着死去的孩子祈求小神的安慰，衣衫褴褛的流浪儿捂着自己的天花；这里有黑眼睛的女孩在巷子里等待，有魔术师为富人解闷并赚取几个金币；这里有苦涩的药水，让人疲惫却又清醒，热风阵阵，让人想把井水一饮而尽。

就在那里，在神圣的屋顶下，一块巨大的红色石头告诉我们什么是神所喜欢的。很少有人禁得住对它的注视，更少有人见过它，但它就在那里，每个人都知道，我们大家都知道。今天，又是伟人向它征求意见的日子，希望正义可以在乌尔城内得到伸张。他从我们称为“埃丘尔桑加”的王宫走来，长长的队伍昭告他的来临。仆人们护送着牛群，牛身上覆盖的铁链咔咔作响。阉人们抬着轿子，轿子里坐着只属于他的女人。睿智的祭司和谋士们骑着雄鹿跟在后面；可爱的舒尔吉，我们的未来之光，坐在脖子上挂着大铃铛的长鼻动物背上，比谁都高。

但是啊，遗憾的是我们的生活常常十分艰难。我们必须感谢提亚玛特，从她的眼睛里诞生了滋养我们大地的布拉农河和伊迪吉纳河；我们还必须感谢麦斯卡兰姆杜格，伟人中的伟人，他已在地下长久安息，是他给了我们水坝。嘘，安静，然后你就能听到他们在窃窃私语，地层深处的那些女人、男人和悲伤的孩子，他们和他躺在一起，远在自己的大限来临之前。

然而：假如没有法律这块红石，我们将一事无成。它告诉我们世界上的事情应该是怎样的，荣耀在哪里，罪恶在哪里，谁是坏人。我是否要杀死夺走我妻子的人？如何对待偷我兄弟东西的人？放任自己的土地荒芜的人还能拥有它吗？医治我的人，我欠他什么？水源属于谁？

他在那里。他终于来了。通往禁地的阶梯太长，即使是永生之人也要花很长时间才能走完。现在他进来了。新的一年开始了！愿新的一年给我们带来和上一年一样多——如果南纳愿意，甚至更多——的礼物！

## 黄金时代

几乎每种文化都有黄金时代的概念，它通常是一个早已远去的时代。谈论黄金时代的人会把他们当下所处的时期理解为一个衰落的时代：一种可悲但可以克服的中间状态，在此状态下，人类暂时失去了以前那种充满“高贵的单纯和静穆的伟大”的生活方式。据说，过去我们与大自然和谐相处，但现在我们却在剥削和亵渎大自然；现在人与人之间充满了不和、猜疑和竞争，而过去的我们共处时以和谐、正直和高尚著称；今天，我们在辛勤劳作的枷锁下呻吟，过去我们从物产丰富的地球聚宝盆中舀取我们所需要的一点点东西。

黄金时代的糟糕之处是它转瞬即逝。它脱离我们的掌控，无论回溯多远，对每一代人来说，那种团结和幸福的状态都已成为过去，就好像它从未真正存在过一样！

犹太教–基督教的伊甸园神话、古希腊–古罗马的阿卡狄亚设想、北欧的古拉德尔（gullaldr）、澳大利亚土著的梦创时代或印度的纯真世（satya yuga）都没有单独指明历史上可识别的时代，只是表达了对一段无忧无虑的不确定过往的跨文化的憧憬之情。包括回到那片流淌着奶与蜜、狼群互道晚安的应许之地的日子，也不得不一再推迟。因此，托马斯·莫尔将他 1516 年发表的对未来理想社会的描述定位到一个“新岛屿”上是非常正确的，他称之为“乌托邦”，意即“无处之地”，哪里都没有。能够让人再次将苦难、死亡和折磨完全抛于脑后的承诺尚未兑现。

神话总是不真实的，但往往并非完全不真实。现在人们越来越清楚地认识到，人类最初的生活方式也许是相当可以忍受的。虽然那时没有青霉素、牙医和出租车，却也几乎没有传染病、牙周病或烦人的预约。最重要的是，从人类与其最亲近的灵长类动物分离（几百万年前）到第一批复杂社会的出现（几千年前），这一时期的特点似乎是**政治**、**物质**和**社会**方面的惊人**平等**。

大约在 5 000 年前才出现了第一批文明，随之而来的是第一批城市，这些城市又组合成了帝国。大约在同一时间确立了相同的技术发展和社会演变过程：人们开始系统地进行农业生产，开始将泥土烧制成陶器，学会了修建堤坝和引水浇灌田地。新的分工形式慢慢形成了，最终出现了专门的手工业者和商人。经济和贸易得到发展，第一次实现了盈利。统治阶级出现了，他们试图用宏伟的纪念建筑将自己的权威刻在石头上。与此同时，书写、计算和规划等新的文化技术蓬勃发展。延伸到乡村市场之外并依赖于复杂的物流过程的贸易网络也繁荣起来。最后，随着对画师、雕塑师或马赛克镶嵌工的技艺的需求增加，艺术也开始崭露头角。在 20 世纪的考古学中，所有这些似乎被一股无形的力量同时在全球范围内推动的发展，以维尔·戈登·柴尔德的名字命名为“柴尔德标准”[1]。

在幼发拉底河（苏美尔语：布拉农河）和底格里斯河（苏美尔语：伊迪吉纳河）之间的美索不达米亚“新月沃土”上，苏美尔文化如日方升，其大都市乌鲁克、拉格什、基什和巴比伦均由乌尔王朝以及萨尔贡和吉尔伽美什国王统治。在今天巴基斯坦和印度的梅赫尔格尔和哈拉帕，印度河流域诸文化齐头并进；在今日中国的中原地区，夏朝君主在某个时候宣布建立政权。此后不久，在中美洲，奥尔梅克人登上了历史舞台，他们代表了今天墨西哥湾地区最古老的文明。我们对他们知之甚少，主要的认识途径是他们用于纪念已故统治者的戴头盔的巨大玄武岩头像。

在所有这些地方，都有陶器艺术、建筑和城市规划、贵重物品和饰品制作、植物栽培、畜牧以及对国家统治机构的认可仪式的痕迹，仿佛人类遵循着一种全球性的节奏。这种节奏产生了最初的先进文明；与此同时，它也带来了统治和前所未有的社会不平等。[2]

在哲学领域，自卡尔·雅斯贝尔斯以来，现在被称为“轴心时代”的阶段，即公元前约800年至前200年，常常被视为激进变革和划时代进步的一段时期。这一时期创造了基本词汇和人文主义的自我理解，最终——虽然是在很久以后——成为启蒙运动和现代性的基础。[3]

但这是一个错误。因为雅斯贝尔斯的评价似乎主要归因于这样一个事实，即许多具有智识影响力的人物都生活和活跃在这一时期：从荷马和柏拉图到拿撒勒人耶稣和琐罗亚斯德，再到释迦牟尼、孔子或老子。然而，将这一全球性时期描述为起决定作用的“轴心时代”——可以用马克思的话来说——混淆了社会形态的文化上层建筑及其物质基础，并以典型的哲学家自以为是的唯理智论，将**哲学家**单独挑出来当作历史的决定性推动力。事实上，这些头脑并未改变多少社会的现实道德：轴心时代之后，又过了2 000年，建立在极端形式的等级制度和物质不平等基础上的封建社会的基础才得以被重新审视——这一过程至今仍未完成。

## 平等者之间

我们为什么会抛弃平等的黄金时代，这是一个谜。是什么导致了 5 000 年前不平等的发明？

如今我们已经接受社会不平等是一个自然产生的、不可改变的事实，那么可以合理假设，人类一直生活在这样的团体中：声望、权力、影响力和财富的分配取决于个人在一个或多或少具有任意性的地位标记结构中所处的位置。这个假设似乎显而易见：人们可能会认为，在发展到一定阶段时，人与人之间、社会群体与社会群体之间的自然差异或许可以通过如下方式来补偿：一个人虽然不漂亮、不聪明或不强壮，但至少富有；另一个人贫穷，却漂亮又聪明。在发达社会，人们可以拥有各种技能、才能或品质。由于没有人——或只有极少数人——拥有**一切**积极或有用的品质，因此每个人都应该能够根据自己的个人优势在团队中找到一席之地。然而，只要一个人的社会地位只取决于其自然素质，那么一个群体中最强壮或最肆无忌惮的成员似乎就有能力支配其他所有成员。人类的自然状态始终是不平等的。

我们的近亲也是如此：黑猩猩和其他类人猿都有严格的等级组织。一切群体生活都由一个雄性首领主宰，它决定权力结构，监督资源分配，独占性和生殖的机会。[4] 它的独裁权力只有在死亡或身体出现难以掩饰的虚弱迹象时才会终止。

即使是那些留下了重要历史痕迹的人类社会，其结构也总是极度不平等的。书面记录或其他遗留下来的符号性档案，记载了闻所未闻的财富和社会薪俸的标志。[5] 尤其是墓葬向我们显示，少数富有的祖先在去往来世的旅途中，往往会携带异常丰富的珠宝、牺牲或仪式用品。尽管如此，如今人们却几乎一致认为，简单的、往往过着游牧生活的狩猎和采集者群体几乎总是以令人惊讶的平等方式组织起来的。对从北极到卡拉哈里沙漠，再到巴西高原的当代部落社会的观察证实了这一模式，在这些社会，地位和财富的巨大差异以及政治集权在很大程度上是陌生的，或者不那么明显。[6]第一批严格有序、分工复杂的定居社会是后来才出现的，在大约 3 万年前。[7]

在性别平等方面，与 5 000 年以来的现代和前现代社会相比，狩猎–采集社会团体的表现也颇值得称道。虽然当时存在劳动分工（我们经常听到的论点是：石器时代的男人主要从事狩猎，女人则忙于采集果实和养育子女，这在很大程度上是真实的），不过，这样一个大家庭中的女性成员往往具有相当大的（原始）政治影响力，也就是说，在有关共同生活的问题上，她们和男性一样参与决策过程。

## 人类历史上最严重的错误

向等级制和不平等过渡的一个主要因素似乎是越来越多的定居生活方式和农业的发展。大约 1 万年前，冰期结束，在经历了长达数十万年的不稳定阶段之后，人类变得聪明且善于学习。让人类成功从事农耕、动物饲养和植物种植的气候条件也首次出现，农业生活方式由此成为可能，为我们提供了安全和稳定的内外环境和定期的食物供应，并保护我们免受大自然的各种伤害。

地理学家兼历史学家贾雷德·戴蒙德曾在多部著作中描述古代和现代文明的兴衰，[8]然而他还是认为，农业的发明才是“人类历史上最严重的错误”[9]。为什么呢？人类的自然状态是祸是福，这个问题长期以来一直占据着政治哲学的中心位置。为了确定由国家组织的、以中央集权和行使政治权威为特征的共同生活是否合理，我们不妨将其与无政府主义的替代方案比较一番。人类自从脱离无国家的原始状态后，有没有生活得更好？还是说，从部落到国家的转变真的是万恶之源？

1651 年，托马斯·霍布斯表达了自己的立场，这也是在哲学史上引用次数最多的段落之一：

> 由此可见，在没有一种普遍权力来控制所有人的生活的时代，人类处于一种被称为战争的状态，而且是各自为战的战争。……在战争年代，每个人都是别人的敌人，因此战争年代所带来的一切后果也适用于一个人们除了依靠自己的力量和智慧提供安全感之外别无他法的时代。在这种情况下，勤奋没有用武之地，因为人们无法保护自己的果实；于是也没有农业，没有航运，没有可以经海路进口的商品，没有令人舒适的建筑，没有需要很大力气才能来回移动的设备，没有关于地球表面的知识，没有时间计算，没有艺术，没有文学，没有社会关系；最糟糕的是，人们

时刻面临危险，怀揣着对暴力死亡的恐惧——人类的生活是孤独的、悲惨的、令人厌恶的、野蛮且短暂的。[10]

另一方面，让-雅克·卢梭1755年的论文《论人类不平等的起源和基础》可能是现代文化和文明批判的奠基之作，它有力地论证了人类文化的腐蚀性影响。[11] 在更大、更持久的社会中生活，会使人类健康的自爱被一种扭曲的自爱取代，后者将其原本自然的单纯和美德转化为嫉恨和地位竞争。

谁说得对呢？如今我们不必再满足于毫无根据的猜测，将卢梭的“高贵的野蛮人”公式与霍布斯相反的人类观——人对人是狼——对立起来。事实上，两人都错了：卢梭将人类描述为和平的独行者，然而人类一直是社会性的生物，虽然内心和平、平等、合作，外在表现却像嗜血的强盗、强奸犯和杀人犯团伙。霍布斯则认为我们只是冷酷无情的战略利己主义者，尽管我们是愿意合作的生物，只有在大群体中才需要中央权威，但是假如没有国家的利剑，我们的契约将一文不值。尽管如此，霍布斯还是正确描述了我们的进化首先要解决的问题：只有当不合作行为不再是主导策略时，合作才会出现。针对“囚徒困境”，即个人的理性行为往往会产生集体的灾难性后果，必须有某种解决方案。霍布斯显然想不到，国家暴力并不是解决该问题的唯一办法。

假如没有过渡到农业作为主要食物来源的阶段，就不可能出现（前）现代国家和早期文明，因为有越来越多的人在越来越小的空间内共同生活，只有通过有控制地种植营养丰富的食物，才能满足人的饮食需求。这种发展的代价是食物品种变得单调。与狩猎和采集者经常食用的数十种植物、水果和动物相比，以大米或土豆为主的饮食无法提供如此多样的选择。当天气恶劣或针对某种植物的害虫毁掉整个收成时，只专注于种植几种作物会带来极端饥荒的风险。最后还有很重要的一点是，靠农业为生的定居生活增加了人畜共患疾病的风险，即从动物传染给人类的疾病和流行病，自从那时起，人类文明就不断受到这些疾病的侵袭。其后果往往是灾难性的：有史以来许多最致命的流行病，如黑死病、肺结核、西班牙流感、艾滋病或疟疾，都可直接或间接归因于（大规模）畜牧业，并且只可能在高密度人口中扩散。

尽管如此，人们可能还是认为，相对于这些明显的不利因素，定居生活带来了惊人的物质舒适和安全感，总的来说好处大于坏处。可是情况似乎也并非如此。我们未开化的祖先工作更少，睡得更多，空闲时间更多。据估计，狩猎和采集者每周的工作时间远远低于我们今天习惯的 40 小时，也大大低于过去几千年中绝大多数人日常永无休止的辛苦劳作。我们最早的祖先似乎根本不知道抑郁症、腰酸背痛、痤疮、心血管疾病甚至癌症等文明病，正如他们也不了解肥胖。[12] 虽然他们的平均预期寿命较低，但主要原因是，在没有先进医学的情况下，人类婴孩的死亡率几乎总是相对较高。只有略多于一半的人活到了 5 岁以上。不过，一旦渡过这一难关，就可以享受总体上健康、轻松的生活，而且他们的寿命无论如何都不会太短，很容易活到 60 岁，甚至更久。

这在很大程度上取决于参照阶层：**平均而言**，狩猎和采集者是否比**某些**现代人更幸福，是一个争议不断的问题。与此同时不可否认，有相当多的人在放弃原始生活方式、进入现代社会边缘时，遭受了灾难性的后果。十亿饥民和数百万童工的生活，如果放在新石器时代之前的条件下无疑会好得多。

## 肉类羞辱

由此可见，社会平等似乎是人类“自然”的生活方式。然而，即便是原始的部落社会也必须付出相当大的努力才能维持这种状态。有各种力量——从社会联盟到占据统治地位的能力、个人的不择手段或纯粹的运气——不断挑战并威胁着打破平等主义的现状。

为了抑制社会不平等的离心力，我们的祖先发展出了各种技术，建立了“反向支配等级”[13]。我们的祖先有一个屡试不爽的方法，那就是利用谣言、诽谤、闲话和嘲讽来提醒那些渴望权力的发迹者，即使是自封领袖的最强者也不过是一介凡人。如果这也无济于事，唯一的选择就只剩下弑君。对于群体来说，这是一个永恒的挑战，意味着要在社会上铲除财富或地位方面新萌发的不平等。平等或许是“更自然”的状态，但它并不是理所当然的。我们在学会合作的同时，也学会了如何纠集小团体来合谋对付其他个体。

平等主义的财产结构防止了个别群体成员因为多余的财富而在社会上出名。私有财产的初级形式——或者更准确地说：特许使用权——确实存在，但由于工具、资源、肉类或住房的使用受到公共规范的约束，任何人都不能例外，因此从未出现过严重不公的情况。需要工具的人就可以使用工具。每个人都要照顾孩子。一个人挨饿的时候，必然是大家都在挨饿。所以几乎没有哪个人或小家庭能够成功地积累足够多的财产，来使自己凌驾于团体的其他成员之上。由于几乎不存在永久性财产，也就没有什么可继承的财产，从而也就消除了财富代代传承成为不平等根源的可能性。

如前所述，恢复平等主义平衡的最激进的方法，就是**谋杀**那些声称要控制团体的潜在暴君。针对特别令人难以容忍的“大人物”，被压迫者——甚至只是受到压迫威胁的人——往往会结成联盟，通过公开处决或秘密伏击的方式最终除掉那些折磨他们的人。

在早期人类社会中，将社会差异扼杀在萌芽状态的一种特别原始的方式，就是系统性地将个人成就降到最低：一个人不能通过诸如在狩猎方面的特殊成果来使自己凌驾于群体中的其他人之上。今天仍然居住在卡拉哈里大草原上的昆桑人习惯用谦卑的仪式来认可非凡的狩猎运气。当一个人成功地将异常丰硕的战利品带回家时，他应该尽可能地贬低自己的成就。一位昆桑族成员如此描述这个过程：

> 假设一个人去打猎了。那么他就不能立马回家，像个吹牛大王一样宣称："今天我在丛林里杀了个大家伙！"首先，他必须静静地坐着，直到有人来到他的篝火前询问："你今天发现了什么？"他平静地回答："哦，我不擅长打猎。我什么也没发现……或许有一只小东西。"然后我就笑了，因为现在我知道他杀了个大家伙。[14]

当猎物最终到达聚居地时，其他人也会给出相应的反应：

> 你是在告诉我们，你把我们大老远地拉到这里来，就是为了把你那堆骨头拖回家吗？哎，早知道它这么瘦，我就不来了。伙计们，我把一个大好的阴天都浪费在这上面了。我们在家里可能会挨饿，但至少有凉水喝。

借助这种"肉类羞辱"，社会交往实践明确表态，任何形式的过度骄傲都是不能容忍的。在某些文化中，巧妙的禁忌还能决定如何分享猎物：根据一个人的性别、年龄或社会角色，动物的某些部位只能由特定的人物食用，这样就或多或少地保证了公平分配。

一个物种的生活方式也总是代表着一个生态位，其中展现了与该物种相关的选择压力。因此，我们祖先实际的生活方式构成了我们后续适应史的社会文化背景。渐渐地，我们形成了平等主义倾向，这让我们原则上质疑社会的不平等。对过度或明显专断的社会差异的反感已经永久地烙印在我们的心灵之中。

## 谷物之子

尽管反感如潮，但对绝大多数人来说，从以狩猎采集为生的“黄金时代”过渡到艰苦劳作和备受奴役的生活是严重的恶化，较小的群体往往激烈反抗第一批大型社会对它们的兼并。我们现在可能已经开始赶上史前的满足和幸福水平，尽管只是最近在世界上极少数地区才开始。过去 5 000 年的悲剧是我们祖先必须为此付出的代价。数千年的专制统治、剥削和战争，最终为现代社会的出现创造了条件。这值得吗？

早期文明强加给人类的不平等、奴役、外来的统治和苦难，是来世救赎论宗教的理想温床，它们没有冷漠地把死亡看作世世代代不可避免的盛衰起伏中的稀松平常之事，而是视为将我们这些可怜罪人从惩罚我们的尘世泪谷中解脱出来的救赎。“散兵坑里没有无神论者”据说是第二次世界大战中美国士兵常说的一句格言；马克思的诊断也是正确的，他把救赎宗教描述为“被压迫心灵的叹息”[15]，认为其背后主要是一种镇痛和安慰的功能。

不平等和统治常常被概括到**社会分层**的概念之下。我们所知的美索不达米亚或北非地区最早的大型社会，由数千乃至数万名成员组成，它们所达到的分层规模是难以想象的。即使是今天的社会，也远远无法企及那些早期的统治和奴役形式，它们要求臣民在神选之王面前彻底屈服，而王者们通常头戴奢华的皇冠，身上挂满珠宝、贝壳、骨头或贵金属。

与此同时，仅出于组织原因，这种程度的不平等也变得越来越没有选择余地，因为一旦成员超过一定数量，人类群体就不再能通过前文描述的新石器时代之前的共享社会结构以及对团体生活规范的非正式监督维系在一起。由亲缘关系和互惠关系维持的社会形式不能随意扩展。在只有几百名成员的情况下，这种模式就已经达到了极限。只有在一个等级森严、具有集中的官僚机构和决策权的社会中，这一组织问题才开始变得可以解决，而且需要付出代价。

人类选择的手段一直是：税收。原始社会的人类主要过着自给自足的生活，可以说是勉强维持生计。因此，只有在产生盈余，使社会中的一些成员能够投身于更崇高的事业时，国家建设才成为可能。比如尊崇君主的仪式，由神职人员和进步人士完善的礼仪，以及计算、审查、记录、规划和书写都需要专业化的管理，而对罪犯的判决需要法律学者阶层。这些都是狩猎和采集者没有时间做的艰巨任务。

因此，除了奴隶制之外，几乎所有早期文明都以谷物种植为基础。[16] 只要还没有建立起像钱币之类的正式交换媒介，税收就必须借助其他东西来开展，它要可储存、可运输，以及最重要的是：可计数。欧洲防风草、胡萝卜或菊芋等根茎类蔬菜长在土里，因而很容易藏起来，不被国库发现；其他植物则大多比较脆弱，容易腐烂；牛羊运输困难，死后就毫无价值。此外，所有这些货物的尺寸和重量也各不相同，很难用它们进行可靠的和可比较的征税。相较之下，谷物在各方面都表现出色：它耐储存、可运输、不易藏匿，而且可以按精确可比的数量捆绑或包装。所以最早的那些国家总是依赖于谷物种植。

税收的剥削机制也在“政治”上对统治者提出了新要求，即保障供应。在无情的大自然阴影下、在掠食者和其他威胁生命的危险中，狩猎-采集者群体非常乐意放弃自身的生存方式，以换取作为农民和牧民的安全稳定的生活，该想法只是从这种发展中获利的剥削精英们编造出来的神话。随着时间推移，部落酋长国和早期帝国中出现了明显的不平等现象，于是对合法性的需求日益增长：如果要遭受折磨、剥削、压迫和摧残，人们至少希望听到充分的理由。这一生态位很快被祭司阶层填补，他们的任务是解释为什么只有少数几人有权决定由谁来建造神庙、耕种田地和向神灵献祭，而且这极少数人可以过上富足的生活，其他人则终其一生都要受到农奴制的奴役。

然而，倘若建立在农业基础上的定居社会有如此严重而明显的弊端，它又怎能如此强力地贯彻下来呢？部落酋长国和最早的国家是如何在大部分成员似乎一无所获的情况下让他们继续臣服的呢？

这两个问题的答案都是：强迫和暴力。大多数情况下，人们在（或多或少）平等的小团体中并不是自愿放弃生命的。相反，他们进行了反抗，要么战斗，要么拒绝，要么逃离。约两千年前的罗马-日耳曼战争也可以按照这个模式来理解，就像大多数历史事件一样。在这些事件中，一个帝国在扩张时遇到了顽抗的“野蛮人”，他们不愿不战而败地屈服于这个敌对的庞大帝国及其政府形式。这个过程也可以理解为一种进化的群体选择形式：在这些庞大帝国出现之前，也一定有一些集体通过更多的成员、更紧密的合作结构和更出色的战争，成功地消灭或吞并了与之竞争的群体。[17]

从长远来看，除了极少数例外，任何抵抗都是徒劳的，因此，第一批帝国通常会消灭挡在路上的比它们小得多的部落社会，或奴役其成员，或两者兼而有之。这是早期文明建立在压迫基础上的高度不平等的社会模式最终盛行的一个主要原因：对大多数人来说，分散的小群体模式实际上更有吸引力，但它无力对抗自封神君的纯军事力量和帝国野心。

英国考古学家伊恩·莫里斯声称，一个社会的价值体系也会适应其社会结构，更准确地说：适应其偏好的能源生产方式。这可能意味着，**狩猎和采集、农业和化石燃料**也共同决定了使用这些技术的群体愿意容忍多少社会不平等和身体暴力。[18] 采集社会更偏向平等和（对内）和平共处。相比之下，标志着农业文化转型开端的社会，其组织结构明显不平等，对内和对外都极其暴力。一个以化石燃料为主要能源的社会虽然接受物质上的不平等，却越来越厌恶内部暴力，并最终厌恶外部暴力，即战争。每个时代都伴随着其需要的价值观。

尽管取得了军事胜利，帝国结构却往往会崩溃。在不少情况下，最早的文明成为自身胜利的牺牲品，因为随着经济实力的增强，它们逐渐开始对环境的承载能力造成过重负担，却不能通过更先进的技术及时弥补。[19] 直到某一天，即便扩张领土，也不再能承受新的经济和合作形式所带来的人口增长。社会的物质再生产变得脆弱，造成饥荒和政治动荡。波利尼西亚复活节岛的例子尤为著名，岛上的早期居民用巨大的石雕摩艾向他们的酋长和祖先致敬。[20] 显然，这种雕塑欣赏形式已经发展到了较高程度，以至于在某一时刻，贯彻这种形式的社会在岛上大肆砍伐森林，荒废渔业，最后不得不退回一种更原始的组织形式，沦落到同类相食的境地。

官僚组织和信息处理的局限性同样会导致大多数有前途的帝国最终分崩离析。社会的不断发展提高了其复杂程度，反过来又增加了对复杂的行政管理的需求。但是这种复杂性也受到边际效用递减规律的制约：超过某个确定节点后，为应对下一次复杂性提升而所需的投资就会增加。[21] 当那一时刻到来，随之而来的就是停滞、受挫和无力行动的局面。这类内部冲突迫使帝国在“较低”的发展水平上进行重组，结果是帝国在发展中衰落。

## 我们为何陷入困境

夏威夷岛贵族阶层阿里的王朝继承人卡拉尼奥普乌（也被欧洲人称为Tereeoboo）被奉为神灵：当代画作中的他目光狠厉，神情威严，乌黑的头发被国王羽毛头盔盖住，仿佛海浪从他的前额倾泻而下，身披饰有红黄相间菱形图案的国王斗篷，据说这斗篷能给他带来温暖和精神上的庇护。

1778年，当詹姆斯·库克乘坐“决心号”到达他以桑威奇伯爵的名字命名的岛屿时，就连他和他的随从都对那里的社会不平等程度感到惊讶。18世纪的英国人对社会地位差异有别的现实并不陌生。[22]然而，民众对夏威夷岛最高统治者卡拉尼奥普乌的谦卑臣服，甚至让执着于阶级分层的英国人也深感震惊。普通民众必须身心都臣服于统治阶级的成员，尤其是国王本人。人们冷漠而残酷地进行活人祭祀，民众哪怕违反看似无关紧要的禁令也会被判处死刑。土地归酋长和王室所有，但由奴隶耕种，奴隶的脸上大多有刺青，表明他们毫无价值的弃子身份。

从史前小群体到前现代大型文明的过渡，几乎总是从平等主义结构的社区向社会不平等和专制统治的过渡。[23]我们至今仍然生活在财富、权力和地位极度不平等的社会中，这似乎是向复杂的大型社会演进的必然代价。

然而事实真的如此吗？在整个更新世期间，人类都生活在具有平等主义组织形式的分散小群体中，这种过于简化的说法越来越受到质疑。[24]最近的研究表明，即使在那时，也存在着大量的社会结构，它们比以前所认为的更加固定、更加庞大、政治上更加不平等。

人类学家大卫·格雷伯和考古学家大卫·温格罗警告说，不要受这种简单化的诱惑。[25] 关于从平等主义的部落社会向非平等主义的大型社会过渡的流行说法，实际上是让我们准备好接受：这种过渡，以及随之而来的各种形式的社会不平等和政治统治是不可避免的，也是别无选择的。看似对历史进程的冷静描述，实际上是带有意识形态色彩的叙事，旨在扼杀我们的政治想象力。

根据格雷伯和温格罗的观点，人类实际上一直生活在各种条件下，而且无论气候和群体规模如何，都生活在各种社会政治安排中。我们一直是有意识的政治行动者，不允许自己被套上"进化的紧身衣"[26]；一些微型社会具备森严的等级制度和专制剥削；一些北美土著社区拥有惊人的规模，成员数以万计，他们嘲笑刚刚登上新大陆的法国人和英国人缺乏自尊，在他们的社会上层人士面前畏畏缩缩，要亲吻他们的靴子。有些社会有领袖或酋长，但他们的角色被理解为仆人；其他群体则根据季节游刃有余地穿梭在截然不同的政治结构之间，在富足的夏季自由自在地做自己的主人，在较为贫乏的冬季则暂时屈从于一个政治主权的必要之恶，但随时可以终止。

社会进化过程中出现不同的社会化现象并不奇怪。真正的问题是，为什么我们今天会**陷入困境**：为什么物质上的不平等和政治上的等级制度在我们看来是如此别无选择、不容商榷?

格雷伯和温格罗正确地指出，思考政治替代方案始终是值得的；如果我们全盘接受弗朗西斯·福山的观点，认为自由-民主-资本主义的妥协是历史的终点，是政治制度竞争中硕果仅存的真正备选方案，那么我们会错过什么？[27]

然而，尽管格雷伯和温格罗成功地打破了从“小规模/平等”到“大规模/不平等”的简单的进步史，并表明人类历史始终是一部具备高度政治可塑性和社会多变性的历史，我们在很大程度上构建了我们的共存，但他们甚至没有试图证明，**现代大型社会**可以没有不平等和统治。这正是我们今天感到陷入困境的原因：我们真的陷入困境了，除了回到本身混合了浪漫和严酷的极其简单的共存形式之外，不太可能在没有显著社会政治分层的情况下组织起发达社会。怎么会这样的呢？

## 大神们

最早一批大型帝国社会开始把它们的共存规则付诸文字，最著名的是古巴比伦的《汉穆拉比法典》(约公元前 18 世纪)。今天矗立在卢浮宫的这块黑色石碑与记录在红色泥板上的《乌尔纳姆法典》(约公元前 21 世纪)类似，规定了如何处理杀人、财产或合同犯罪以及其他特定文化和形势下的问题：男人死后，他与女奴所生的孩子是否合法？杀害公民会受到什么惩罚？杀害朝廷要员呢？苏美尔的《里皮特-伊什塔尔法典》(约公元前

19世纪）也制定了此类规则。例如，据记载，谁在别人的花园里砍了一棵树，就得赔别人一处银矿；谁弄伤了牛鼻环周围的肉，就得支付该牲畜估价的三分之一。[28]

这些法典几乎都是以统治者（乃至整个统治王朝）的神圣合法性为开头的：在纠缠于法律细节之前，必须明确的是，法律的有效性自然不是基于最强者的权利，而是归因于神的祝福。这绝非巧合，因为对道德教化之神（即监督人们遵守规则的神）的权威的信仰，在早期先进文明的兴起中发挥了核心作用。在较小部落社会中发现的超自然神职人员大多是各种自然力量的无道德化身，他们有自己的使命，可以用祭祀礼物收买他人，也可以用威胁来安抚他人。另一方面，最初的文明几乎普遍表现出向所谓大神[29]的范式转变，变成少数几个日益被想象为抽象的、超凡脱俗的、具有压倒性惩罚力量的巨神，经过与神相关的戏剧人物的几波融合，最终形成了一神论的观念，即一个永恒的、全知全能的神，完全超越尘世，他洞察一切，因此能够惩罚一切暴行。

随着群体规模的扩大和物质条件的极度不平等化，通过互惠、家庭关系或简单的社会制裁来稳定社会合作变得越来越困难。惩罚制度增强了我们的合作意愿，但并不能彻底解决问题。那些仍然不为人所知或逍遥法外的罪行怎么办？从这一点出发，这些社会更容易接受这样一种观念：有一个无所不知、无所不在的惩罚之神会记录和追究每一项违反规则的行为。

只有经历了这种发展，灵魂不朽的概念才变得必要。一个人犯了法总会受到应有惩罚的观点与人们的生活经验相矛盾，值得称赞的行为与世俗的成功之间并不存在特殊的联系。相反，坏人的命运往往出人意料得好，而许多好人的下场却相当糟糕。因此，必须设计一个概念，既能在任何情况下伸张正义、惩罚罪人，又能平衡道德价值和福祉。正如英国哲学家约翰·洛克所说，不朽灵魂的概念来源于法庭，因此总是关乎形而上地去理解今世不法行为的可被制裁性；简单来说就是：那些能够在死后为自己的不法行为承担责任的人，更愿意在现世就遵守规则。

作为高度合作的生物，我们具有发达的社会认知能力，使我们能够凭直觉可靠地揣摩周围人的心理状态。这种能力也让我们猜测，我们不仅仅是一堆行走的骨肉，还被赋予了其他东西：一个独立的容器——精神或灵魂——用来安放我们的意图、欲望、信念、愿望和观点。为了更好地理解他人的心灵，人们开始将这样的精神与它的物质基质——人类个体必死的身躯——明确地分离开来，而这仅仅是向“也可能存在完全非物质的纯粹精神之物”的想法迈出的一小步。然后，只需将这一基本想法膨胀到超人的神的规模即可。

是不是拥有大神的社会才可以发展出文明？还是说，不断发展的文明社会发明了大神？[30]有一点可以肯定：大神促进合作。[31]在经济测试游戏中，如果能不露声色地引导参与者意识到自己可能会受到神的监视，他们的捐献数额就会更高。在所谓的独裁者游戏中，一个人可以自由决定如何在自己和另一个参与者之间分配一定数额的钱。大部分被试交出了大约四分之一的钱；另一些人必须事先完成一项包含神示内容的任务，他们则分享了约半数的钱款。这些无意识的刺激——心理学上称为“启动项”——对有信仰的人影响特别大：在测试开始之前，如果要求他们将一系列包含**神圣**或**精神**等概念的单词按照语法正确的顺序排列（如：甜点是神圣的），[32]他们的合作意愿就会显著增强。

尽管如此，究竟是哪种机制在起作用，目前仍然不完全清楚：大神是否会利用我们对惩罚的恐惧来激励我们，从而使我们常常因为害怕地狱之火而拒绝屈服于道德败坏的冲动？还是说，神施行惩罚的想法只是让我们更容易做出决定，因为它提醒我们要遵守道德准则？

## 不平等的心理学

人类进化过程中最关键的一个阶段是在平等的小群体中度过的——我们的心理由此塑造。即使在今天，人们也尽可能地营造平等的氛围。我们希望彼此“平视”，这就是为什么我们在俱乐部、社团和脸书社区中感觉就和在俱乐部、酒吧、音乐会或露营时围着篝火一样舒适。在匿名的大型社会中，陌生人之间往来贸易，或通过正式程序制定解决全球性问题的政治方案，对我们来说总是有些不可思议、陌生和可疑。这种进化的

"残余"——过去的残余让我们在今天感到恶心和头痛——也解释了为什么每一代人都会为自己重新发现社会主义。建立在自发团结和自由分享基础上的社会愿景，在情感上总是令人倾心。对于家庭和度假营地来说，这也依然是一个卓越的方案。[33]

我们在心理上感到难以理解的是，现代匿名的大型社会很难以这种方式组织起来，反而有在短时间内堕落为极度等级制的反乌托邦的恼人趋势。遗憾的是，我们的文化进化尚未找到一种以真正平等的方式组织大型社会的方法。有一些研究显示了令人振奋的结果：在没有任何进一步信息的情况下，被试者在看到描绘不同分配模式的饼图时，更喜欢更平等的瑞典版本，而不是美国版本，在美国版本中，最上层 20% 的人占有超过 80% 的财富。[34]（当然，瑞典也是一个高度不平等的社会，这主要是因为，除了少数例外，瑞典的福利只提供给那些居住在瑞典的人。）

我们的进化史不仅让我们对统治特权和等级制度持怀疑态度，还让我们对社会不平等，尤其是经济不平等敏感。造成这种情况的一个重要原因可能是，我们倾向于从进化继承的零和思维角度来判断不平等。[35] 由于狩猎采集者社区的经济差异非常小，每个人都能分享到猎物或采集品。倘若一个人得到的比另一个人多，那么多出的部分终究是另一个人失去的。一方的优势总是要以另一方的牺牲为代价。让我们直觉上感到陌生的事实是，不平等的存在可能并非出于僭越、盗窃或剥削。而且有些不平等现象的出现甚至可能对所有相关方都有利，这听起来几乎是荒谬的。我们很难接受不平等，是因为某些人的富裕似乎总是以牺牲他人的利益为代价。

## 向下对齐

我们对等级制度和统治特权的反感是由社会不平等引起的，然而我们的愤怒实际上并不是针对不平等本身——有些人拥有更多，有些人拥有更少的算术事实——而是针对**不公正**，即不合理的不平等。[36] 商品或利益的不平等分配可能是公正的，而平等分配则是不公正的，这一点是显而易见的：平等既不是公正的必要条件，也不是公正的充分条件。一位教授无视成绩，给所有学生都打同样的最高分，是不公正的行为；一个挥舞着爸爸钱包的废物富二代违反了我们对公正和劳有所获的理解。尽管如此，大多数人都一致认为不平等是一种罪恶。至于为什么是这样，人们的看法就不那么一致了。

正义与平等之间存在密切联系的观点被称为**平等主义**。平等主义最不受欢迎的内涵之一是，它似乎在道义上使那些无益于任何人却会损害某些人的行为合法化。为了实现与盲人的平等而挖掉所有正常人的眼睛，这会符合正义精神吗？这一论据常被用来凸显**向下对齐**的问题。[37]

哲学上的反平等主义者非常重视这些反对意见，从一开始就调整自己的政策，以表明比较性的考量在道德上是无关紧要的。对于一个公正的社会来说，重要的不是一个人比另一个人拥有的多还是少，而在于他或她是否拥有足够多的东西。[38]当然，一个人比他应得的更富有或比他应得的更贫穷的情况也比比皆是。可是根据反平等主义者的观点，事实是否如此并不取决于一个人相对于其他人拥有多少。分配公正不需要这样的比较。一个公正的社会应确保每个人都能体面而有尊严地生活，至于有些人是否过上了更体面的生活，这并不重要。

因此，即使是反平等主义者也可以轻松地辩称，几乎所有当前和历史上存在的不平等现象都是不公正的。反平等主义者不一定是认为**不**平等本质上是可取的**非**平等主义者：平等和不平等本身并不具有道德分量。欧洲封建制度、东亚种姓制度、种族分区、非洲南部的种族隔离、奴隶制度和歧视也可被归类为不公正，在此无须考虑比较性平等的问题。即使平等本身不被视为目的，人们因肤色、性别或社会阶层而受到剥削、虐待或排斥的事实也应受到谴责。

社会不会自动发展出社会平等的状态。由于资源和地位的平等分配不会自动实现，因此需要不断干预，将一再失衡的现状调整到所期望的平等状态。要做到这一点，就必须签订一份浮士德式的契约，因为只有赋予中央政府干预其下属私人命运的权力，才能成功地进行必要的再分配。所以说，人们永远无法真正摆脱不平等的问题，只能用一种形式的不平等去交换另一种形式的不平等。用政治不平等取代经济不平等的代价可能是合理的。然而，通过政治干预来**消除**社会不平等的希望终将落空，因为有效的政治行动只有在社会权力不对称的情况下才可能实现，而社会权力不对称本身就构成了一种形式的不平等。

在20世纪的政治哲学中，如美国的罗伯特·诺齐克等自由主义思想家也有力地提出了类似的观点。[39]诺齐克在一场著名的思想实验中试图证明，一个人可以从完全物质平等的状态（我们称之为$Z_1$）走向公然不平等的状态（$Z_2$），途中不需要经历任何不公正。但是，诺齐克问道，如果$Z_2$是从完美的初始状态通过完美的中间步骤产生的，那么它怎么可能是不公正的呢？人们或许认为，公正的转变不可能使一个公正的状态变得不公正。

诺齐克借用当时世界上最好的篮球运动员威尔特·张伯伦展开他的思想实验：我们生活在一个完全平等的社会里。有一天，在比赛开始前不久，张伯伦宣布，从现在起，除非每一位观众在入口处的钱箱里多投10美分，且这笔钱会直接到他手里，否则他不会上场比赛。因为人们大多是冲着他来看比赛的，所以所有10 000名观众都乐意接受这笔交易。比赛结束时，威尔特比他的队友多带了1 000美元回家。不公正现象是在什么时候发生的？问题的关键在于，只有完全阻止这种交易，$Z_1$才能长期保持下去，可是这种交易本身是完全无害的，而且所有参与者都是自愿参加的。阻止它不仅给人一种专制的感觉，而且制止成年人自由决定怎么使用自己的10美分似乎也是极其不公平的。

现在有一些哲学家认为，全人类在道德上基本平等的理念在世俗条件下根本无法再得到捍卫。[40]不管怎么说，这就是尼采的想法：只有身为上帝的无条件之爱的接受者，我们才是平等的。在上帝死后，我们不得不面对残酷的事实：平等是一个谬误。

我们的基本平等应该建立在什么基础之上呢？难以否认它必须建立在某种基础之上：没有人相信石头和蚱蜢具有与人类相同的道德价值。这显然是因为人类具有无生命物体或更简单的生物所缺乏的某些特征。但是，人们一旦试图找出这样一种使我们成为道德平等主体的品质——是我们的理性？我们的意识？我们的受苦能力？——就会很快发现，并不存在这样一种品质，它（a）似乎在某种程度上与道德相关，（b）事实上为所有人类所共有。婴儿没有理性，脑死亡的人没有意识，即使我们能够找到这样一种造就平等的品质，人们在其他品质上也存在无数差异。我们所谓的道德平等的形而上学基础仍然是个谜。[41]

## 战争之后，人人平等

即使不平等主义者是错误的，社会经济平等本质上是有价值的好事，也仍然存在一个悬而未决的问题：这种好事是否能轻易提供？如果能，如何提供？通往地狱的道路是由良好的愿望铺成的，从政治角度讲，如果不能说明如何才能切实地实现目标，那么仅仅去要求建立一种状态是不够的。

不平等现象的出现可以被重构为早期精英对人口增长和农业文化创新所产生的盈余的侵占。如前文所述，这些地位等级在意识形态上的合法化是通过作为专业意识形态工作者的宗教-知识阶层的分化来实现的。[42] 最初的文明由此获得军事力量，导致在此之前仍然共存的平等主义小群体被消灭或吸收，其生活方式先是被压制，最后几乎完全消亡。

少数人侵占原本由社区公共管理的资源，在此后的几千年里显得别无他法。在世界各地，最肆无忌惮的军阀和强盗大亨成为封建领主，此后他们最关心的就是巩固和扩大自己的特权。社会不平等由此成为我们的第二天性，而“实际上不存在一等人、二等人和三等人”的观点只能在近代早期的政治复兴中得到重现，继而受到启蒙运动更迫切的推动，但至今仍未完成。

与此同时，提高社会平等程度的阶段通常是以高昂的代价换来的。历史上，有效消除社会不平等的机制似乎主要有四种：战争、革命、制度崩溃和瘟疫。[43] 在许多国家的集体记忆中，20 世纪下半叶是一个特别和谐与繁荣的时代——例如在法国被称为“光辉岁月”，在德国被称为“经济奇迹”。非经济学家也能明白，如果愿意先摧毁一切，平等和增长是很容易实现的。曾使日本经济力量集中在少数巨型家族企业手中的财阀模式在 1945 年之后也无可救药。战争产生均衡效应的模式一再出现：在美国南部各州，19 世纪中期的南北战争导致最富有的上层阶级在社会总财富中所占的比例下降了 10% 以上。

在俄国革命、朝鲜和柬埔寨的革命，当然还有比它们早了

150 多年的法国大革命中，也主要是通过杀害，或至少饿死或没收富农、反革命地主和旧制度的势力来实现社会平等的。牺牲者多达数千万。

黑死病也造成了大量牺牲者。1347 年，黑死病蔓延到西西里岛，约一年后，锡耶纳的编年史学家图拉的阿尼奥洛对其破坏性影响做出了最好的总结：

> 就这样，他们死了。再也找不到人为了金钱或友情而埋葬死者。家庭成员尽其所能地把死者带到壕沟里埋葬，没有神父，没有宗教陪伴。就连丧钟也没有敲响。锡耶纳的许多地方都挖了深深的大坑，这些坑被死者的尸体填得满满当当。他们日夜不停地死去，成百上千，所有人都被扔进壕沟，用泥土覆盖。壕沟满了，就再挖新的。至于我，图拉的阿尼奥洛……亲手埋葬了我的五个孩子。死了那么多人，人人都相信这是世界末日。[44]

最后，鼠疫在很大程度上消除了所有社会差异，但同时也使欧洲和北非的人口减少了一半。

## 今天的不平等

很少有话题能像社会不平等的问题那样强烈地占据着政治

评论家们的头脑和键盘。

社会不平等可以通过各种方式来衡量。确定财富不平等的最著名工具是**基尼系数**。它始终介于0和1之间，反映了国家层面的分配不平等，也就是说适用于整个国家。基尼系数为1意味着一个人拥有一个国家的全部财富，而其他人一无所有。如果系数值为0，则表示每个人的财富或收入完全相同。粗略地说，世界上最不平等的国家（如南非）的基尼系数约为0.6。处于中间位置0.4和0.5之间的国家有美国和俄罗斯，这些国家也存在明显的不平等。德国或荷兰等相对平等的国家处于0.3或略低于0.3的水平。

为了衡量较小群体甚至个人之间的不平等，经常使用社会经济地位指标。这一数值反映了更为复杂的情况。借助它可以对收入和财富的分配、教育水平、生活方式、身心健康乃至职业声望做出描述。[45]一个刻苦学习文化、收入高于平均水平和/或继承财富的主编或医生，其社会经济地位较高，相应地，一个没有受过教育的失业者的社会经济地位则较低。

法国经济学家托马斯·皮凯蒂所著的《21世纪资本论》的成功可以让我们看到社会不平等现象在政治思维中发挥的核心作用，它在2013年成为全球畅销书。[46]一方面，书中不厌其烦地引用巴尔扎克和简·奥斯汀的小说，以使其经济学论点更易被理解，然而另一方面，该书德文版的图表、数据和方程式长达800多页，显得十分笨重，甚至不太可能成为畅销书。假设皮凯蒂的观点是正确的，那么人们主要在20世纪下半叶观察到的相对平等时期就是一个由战争和破坏换来的特殊阶段。

他的论点由此与美国同行西蒙·库兹涅茨产生分歧，后者将分配失衡的历史发展视为一条钟形曲线：在平等主义的起点之后是一个不平等不断扩大的阶段，有利于少数暴发户；但随着越来越多的人享受到技术带来的经济增长成果，不平等的程度又会下降。[47] 皮凯蒂反驳说，从历史上看，财富产生的盈利几乎总是大于经济增长。他将其归结为一个简单的公式：r>g；资本回报率高于经济增长。只要这种情况持续下去，如果不进行积极的再分配，社会经济不平等现象必然会加剧并长期保持如此——这就是所谓的马太效应：凡有的，还要加倍给他。

乐施会等非政府组织每年都会在全球范围内多次强调社会不平等问题。2020 年，全球繁荣失衡的情况可以这样概括：地球上最富有的 22 名男子所拥有的财富比**非洲所有女性**的财富**总和**还要多（据说当时非洲女性人数约为 3.25 亿）。[48] 这类说法并非没有问题，例如，如果只关注一个人的净资产，即资产减去负债，那么一个背负 150 多万欧元房产贷款的伦敦居民应该比一个一无所有却至少没有债务的津巴布韦人更穷。尽管如此，这类说法仍然可以表明，少数国家的少数地区的财富积累和收入快速增长，造就了物质不平等的规模，这种形式的物质不平等长期以来在很大程度上是不为人所知的。

## 不平等的继承

社会经济不平等只是不公正的一个方面。权力或财富等资源的不平等分配是否不公正，不仅取决于社会扭曲的程度，还取决于现有环境之间可能存在多少流动。权力、财富和地位是向所有人开放的，还是已经僵化为不可逾越的阶级鸿沟？

因此，重要的不仅是社会差异，还有社会**流动性**。不平等一旦形成，就会惊人地持续下去。这并不奇怪，因为当然是今天的精英决定谁将是明天的精英。一般来说，那都是他们自己的孩子。关注身份地位的父母（理应）支付惊人的费用，通过钢琴课、参观博物馆、马术课、语言课以及对家族财富的规划，为孩子们未来在上流社会的角色做好准备。

苏格兰经济学家格雷戈里·克拉克通过追踪具有罕见名字的家庭的代际社会地位，研究现代社会的渗透性。[49] 例如，第一位出名的佩皮斯在 1496 年以剑桥大学一名学生的身份出现。从那时起，有 50 多个佩皮斯在同一所教育机构就读，是统计学上预期人数的 20 多倍。如今仍然健在的 18 个佩皮斯中，有 4 个是医生。最近去世的佩皮斯留下的财产平均数达 50 多万欧元。

尤其令人吃惊的是，从政治上几乎无法干涉社会流动性水平。无论是义务教育的公共教育体系，还是广泛的经济增长，无论是投票权和公民权利的普及，还是税收再分配，都没有使现代社会的渗透性得到显著提高。尤其是社会不平等的软形式，例如地位等级——谁属于上层阶级，谁属于下层阶级？——实际上是无法根除的，至少，只要它们没有被明确地编入法典，就无法改变。假如法律规定了地位差异，则可以通过修改相关法律来正式废除或至少缓和这种差异。库尔特·冯·克莱菲尔德是古斯塔夫·施特雷泽曼的妹夫，他是1918年最后一个被授予贵族头衔的德国人。不久后通过的魏玛宪法第109条规定："废除基于出身或身份而享有的公法特权或劣势。贵族称号仅被视为姓名的一部分，不得再授予。"这意味着德国社会不平等的一个主要根源已成为过去。

另一方面，还有各种更微妙的因素标志着一个社会经济阶层的成员身份。其中首推皮埃尔·布尔迪厄关于"区分"[50]的里程碑式的精彩论述，表明了社会差异是如何体现在个人习性中，而一个人的社会群体成员身份又正是通过这种习性体现在外部信号和行为特征中的。一个人的文化资本尤其直接影响社会对他的看法。你是如何拿餐具的，你是否懂得古典音乐，是否熟悉伦敦那些生僻的博物馆，你是如何说话的，带着怎样的口音或方言，你如何生活、在哪里生活，如何着装，以及在晚宴上如何自然而然地跟上关于雷司令葡萄园、古董手表、包豪斯建筑、印象派绘画、家族办公室和拉丁美洲魔幻现实主义的谈话，这些决定了你拥有多少文化资本。

由于这种"权威知识"必须从小掌握才能显得真实可信，因此那些在勤奋好学的家庭中长大的人往往占据别人几乎难以追赶的先机。这种起步优势很难依靠政治手段来抵消，因为定义一个人的生活方式和习性的行为准则只是潜移默化地培养和传承下来的，因此不容易重新分配。即使是一个能够保证物质完全平等的社会，面对这类社会特权代际转移的机制也终究无能为力。更大程度的经济平等很可能会加剧微妙的地位差异的问题，因为渴求与众不同的精英再也无法在财富上将自己与普罗大众区分开来，于是他们会将所有精力用于完善微妙的身份象征——比如使用更高雅的词汇。

## 性别困扰

除了经济上的阶级差异，在大多数社会中还存在其他形式的社会不平等，使得一个人从属的不同群体决定了他在社会结构中的地位。最为人所熟知的情形就是性别不平等。

关于性别不平等的起源，一直以来都有这样的故事：很久很久以前，有一个男女平权的社会。有一天，出于嫉妒或厌女等各种卑劣的动机，男人们设法夺取了控制权。从此以后，父权制就统治了世界各地，掌握着政治、经济和文化权力，并开始系统性地排斥和歧视妇女、剥夺妇女权利，由此建立起一个社会结构，使她们只能过着围绕家庭和炉灶转的生活。

事实上，现在已经有了更为复杂的解释模型，并不将性别不平等理解为父权制（及其女性帮凶）对妇女的准阴谋性征服，而是将其描述为一个社会进化过程的结果，在此过程中，出于基本的行动协调的务实原因，性别分类被引入进来，在后续的步骤中，性别分类成为社会不公的基础。

人类社会是一张协调问题的网络。有时，协调是**相互关联**的：在这种情况下，重要的是每个人都要做同样的事。行驶在路的哪一边并不重要；唯一重要的是，每个人都行驶在**同一边**。另一些协调问题是**互相补充**的：华尔兹中谁领舞并不重要；唯一重要的是，一半舞者领舞，另一半舞者跟随领舞。

社会分工带来高效。不是每个人都做同样的事情才是有意义的，而一个人人都是教师或警察的社会听起来并不可取。但是，一个社会如何决定由谁来承担哪项任务呢？社会为此需要一种能够分配任务的特性。这就使分工成为一个互相补充的协调问题。

为了尽可能顺利地处理互补性协调问题，可以商定一个角色分配办法，将各自的替代行动方案——领导或被领导、耕作或烹饪——与不同的社会类别联系起来。所有已知的人类社会都通过诉诸社会类别来解决相当一部分协调问题。原则上，将社会意义赋予哪些类别有很大的操作空间；然而大多数情况下，选择的是任何外部人员都能轻松、快速、明确地识别的分类特征。因此在每个社会中，两个性别在履行社会角色和职能方面都存在差异。这些功能性的性别差异并不是“自然的”或与生俱来的，因此在进化过程中，哪个性别负责狩猎，哪个性别负责抚养孩子，都是硬性规定的。相反，有男有女是一个生物学事实，性别事实提供的特征有助于为了协调的目的而分配社会角色。

这种分配在很大程度上是任意的，但并非完全任意。例如，在所有传统社会中，狩猎大型动物或加工金属事实上都是由男性完成的，[51]而洗衣和纺纱则几乎完全是女性的任务。其他活动，如制作绳索、建造房屋或播种，有时分配给男性，有时分配给女性。即便在现代社会，据统计，在异性恋关系中，女性专门修剪草坪或铲雪而男人负责洗衣服和手工劳动的情况也相当少见，尽管这样分配角色也毫无问题。

只要任务分配结构没有造成权力、地位或收入上的差异，就没有什么理由反对这种劳动分工。然而，可以证明的是，即使没有一群阴险的策划者蓄意为自己谋利，几乎每一个社会也都会自发走向社会不平等的状态。社会不平等是一种“人口均衡”。其原因在于，解决社会协调问题的最佳方式通常是由一个易于识别的群体（例如“女性”）承担任务A，而另一个易于识别的群体（例如“男性”）承担任务B。在有些情况下，并不是每项任务都同样有利可图，因此，碰巧被分配到更理想的任务选项的群体最终会过得更好。

尽管如此，每个个体参与这种非对称均衡仍是有意义的，因为通过成功协调获得的效率收益仍然比各自协调尝试的完全失败更具吸引力。因此，如果某些形式的劳动分工对某一社会群体比对另一社会群体更有利，那么最终必然会在某一时刻出现系统地有利于某一群体的任务分配。只要存在具有这种非对称均衡的互补协调博弈，社会不平等就会几乎自发地产生。由于人类共存受制于文化进化的力量，社会差异一旦形成，就会自然而然地延续并固定下来。这里并不是为不平等辩护，而是说明要彻底消除不平等是多么困难。

## 不平等的代价

社会不平等自发产生，代代相传，难以消除。简而言之，社会经济不平等的问题已经长期存在。这是一个所谓的"抗解问题"，因为没有人确切知道问题到底出在哪里，围绕最佳解决方案也已经争论了很久。

一个完全平等的社会暂时还不可能存在。此外，在纵容不平等和激进地实现平等之间二选一是有误导性的，因为即使完全的社会经济平等也既不可能亦不可取，但一个**相对**更平等的社会仍可能对所有人都有利。

日益加剧的不平等带来的最大弊端之一是，非平等主义结构会破坏社会的社会资本，即破坏由普遍接受的社会规范组成的非正式网络，它使社会所有成员之间的顺利合作成为可能。[52] 首先是**社会信任**的资源，因为只有人们从根本上相互信任，才能维持社会结构，为成功和平共处奠定基础。社会不平等造成的信任缺失的症状包括：基本社区形式受到侵蚀、公共卫生状况恶化、心理健康问题增加、暴力和听天由命的倾向上升，因为社会中的大部分人理所当然地怀疑他们没有获得公平合理的成功机会。在这种情况下，通过自杀或吸毒走向“绝望之死”的人数可能会增加。[53]

现代社会必须能够容忍一定程度的不平等，但前提是带来这种不平等的制度具有其他优点，足以补偿这种不平等的心理情感代价。即便是运作良好的市场也会造成社会经济不对称，因为它们使经济的成功取决于幸运的巧合、有利的出身和个人的才能。尽管如此，这种安排所产生的效率和财富收益仍然对所有人有利。即使这样的社会安排与我们的道德直觉相悖，可是人类目前还不知道如何建设一个不存在严重不平等的大型社会。只有极少数人认为回归“更原始”的共存形式真的具有吸引力，而这大多只是因为加上了自然浪漫主义的滤镜。

倘若没有人因此而生活得更好，不平等就成了问题。所谓**地位商品**，是指其价值主要取决于其他人**没有**这一商品的事实。不是每个人都买得起儒纳的豪华手表，中央公园西区的公寓数量也有限。从整个社会的角度来看，获取这些商品是一场零和博弈，因为一方的收益必然是另一方的损失。因此，由地位商品竞争产生的社会不平等并不会提高社会平均幸福，因为它促成了互补的赢家和输家。

物质不平等在发达社会成为问题，主要是由于它破坏了个人自尊的社会基础。德国社会状况统计中使用的相对贫困概念主要不是用来衡量经济匮乏的，而是指缺乏充分参与社会所需的资源。人们不必因为挨饿受冻、因为无法去餐馆就餐或没余钱买电影票而遭受社会鄙视。早在18世纪，苏格兰经济学家和启蒙哲学家亚当·斯密就提出了一个体面社会的标准，即每个人都必须有能力在公共场合“毫无羞耻地”展示自己：

> 例如，严格来说，亚麻衬衫并不是生活必需品。我想，古希腊人和罗马人即使没有亚麻布，生活也是非常舒适的。可是在今天这个时代，在欧洲大部分地区，一个体面的日工不穿亚麻衬衫出现在公共场合会就感到羞耻，因为没有亚麻衬衫就意味着显示出了可耻的贫困程度，而如果没有极端恶劣的行为，谁都不可能陷入这种贫困境地。[54]

诚然，即使是这一标准也只能表明社会参与的充分程度，后者主要可以通过保证收入分配底层的最低分配额来实现。因此，斯密的标准并不禁止与所有社会成员的自尊相容的亿万富翁的存在。

去中心化社会的一个特殊优势在于，在价值观多样化的现代多元条件下，可以创造出原则上无限多的地位等级机制，每种等级机制都有自己的声望和成功标准。不是非得成为亿万富翁才能获得社会认可，能成为优秀的赛鸽手、杰出的赛艇运动员或有天赋的合唱团成员也可以，如此每个人都能获得足够的地位。[55]

平等工作取得巨大成功的例子不胜枚举，我们无论如何都不希望看到这些努力被放弃：在过去的 300 年里，贵族的官方社会特权被废除，奴隶制（在大多数地区）被终结，吉姆·克劳时代结束后美国引入黑人民权、引入妇女选举权，种族隔离结束，种姓制度削弱，同性婚姻等少数群体的公民权利扩大，以及社会对身体或精神残障者采取了更包容的态度。这些发展反映了一种道德水平，在这种水平上后退已变得不可想象。[56]

我们现在可以看到，即使是消除政治上强制的歧视和废除贵族的俸禄，也绝不可能直接导向无阶级社会的平等主义天堂。现代社会的优绩主义转型有其自身的（往往是相当大的）社会成本：[57] 诚然，昔日弱势群体的子女，如今也能凭借智慧、勤奋和才能在地位和收入的竞争中脱颖而出。通过标准化考试，哈佛大学现在招收了更多的犹太学生和日本学生，而他们在 20 世纪仍然受到严重歧视。可是另一方面，一个将自尊与成功、成功与表现联系在一起的社会助长了有毒的竞争，即使是年幼的孩子，也会在对地位敏感的父母的鼓励和陪伴下，通过学习小提琴和中文，竞争进入最好的幼儿园。同时，这也造成了一种说法，即那些没有“成功”的人必须为自己的失败负责——而在封建社会，至少每个人都清楚，财富与个人素质之间的联系是非常脆弱的。一个主要奖励那些在旧金山和新加坡等趋同的明星城市间内部交往的高素质知识精英的社会，很难给予被遗弃的少数群体应有的认可。

当前对优绩主义政治的怀疑是基于哪些前提的，并不总是很清楚。优绩主义政治的理念是，如果社会地位原则上是人人都能获得的，并且与个人的表现相关，那么社会不平等就是合理的。问题究竟出在这一理念本身，还是其执行不力？美国哲学家迈克尔·桑德尔在他对优绩主义社会的批判中写道："根据业绩聘用员工无可厚非"[58]，以及"一般来说，政府最好由受过良好教育的人来领导"。"贵族制度是不公正的，因为它将人们固定在其出生的阶层。不允许晋升。"[59]那么，优绩主义统治的暴政又在何处？究竟有什么替代方案？

古代世界的早期文明中就已经出现了社会不平等问题。在过去的 5 000 年里，毫无疑问，只有少数人拥有权力和财富，绝大多数人仍然贫穷，被剥夺了权利。直到最近，对公正社会的基本原则问题的探讨才以前所未有的紧迫性重新开始。一个承认个人尊严的社会是什么样的？我们如何调和个人自由与对尘世幸福的渴望？平等生活意味着什么？这些问题是从 500 年前就开始困扰世界的幽灵。

[ 第五章 ]

# 500 年前：罕见性的发现

“罕见”的人是坏朋友。

CHAPTER

—— FIVE ——

# 毁 灭

许多年前——我记不清具体是多久以前了——我遇到了一个男人，他刚从一个遥远的国度旅行归来。他比我年长许多，在晚餐时，我向他请教，告诉他我的计划和希望，以及我还想在生活中实现什么。他耐心地听着，当我终于停顿片刻时，他表露出一丝怀疑，是那种已经实现了人生大部分抱负的人的善意怀疑，他微笑着，用一种神秘的方式回答了我，直到很久以后我才明白其中的含义。

他从他刚刚走过的一片沙漠开始讲起。在那里，经过漫长的漂泊之后，有一天，他看到两条巨大的腿直插云霄，没有躯干，腿是石头做的；在它们旁边，半陷在沙子里的是一张巨大而干裂的脸——表情严肃，嘴唇紧闭，眉头紧皱，冷静自持，显示出雕塑家一定对这张脸上隐藏的感情了如指掌。我的这位朋友面对眼前的残片，发现这件艺术品已经非常古老了；它的创造者曾用一只嘲弄的手在那些没有生命的物体上刻下肖像，但它的寿命却比它的创造者还要长许多倍。基座上有如下文字，我的朋友记得很清楚："我的名字是拉美西斯，塞托斯和图雅之子，拉的继承人，鸵鸟冠的佩戴者，万王之王。看看我的功绩吧，你们这些强者，然后绝望吧！"

那个男人保证说，这就是留存下来的一切。在巨像废墟的周围，他看到的只有沙漠，荒芜且看似无边无际，沙地孤独地延伸到地平线。

## 现代的谱系

旧世界的庞大帝国和最早的城市中心已经消亡。昔日辉煌的废墟，如今让游客们叹为观止，他们在社交平台Instagram（照片墙）上记录下这些废墟和城墙遗迹业已逝去的辉煌。

这一个世界，也就是我们的世界，是如何从另一个世界中兴起的呢？本章追溯了现代的谱系：在这一历史进程中，对人类自主与个性的发展提出了迫切的要求。它迫使我们的价值观、制度以及确定我们共存规则的规范性基础结构发生彻底变革。它释放出新的经济、科学和技术能量，挑战传统的等级制度，要求个人权利。这种发展是全新的，还是它的时代终于到来了？

要理解这一点，我们有必要重新审视一下自人类最早的大型社会出现不平等现象以来的 5 000 年间，我们人类是如何生活的：在贫穷、肮脏、苦难和农奴制中度过的短暂的一生，听命于凶残的暴君，饱受流行病的困扰，在毫无意义的战争中疲于奔命，被宗教迷信恐吓，害怕（或期盼）死亡。孩子们的脊背因挑水而弯曲，妇女们被怀孕、分娩和再次怀孕的枷锁束缚，直到过早地死去。

生命的基本方向是由出生的偶然性预先决定的：如果祖父和曾祖父曾是村里的铁匠、木匠或牧羊人，那么其子孙几乎没有人能够离开那个永远不变的村庄。即使离开，也要冒着极大的风险，徒步或在颠簸的马车上来回摇晃，穿过黑暗的森林或一望无际的大草原，那里潜伏着危险的动物和不法之徒；或者乘坐木船穿越惊涛骇浪，踏入未知世界的边缘。

在这一发展过程的末端，是一个新的时代，在这个时代里，全球联网的世界主义者必须展现出创造力，才能让他们如今已经翻倍的生命长度富有意义和乐趣。在这个时代里，摆脱了艰辛工作枷锁的人不在少数，许多人可以自己决定想成为什么样的人，想在哪里生活；在这个时代里，来自遥远国度的甜美果实——它们曾经是如此稀有和遥不可及，甚至连富人也只能从更富有的人的沙龙画作中知晓它们——可以随时享用；在这个时代里，人类飞翔的梦想已经成真，陌生人的心脏可以在昔日必死无疑的人的胸膛里跳动。

现代的谱系讲述了幸福和自由的双重承诺是如何从苦难和

压迫中产生的。当然，至今为止，并非对每个人都能兑现这一承诺，也并非对每个人都能平等地兑现承诺。然而，现代创造了一种新的人类，他将自己视为一个个体，与周围其他个体自由、自愿地生活在一起，而且至少就现代的要求来说，他对自己希望在何种条件下生活拥有唯一的和最终的决定权。这与之前几千年的情况大相径庭，过去的人们把自己主要理解为家庭成员和自然等级制度的一部分，理解为亲属关系网络中的一个节点，理解为下属。

这种新人类的历史是一段关于个人主义、政治自由和个人尊严的起源史。长期以来，知识分子、文化理论家、哲学家和社会学家一直试图解开其起源之谜。传统的“社区”是如何转型为以契约取代传承的现代“社会”的？[1]是什么促进了从“机械的”到以功能性分工取代简单结构的“有机的”团结合作的过渡？[2]马克斯·韦伯提出的“西方理性主义”想要让整个世界变得可以预测，这种理性主义从何而来？[3]

向新时代的过渡位于一段“500 年前已基本完成”[4]的发展过程的终点。这一过渡是如何改变我们的道德观的？我们的价值观需要进行哪些调整才能启动向现代的转变？

## 世界上最罕见的人（一）

2010 年夏天，我作为博士生在荷兰莱顿大学从事一项研究。在大约每月碰两次面的读书小组中，我们讨论了研究文献的最新进展，这些进展可能会对我们这一项目的宽泛主题——道德思想和行为的心理学基础——产生潜在的重要影响。我们重点关注该领域（不乏过于技术性和平淡无奇）的哲学内部争论，这些争论试图分析道德判断的认知基础、人类自由意志的可能性或一般人格特征和性格特征对人类行为的影响。

在准备下一环节时，一位项目组成员建议我们一起阅读最近发表的一篇文章，标题很令人费解，叫《世界上最奇怪的人？》（The Weirdest People in the World?）。这篇由一个加拿大心理学家团队撰写的文章自当时发表以来，已被引用近 9 000 次，并立即被公认为现代经典。

心理学家希望了解人类的心理。我们的感知如何运作？记忆如何产生？情感如何处理？我们的思维如何开展？是什么塑造了我们的身份？智力差异的原因在哪？我们如何做出决定？为了回答这些问题，他们设计了一些研究来揭示人类行为，并调查人类心理的运作机制。引起该书作者约瑟夫·亨里奇和他的同事们注意的问题是，心理学追求的所谓对**普遍**人性的洞察，几乎总是在非常**不普遍**的数据基础上获得的。

心理学研究的黄金标准是随机实验：通过从全体人群中随机抽取研究参与者，然后同样随机地将他们分配到对照组或实验组，以求证实验操作是否有效果；如果有，效果有多强。然而，出于实用主义的考虑，即为了节省成本和时间，心理学家几乎总是让自己的学生作为参与者来进行此类研究，而且常以课业成绩作为交换。

因此，关于人类心理普遍天性的一般论述，都是根据从一个非常特殊的群体中提取的思想和行为模式而得出的：几乎所有心理学研究的参与者都来自富裕的西方工业化民主地区，受过高等教育。[5] 对于这个群体，亨里奇和他的同事们创造了一个可能是史上最好的缩写词："奇怪的人"（WEIRD people），其首字母分别代表"西方"（western）、"受过教育"（educated）、"工业化"（industrialized）、"富裕"（rich）和"民主"（democratic）。

假如这个群体的人能够代表其他人，假如"奇怪的人"与其他人之间不存在系统性的巨大差异，那么问题就不大了。但是显而易见，这种可能性并不大：倘若从世界上最富裕的国家中挑选一批高智商的青少年，让他们在少数几所极端挑剔的精英大学中学习，他们的认知直觉、感知模式、偏好和行为倾向还与从其他群体中随机选出的个体相同，那将是非常令人惊讶的。

不过即使是亨里奇和他的团队，似乎也没有预料到他们的实验对象会多么"奇怪"。如果我们系统地调查这个问题，就会发现这类"奇怪的人"几乎总是统计学上的特例。最令人印象深刻的例子出现在视觉感知领域："奇怪的人"看到奇怪的东西。在许多情况下，尤其是通过探索人们的错误认知，可以了解到很多关于人们如何通过视觉接触世界的知识。视错觉揭示了视觉感知在正常情况下是如何工作的。在所有感官错觉中，最著名的可能要数"缪勒–莱尔错觉"：客观上长度相同的两条线，当它们的末端变成向内或向外的箭头形状时，就会让人产生长度不同的主观错觉。长期以来，人们一直认为这种错觉是一种普遍存在于所有人身上的错误，与我们的感知器官的工作方式有关。事实上，在世界上的许多文化中，缪勒-莱尔错觉根本就**不**存在。例如，在卡拉哈里桑人看来，线条是一样长的，对于尼日利亚的伊爵人或刚果的桑耶人来说也是如此。北美学生的数值——表明他们受幻觉影响的程度——明显高于所有其他群体。一种可能的解释是，有些人从童年发育的最初阶段起就在“囿于室内”的环境中长大，因此他们的视觉信息处理适应了经常出现的直角。

几乎所有其他心理特征都出现了类似的模式，无论是在发达国家与结构较为简单的社会的比较中，还是在西方社会与非西方社会的比较中，甚至是在西方社会**内部**，（具有某些认知能力和社会经济背景的大学生与社会平均水平相差很大）这种模式都会显现出来。那些来自西方现代工业化国家的“奇怪的人”，他们的思维方式不同、感觉不同、生活方式不同、价值观不同，一直是统计学上的另类。如果你让他们说出物体的名称，他们会说“树”和“鸟”，而不会说“桦树”和“知更鸟”——先提到一般类别，然后再过渡到列举具体例子。如果你问他们是谁，他们会说出自己的职业、个人成就、年龄和特征，后面才会提到自己是谁的女儿或儿子，以及他们认为自己属于哪个群体。

这些“奇怪的人”是如何出现的？为什么会出现？什么时

候出现的？是什么让他们与众不同？

如今人们已经认识到，是**道德-制度**的变革从根本上重塑了现代人的感知、思维和情感。

## 世界上最罕见的人（二）

“奇怪的人”表现出一系列复杂的认知和道德特征。从现在起，我只称他们为“罕见的人”，因为这样做有几个好处：它避免了有时不伦不类的英语借词，没有明确指向某个地区，因为不同地区和国家的文化“奇怪”程度不同，这些“奇怪”的地方并不局限于欧洲和“西方”；而且是价值中立的，既没有明显的正面含义，也没有明显的负面含义。

“罕见的人”的典型聚集地点是现代西方民主国家，如丹麦、德国、挪威、瑞士、英国、澳大利亚、加拿大、美国、西班牙和阿根廷，但这群人也并非仅在此出现。然而，从全球范围来看，“罕见的人”在统计学上是一种反常现象。我们应该首先找出是什么让这些人在**道德**上与众不同，然后再探究他们是如何变成这样的。

“罕见”道德的一个最重要方面就是有道德**普遍主义**的明显倾向。普遍主义道德与所谓的特殊主义道德的主要区别在于，普遍主义道德假定普遍有效的道德规则平等地适用于每一个人。社会群体的特殊价值观或亲友之间的人际关系对这些规则的有效性没有任何影响。

设想你被卷入一场交通事故：你是车上的一名乘客，当时汽车在限速30公里/小时的区域内以近60公里的时速行驶，而开车的是你的一位好友，汽车撞倒了一个路人。[6]你是否应该在法庭上指证你的朋友？你的朋友是否有权要求你怎样做？（这就是所谓的“乘客困境”。）绝大多数人认为，从原则上来讲在法庭上说出真相是合理的。区分普遍主义倾向和特殊主义倾向的关键问题是，责任方是**我的**朋友这一事实是否起到了**道德**上的作用。在“罕见的人”聚集的国家中，绝大多数人认为，将自己的朋友与其他没有私人关系的人区别对待是不可接受的。这就是道德普遍主义。

亨里奇总结道：“罕见的人是坏朋友。”[7]但这种社会冷漠也有受欢迎的另一面，俗称非个人的亲社会性。这个因素关系到一个人愿意在多大程度上信任陌生人以及与之合作。我们已经看到，由于进化的原因，我们的合作意愿仍然强烈地以所在群体为导向；因此，非个人的亲社会性让我们与进化的方向背道而驰。

当提问被试者他们是否信任别人以及信任的程度如何，或者当他们与陌生人打交道时是否越小心越好，“罕见”的人群和“不罕见”的人群之间再次出现了明显的差异。70%的挪威人对这个问题做出了积极的回答，而在特立尼达和多巴哥，只有大约5%的人信任陌生人。即使在欧洲内部也显示出“奇怪”的各种程度：在“非个人信任”的问题上，意大利北方人的得分明显高于西西里人。与大多数人不同，“罕见的人”对自己群体的成员——家人、朋友或民族——的道德优先级相对较低，而对陌生人的道德优先级较高。

当然，比起陌生人，“罕见的人”也更喜欢亲戚和朋友，只是对陌生人更友好，敌意更少。然而值得注意的是，这一倾向在这一群体中平均要弱得多。在与**未来的自己**打交道时，也会出现类似的模式。在心理学中，人们对自己未来的重视程度通常用**时间折扣**和**延迟回报**的概念来描述。时间折扣是指一个人对某种物品或事件的偏好会随着事件发生在多远的未来而发生变化，或者说，一个人是现在立刻得到这件物品，还是在以后得到。许多人宁愿**现在**得到较少的钱，也不愿**以后**得到较多的钱。无论事物与现在的时间相距多远，都能评估其价值，这就是延迟回报的能力，或者简单地说：耐心。

所有人都倾向于对时间打折扣，看重现在多于未来。从根本上讲，这并非不合理：只要不能保证明年我还会活着，那么今天的 100 欧元和明年夏天的 100 欧元就不是同样的价值。不过在这个问题上，不同的人群也有很大差别：给一个挪威人明年提供（平均）144 欧元能让他放弃现在的 100 欧元，一个卢旺达人则只愿意为（平均）212 欧元而等待。根据政治环境的不同，长远考虑有时回报更多，有时回报更少，上述效果随之增强：在社会经济稳定的条件下，可以更好地做规划。

“罕见的人”也是不墨守成规的人。在社会心理学中，传统上是在所谓的“阿施范式”框架内研究顺从行为模式（即强烈地以他人的真实或假定行为作为自己行为导向的倾向）的。[8] 20 世纪 50 年代，波兰裔美国格式塔心理学家所罗门 · 阿施开发了一项实验，它自此成为心理学界最著名的研究之一。实验要求被试者从三条直线中选择一条长度与范例相同的直线。测试本身非常简单：在正常情况下，几乎百分之百的人都能找到正确的答案。然而在阿施的实验设置中，被试者不知不觉被一群"知情者"包围，并被指点做出错误的选择。面对这种形式的群体压力，有相当多的人会被说服认同一个明显错误的观点。被试者是否真的相信错误的答案并不一定重要，服从压力的效果在于让他们公开认可错误的答案。与所有其他人群相比，无论是在科威特、中国香港地区还是津巴布韦，"罕见的人"最不容易受到这种压力的影响，而且这种现象在当代人身上比在老一代人身上更加明显。因此，"罕见"的年轻人最不可能顺从他人。

全世界"罕见"人群的道德情感也是不同寻常的。在许多传统社会中，存在着一种"荣誉文化"：社会交往中的一种重要货币是个人作为妻子或丈夫、母亲或父亲、商人、工匠或社区成员的声誉。这种名誉可能取决于各种因素，如个人的职业成就、可靠性或性行为。一个人对名誉受到侵犯的反应是**羞耻**：感到自己被贬低、被羞辱、被公开暴露了，想要躲避别人的注视，遁入地下，遮掩脸面。羞耻感会让他们在别人的社会评价中感到自己的地位下降。

与此相对，"罕见的人"却不知羞耻，而是感到愧疚。愧疚和羞耻是道德情感，绝大多数人感到这些反应非常令人不快，并试图避免愧疚和羞耻的感觉。引发愧疚和羞耻的动力促使我们调整自己的行为。不过，二者的调节方式不同。羞耻感主要取决于他人的评判，同样的行为可能引发强烈的羞耻感，也可能会令人完全没有羞耻感，这取决于它是在无人察觉的情况下还是在公共场合发生的；而愧疚感主要是在一个人没有达到**自己的**道德标准时产生的。一个真正想吃素的人，在抗拒肉食的意志薄弱的一瞬间之后，会感到极度内疚，即使其周围全是非素食的朋友，他们也对刚刚吞下的牛排深表同情。“罕见的人”更容易产生这种没有社会中介的负罪感。

这对如何制裁违反社会规范的行为也会产生影响。“罕见的人”不太可能对侵犯自己（或家人朋友）名誉的行为做出报复，而是更倾向于交给第三方介入以执行社会规范。[9] 在传统社会中，人们最关心的是如何捍卫自己群体的社会经济地位，抵御可能的威胁。其他人或族群在做什么，发生了什么争端，破坏了什么规则，只要不影响我或我的族群，就与我无关。“罕见的人”不太愿意进行报复，却更愿意制裁违反一般社会规范的行为。

“罕见”人群在思想和行动上出现这些差异的原因之一，是他们对自我及其身份来源有着不同的概念。“罕见的人”认为自己的身份是非个人的、抽象的，而其他大多数人对自我的概念是具体的，是由复杂的社会关系和角色构成的。[10] 当要求“罕见的人”完成“我是……”这样形式的句子时，他们会说出一系列个人特质、表现、成绩或抱负。“罕见的人”把询问身份的问题理解为是什么让他们与众不同，是什么定义了他们，并且只有他们有这样的定义。这类人的身份是由他们是电影迷还是美食家、是曼联球迷还是集邮爱好者、是企业家还是极限运动员、是医生还是棋手决定的，而且在很大程度上取决于这个人的特殊兴趣和能力。对于非“罕见的人”来说，更重要的是从属于一个密集的社会角色和关系结构。在“罕见”背景下，树立了一种**气质主义**期望，要求个人建立一种能在不同的社会情境中保持一致的稳定人格。[11] 在非“罕见”社会中，在朋友的祖父母面前表现得安静、害羞和恭敬是正常的，但在其他情境中，大嗓门、外向和狂妄自大的表现是正常的。显然，大多数非“罕见的人”认为自己主要是家庭和宗教团体的成员，是关系网和习惯的继承者、看护者和保持者。

一个人是有意还是无意做了什么，在道德上有区别吗？对个人作为核心伦理单位的关注也体现在对这个问题的回答上。我们可以通过研究不同社会形态下的人来检验行为的故意性与对其的谴责和惩罚之间的关联，例如询问洛杉矶的城市居民、安哥拉辛巴族等游牧民、玻利维亚的齐马内族等猎人和农民、以渔民为主的斐济亚萨瓦人等，问他们是否认为导致相同后果（如造成相同数量的损害），但出于不同原因而实施的行为之间存在道德上的差异。[12]“罕见的人”认为，不小心“偷”了别人的购物袋——因为你把它和自己的购物袋搞混了，要比故意拿走它更应该被原谅。尽管原则上所有人都看到了这种区别，然而在非“罕见”社会中，无论你是否故意，你的行为的后果才是最重要的。我想偷那个包吗？我是出于盗窃癖、贪婪还是恶意？

最后一个差异涉及我们的抽象思维。“罕见”人群（平均而言）倾向于**分析性**思维，非“罕见”人群则倾向于**整体性**思维。进行分析性思考的人试图把世界理解为一系列孤立实体的集合，实体之间以特定的属性彼此区分。整体思维方式则强调事物之间的关系，力求发现事物之间的关系和共性。整体思维者看到的是“整体”，分析思维者看到的是“部分”。

在实验中测试这两种思维方式的一个简单而直观的方法，就是让被试者面对所谓的“三元组”任务，即必须把两个对象中的一个分配给第三方。假设第三方“目标对象”是一只兔子，另两个对象分别是胡萝卜和猫。任务是判断这两个对象中哪个“属于”兔子。“罕见的人”会把兔子和猫放在一起，因为它们都属于“哺乳动物”。而来自泰国或保加利亚的人大多认为兔子和胡萝卜之间的联系更紧密。而当非“罕见的人”给出的答案与分析性答案一致时，回过头来往往会发现这些答案仍然是整体性的：亨里奇报告了一个案例，一个来自南美洲的马普切人将狗而非玉米与猪联系在一起，但不是因为狗和猪属于同一类别，而是因为狗“保护”猪。

分析性思维得分最高的十个国家是：荷兰、芬兰、瑞典、爱尔兰、新西兰、德国、美国、英国、加拿大和澳大利亚。不难看出，分析性思维方式与个人主义道德观是相辅相成的：将世界视为孤立实体之集合的倾向，更契合一种将拥有个人权利、义务和意图的个人与融入社会的家庭成员对立起来的道德观，后者在社区中的角色为其生活建立了伦理结构。

这些思维方式之间的差异无法明确映射到上述任何特征的优劣或对错之分上。分析性更强的思维方式、更重视意图的作用或更面向未来的思维方式，可能会根据个人所处的文化或自然环境而因地制宜。在有些社会中，知道兔子和猫是哺乳动物更重要，而在另一些社会中，知道兔子吃胡萝卜更重要。尽管如此，从文化上讲，一个人生活在一个倾向于由罕见–分析性思维者还是非罕见–整体性思维者组成的社会中，还是会有很大区别。

“罕见的人”有一种非典型的道德心理：他们是道德普遍主义者，与陌生人合作（相对而言）不受个人关系的影响。他们将个人视为核心道德单位，愿意与他人建立合作关系，并根据他人的意图来评判其行为。他们将一个人的身份与其个人成就和性格特征联系在一起，而不是与家庭、氏族或部落的归属联系在一起，并且在延迟回报方面更有耐心。尽管看起来这些特征的组合我们很熟悉，客观上却绝非寻常，在全球范围内是特殊的，在历史上也是最近才出现的。

“罕见的人”的文化进化所带来的最重大变化可能是经济政治方面的：首先，通过分散的价格信号组织起来的广泛的贸易和交换网络，也就是**市场**，使向现代大型社会的过渡成为可能；其次，越来越多的公民对保障自由和参与的个人权利的要求日益强烈，也就是**民主**。可是这种转变只能在一定的社会文化基础上才能蓬勃发展，因为在这一基础上，迄今为止作为社会核心组织框架的亲属关系和统治结构正在被逐渐削弱。

## 世界上最罕见的人（三）

从全球来看，富裕的西方工业国家的成员在认知和道德方面都是特例。“罕见的人”拥有不同的思维方式和价值观。为什么会这样呢？这种“个人主义情结”[13]是如何产生的？

约瑟夫·亨里奇及其研究团队虽然确定了有一些人具有“罕见”的心理特征，但没有解释这些最终导致现代性诞生的认知和道德模式从何而来。此外，我们也不清楚是什么因素导致了这种转变就恰恰发生在我们今天所能看到的那些地方。

在这些如今已成为传奇的研究成果发表几年后，有迹象表明，现已成为哈佛大学教授的亨里奇开始与他的团队着手研究关于“罕见”价值观和思维模式起源的一般理论。2020 年，他出版了里程碑式的著作《世界上最奇怪的人》，对现代“奇怪”现象的出现做出了全面又令人极为惊愕的解释。

亨里奇认为，“罕见”人群的普遍主义道德观和分析性思维方式是历经 1 000 多年发展的结果，在此期间，天主教会摧毁了欧洲的传统家庭结构。作为经济、政治、法律、宗教和私人生活的核心组织原则的亲属关系网络被摧毁，人类社会从而启动了文化进化进程，约在 500 年前进入现代。

天主教会的家庭政策塑造了西方道德和认知的特征，这一论点乍听之下让人瞠目结舌。但亨里奇走火入魔一般的数据细节支持了这一论点，令人难以反驳，叹为观止。《世界上最奇怪的人》或许是 21 世纪迄今为止最重要的社会科学出版物。

亨里奇的理论的一个核心要素是“西方教会的婚姻与家庭计划”（缩写为EFP）概念。从 300 年前后在西班牙格拉纳达举办的埃尔维拉宗教会议到 1215 年 11 月在罗马召开的第四次拉特朗大公会议的近千年间，罗马天主教会对欧洲的婚姻和继承结构进行了彻底改革，逐渐瓦解了在此之前西方社会普遍存在且占据主导的亲属和家庭关系。[14]

在所有社会中，亲属关系和家庭都提供了社会共存的基本结构。这并不是要求“家庭”应该扮演这一角色的规范性表述，而是事实就是如此的描述性表述。在大多数社会中，尤其是在基督教统治之前的欧洲，传统亲属关系的基本特征如下：[15]

- 人类生活主要是在以亲属关系为基础的群体中进行的，而这些群体又嵌入更大的群体或关系网络（氏族、部落、宗族等）之中。
- 家庭以“父系”方式组织：父系亲属决定继承权、财富和居住地。（情况并非总是如此。在某些社会中，并不是妻子搬到丈夫家，而是丈夫在婚后搬到女方家。）
- 这些亲属单位集体掌控土地和财产。

- 个人的身份取决于他们在各自亲属网络中所扮演的社会角色。
- 依据亲属社区内各自的习俗处理冲突以及责任或义务问题，并在可能的情况下调停解决。
- 亲属关系发挥着社会安全网的作用，保护人们免受疾病、贫困或厄运的打击。
- 包办婚姻非常普遍。在决定谁与谁结婚时，往往会考虑到整个家族及其财产的因素。
- 多配偶制婚姻，更准确地说一夫多妻制（一妻多夫制虽然存在，但极为罕见），即一个男人有多个妻子，至少对于有权势和/或富有的男人来说，这种婚姻相当普遍。

在传统的非“罕见”社会中，亲属关系主导着个人的全部生活，个人的居住地、配偶、职业和人生道路都是由家庭网络中的社会角色决定的。西方教会的婚姻和家庭计划是如何逐步软化这些结构的呢？上文提到的在300年前后的埃尔维拉宗教会议提供了这方面的信息：在西班牙举行的这次教会大会上，教会成员起草了一些决议，这些决议如今已成为天主教会最古老的书面证词的一部分。其核心是道德生活方式的转变、婚姻和其他需要以基督教为导向的日常问题。这些决议不仅描绘了当时欧洲教会的历史状况，还显示了当时以家庭为组织的社会结构发生了多大的变化：在新凯撒利亚和尼西亚大公会议上，夫兄弟婚（无子女的寡妇嫁给丈夫的兄弟）被禁止；506年

9月，在法国南部召开的阿格德宗教会议宣布，第一代和第二代堂表兄弟姐妹之间的婚姻不可容忍，也不允许男子与其兄弟的遗孀结婚，与其妻子的姐妹结婚，与继母结婚，与叔伯舅舅的遗孀或女儿以及任何其他亲属结婚——自此以后，上述婚姻行为都被归类为乱伦，违反者大多会被处以死刑。此外，教会还引入了教父教母制，即没有血缘关系的人可以成为孩子精神上的父亲或母亲，这降低了孤儿由血亲收养的重要性；当然，教父教母与其教子教女之间的婚姻也是禁止的，这进一步削弱了家庭纽带的力量。

在之后的几个世纪里，教会对谁可以与谁结婚的规定越来越严格，甚至越界管控。禁止堂表兄弟姐妹通婚在西方教会的婚姻与家庭计划中发挥了特别重要的作用，[16]这也成为区分西方教会和东正教会的一个重要特征。婚姻和家庭方案的核心内容如下：

- 禁止有血缘关系的亲属之间结婚（六代堂表兄弟姐妹以内）；
- 禁止一夫多妻制；
- 引入精神亲属关系（教父教母身份）；
- 为防止包办婚姻，新人须在结婚仪式上公开口头同意婚事；
- 新居所（新婚夫妇必须搬进自己的公寓）；
- 个人财产和遗物的继承遵循个人遗嘱。

在这一发展的末期，原资产阶级小家庭出现了，它取代了人人之间都有亲属关系的大家族宗法结构，代之以由基本独立的家庭组成的松散联合体。这一趋势也反映在各种亲属关系和法律关系的词汇中，家庭成员的特定名称（许多社会将母系兄弟与父系兄弟区分开来）被强调性关系乱伦性质的概念取代。因此，妻子的母亲成了岳母，兄弟的妻子成了嫂子——或者用英语更直白地称为“法律上的姐妹”（sister-in-law）。

没有任何生理障碍能够阻止遗传学上的亲属之间发生性关系，所以大多数社会都必须找到铲除乱伦繁衍这一事实的可能性的办法。这个问题的一部分可以从生物学角度解决：从小在一起长大的非常亲近的孩子，成年后彼此之间会自动发现很难产生性吸引力，无论他们之间是否真的存在血缘关系（这就是所谓的韦斯特马克效应）。这也解释了为什么几乎所有人都对兄弟姐妹之间的性行为有一种非常强烈的直觉性厌恶；如前所述，这是出于生理原因，而不是文化原因。此外，准则规范的文化演变必须阐明乱伦禁忌的微妙之处。有关这一点存在着很大的文化差异，早期欧洲教会采取的措施是其中的一个极端。

亨里奇总结了这些措施的意义：“教会的婚姻和家庭计划重塑了欧洲家庭，这一过程在500年前基本完成。但这真的会影响到今天的心理学吗？当我们在不太密集的亲属结构中成长时，它真的会以明显的方式影响我们的动机、知觉、情感、思维方式和自我理解吗？现代心灵真的可以追溯到教会吗？”[17]

## 现代灵魂的文化进化

天主教会的婚姻和家庭计划虽然不是一蹴而就的，但确实逐渐摧毁了西欧的家庭和宗族结构。紧密的亲属网络作为社会组织原则的作用被瓦解：从这时起，政治和经济活动越来越不依赖基因上的忠诚。这促进了分析性思维方式的文化进化，而对道德史来说，更重要的是，非个人的亲社会性和道德个人主义的出现，使陌生人之间能够在自愿的基础上互利合作。

其结果是，关系结构得到了更大的扩展，经济增长、技术发展、政治解放和科学进步达到了前所未有的水平，因为现代社会的这些关键要素恰恰需要分析性的思维方式和更流畅的合作形式，其开端正是西方教会的婚姻和家庭计划。"罕见"社会的全球霸权开始了。

但是西方教会为什么要这样做呢？这背后不可能有什么先见之明。上面提到的事态发展是如此新颖、不可预测和旷日持久，不可能是被蓄意引导的。宗教决策者将自己视为神圣计划的受托人。他们设想不到自己会带来怎样的制度变革，也不知道这些变革会给西方的文化、经济、政治和军事统治带来怎样的长期后果。这些发展的设计师们追求的目标是什么，他们认为自己这样做的理由是什么，往往都不清楚。

文化进化的概念能够表明，变异和选择的过程可以产生复杂的人工制品，如工具或凌驾于人们头上的制度。我们在这里面对的很可能也是一个文化进化的过程，在此过程中，自然选择的力量或多或少对偶然产生的文化“变异”施加压力。在西方教会的婚姻和家庭计划尚在奠定基础的时候，还存在一系列其他的宗教流派，它们可能也是出于巧合而已经遵从于截然不同的道德规范和禁忌。无论是伊斯兰教、犹太教、东正教，还是波斯的琐罗亚斯德教，都没有西方教会婚姻规范的限制条款那般严格。在多数情况下，信奉上述宗教的社会依然大规模存在着一夫多妻制、夫兄弟婚或堂表兄弟姐妹之间的婚姻。传统的家庭结构由此得以继续繁荣发展，无须转而采用新的社会合作形式。

最后，在没有人能够计划或预测的情况下，“罕见”模式在漫无目的的文化进化过程中发掘出一种变体，使人们能够过渡到现代，现代体制里包括市场经济、平等-参与的政治、非个人化的官僚机构和摆脱了宗教教条的科学。通往现代的道路并没有一个预先确定的目标，就好像所有社会都投身于一场全球性的竞争，看谁能最先发现掌握成功关键的心理-制度特征。正如第一批等级森严的大型社会的出现一样，“罕见”模式**在事后**被证明是执行力最强的模式。

创新的财产和继承规则为这一模式的成功做出了重要贡献，它成功地将越来越多的财富集中在西方教会手中。在基督教伦理中，个人财富一直被视为道德上的可疑之处。《新约》中多次明确指出，富人进入天堂比骆驼穿过针眼更困难。对于富人来说，这最初是一个凄凉的消息，将尘世幸福的希望与永恒诅咒的前景联系在了一起，也使得教会的道德准则极度缺乏吸引力。教会很快就提供了摆脱这一困境的巧妙办法，那就是向富人承诺，即使他们在此时此地保留并享受财富，只要他们愿意**在死后**将财富遗赠给教会，就也能进入天堂。这种财富结构巩固了教会在现世的权力，同时从道德上阻碍了财富在家庭内部的传承，以此进一步削弱了既有的家庭结构。

## 血浓于水

为了从因果关系上证明西方教会的婚姻和家庭计划的影响，亨里奇和他的团队研发了自己的新方法，将亲属关系网络的密度与一个文化区域几个世纪以来所受教会影响的强度联系起来。这两个因素——“亲属关系有多重要？”和“EFP的影响有多强？”——可以与“罕见”思维和“罕见”道德的心理学特征进行比较。

自300年以来，西欧社会对天主教会的婚姻和家庭计划中的规范接受的“剂量”越大，社会就越“罕见”吗？简单来说，是的，这一点可以得到清楚的证明。亨里奇和他的同事们成功研发出了一些数字量表，它们既反映了一个社会与教会家庭政策的接触情况，也反映了既有亲属关系的相对强度（即所谓的亲属关系强度指数）。如果对这些数值进行比较，就会发现前文详细讨论的心理特征无一例外地与这些指数密切相关。西方教会的婚姻和家庭计划注入的“剂量”越大，人口在亲属关系强度指数上的得分就越低，相关人口就越“罕见”。个人主义、意向性、分析性思维、愧疚感而非羞耻感、不顺从、非个人的亲社会性以及对陌生人的信任，一切都与这两项指标密切相关。

“新”天主教家庭道德观的影响太大，以至于在整个转变过程完成500年后的今天，我们仍然可以精确地追溯意大利93个省的市镇边界。在那里（就像在其他国家一样），我们有时仍然可以发现思想和行为上的巨大差异，村与村的现状截然不同的情况并不少见，这取决于它们在教皇领导时期与西方教会的婚姻和家庭计划的联系有多紧密。例如，500年前堂表兄弟姐妹之间的通婚频率有多高，仍然可以从今天有多少人匿名献血，有多少人比起其他形式的储蓄更喜欢手握现金，以及一个地区的腐败程度有多高等事实上看出来。[18]

最后，这些例子还表明了社会性合作对人类共同生存的核心作用：在人类历史上，能够促成与更多人进行更具包容性的合作的道德，几乎总能带来科技水平的提高、经济的繁荣和军事优势的增强。

## “罕见”的辩证法

魔鬼最伟大的成就就是说服天主教会相信最终会导致其自身堕落的价值观。

每一个开端都孕育着一个结果。破坏传统家庭结构的另一面是支持非传统形式的社会化，因为（大）家庭的解体当然不会导致整个社会的解体。相反，它迫使欧洲世界寻找其他共同生活形式，并将精力投入新的经济与合作实践中去。如果不能在遗传亲属关系的基础上组织起一个社区，就必须找到其他的互动方式，并开发出商品、信息和价值交流的新方法。这导致了以自愿参与而非血缘关系为基础的社会机构的壮大。结果是欧洲人分别于 11 世纪、12 世纪和 14 世纪在博洛尼亚、牛津和海德堡建立了第一批大学，出现了美因河畔的法兰克福和科隆等帝国自由城市，或汉萨同盟中的帝国自由城市吕贝克、不来梅和但泽等地的广泛的贸易网络。这一时期还出现了修道院、行会和同业公会。在这些前提下，新的社会形式被发明出来，并作为制度固定下来，为建立在自愿参加、契约协议和明确的成文法规基础上的个人合作铺平了道路。由此，商品生产、知识获取和决策都逐渐从宗法氏族的结构转变为个人主义的安排。

政治共同体也服从于个人主义和自愿表决的新道德逻辑。尤其是在中世纪早期和中期，国家被理解为上帝的神圣王国，它必须管理、促进和完善人类的道德；而现在，国家越来越多地被理解为服务的提供者，其合法性在于确保个人的安全和权利。社会的任务不再是执行上帝的计划，而是向人们提供保障自由和富足生活的法律和制度条件。通过托马斯·霍布斯、约翰·洛克、让-雅克·卢梭和伊曼努尔·康德等人的政治理论，国家从上帝的工具转变为契约的对象，其世俗逻辑日益打破教会与国家之间的亲密联系。

“罕见”的辩证法进入宗教领域只是时间问题。亨里奇将自16世纪发展起来的新教描述为所有宗教中最罕见的，因为它将信仰、美德和对上帝的敬畏与等级制度中的当局权贵和穿着锦缎拖鞋的教会高层的干预分离开来，使之成为个人关注的问题。马丁·路德作为一名僧侣、大学职员和自由城市的公民，他从属的三个组织都激烈摒弃了以亲属关系作为归属标准的原则。[19]

正是天主教会的婚姻和家庭计划造成的认知–道德倾向，最终从内部破坏了罗马建立在传统和启示录基础上的权威，从而引发了天主教会自身的衰落。原始新教的思潮一直存在——像熙笃会这样的修会和约翰·威克里夫这样的中世纪神学家早在路德和加尔文之前就已经预见到了“唯独《圣经》”的基本思想，根据这一思想，信仰和虔诚主要取决于个人对教义的理解：上帝的恩典不是由世俗的官员赐予的，而是被信徒的个人良知接受的。如今最重要的不再是成为一个特定组织的成员，并且必须毫无疑虑地接受其教条和规则。人们现在必须与上帝建立起个人的关系，理解上帝启示的话语，并渗透进自己的思想，如此才能真正地信仰上帝。

很快，新的论证压力首先以各种革命的形式影响了中世纪的政治秩序。1524—1526年，这主要发生在施瓦本和弗兰肯地区的农民战争中，人们对传统结构进行了检验，发现它们有诸多缺陷。尽管加上了神学修饰，那些要求却已经在农民战争中被非常明确地表达出来了：既然上帝创造了所有自由的人，农民就不想再做农奴；他们的生计不应受到过高的赋税和徭役的折磨，他们获得土地、森林和野味的机会不应受到领主贪欲的限制，惩罚也不应由领主任意施行。

## 世界的祛魅

道德的现代化不仅推动了政治和宗教的发展，而且推动了整个思维方式的发展。新的道德不可能不产生深刻的认识论后果。马克斯·韦伯在 1919 年将其描述为“世界的祛魅”，这种祛魅并不是说已经发现了所有真理，解开了宇宙的所有谜团，而是相信世界上的事情总是有其道理的。没有什么神奇的、超自然的或不可知的力量能够逃脱自然法则的全面控制。[20]1935 年，埃德蒙·胡塞尔甚至将自然的数学–技术可计算性的出现描述为一场“危机”，在危机过程中，现代科学和哲学的先驱们将一个由相互碰撞的质点组成的无位置坐标系强加给了人类日常舒适的“生活世界”。[21]

在现代来临之前，世界观的基调是彻底的目的论，即以目标为导向。大自然被理解为一个宇宙，一套由智慧之手建立的统筹目的与手段的秩序，万物在其中有其自然的位置和状态，并为之奋斗。亚里士多德的“目的因”概念[22]和基督教的形而上学中都有这种思想，基督教形而上学将自然环境理解为一本“自然之书”，人们只需阅读这本书就能理解其中的含义。

自然史著作，如古典时代晚期的《寓言集》(*Physiologus*)，非常普及，它们将有生命的自然界描述为寓言和典故的具象集合，动物——不乏神话中的动物——的行为就像一本教义，人们从中可以读出模范行为的美德准则。[23] 独角兽的天真、狮子的勇敢、凤凰的复活神话、戴胜的乐于助人或鬣狗与蛇的卑劣，都以某种形式指向大卫、约伯或拿撒勒人耶稣，他们的优秀品质被人们推崇和模仿。

因此，世界的祛魅也是将道德从自然界中驱逐。在此之前，宇宙由两个不同的领域组成：月下界是成与灭、动与变的领域，而月亮之上的月上界充满了具有数学性完美的永恒不变的存在，它们由第五元素组成，即一种与火、水、土和气并列的非尘世的第五元素。月亮在那时尚未被承认为普通的天体，其本身不属于自然。伽利略·伽利莱、约翰内斯·开普勒、第谷·布拉厄或哥白尼的发现所带来的真正革命并不在于认识到地球围绕太阳转——早在公元前3世纪中期，萨摩斯岛的阿里斯塔克斯就已经提出了这样的观点，500年前也不再会让任何人感到震惊——而在于让人们认识到，整个宇宙，无论大小，无论天上地下，都属于同一个自然界，这个自然界可能没有任何目标，却遵守同一套规则。

我们对自然的理解越深刻，旧形而上学中那些虚无缥缈的东西就越没有存在的空间。宇宙变成了一个巨大的、基本空洞的容器，荒芜得令人厌恶——没有亲爱的上帝的踪迹。即使在很小的领域内，世界也是由神秘的微粒组成的，微小到人类的眼睛永远无法看到它们；人类寻找一个仁慈的造物主的努力付诸东流。

“罕见的人”的分析冲动并没有在他们自己面前止步，他们也开始解剖人体并绘制图解。就像宇宙中似乎再也容不下上帝一样，身体中似乎再也容不下灵魂。灵魂从渗透在呼吸、流血、咆哮、舞蹈的人体中的灵动之“气”/“普纽玛”，变成了抽象的“思想物”，被放逐到二元论世界观的精神流放地，为无意识的物质腾地方。人类心中的上帝形象变得越来越不具体，最终变成了一种否定的神学，根本不敢对上帝的本质做出任何具体的陈述，只能说明上帝**不是**什么。

西方教会的婚姻和家庭计划在社会上强制推行的个人主义生活方式和分析性思维方式带来了一种新的科学方法论，它使知识的产生从《圣经》、教皇和古代哲学家（如亚里士多德）等旧权威的束缚中解放出来，而服从于更好实验的不具有强迫性的约束。中世纪对自然界的道德目的论的理解越来越站不住脚，因为人们越来越怀疑，疾病和厄运并不是由罪孽和不义造成的（好像这些可以通过无过错的行为来避免似的），而大多只是无情的传染病暴发的巧合。

1755 年，一场地震几乎彻底摧毁了里斯本城。这场灾难把许多宗教场所化为废墟，不少妓院却幸免于难，其道德任意性显而易见。[24] 三十年战争早已证明，有关上帝和世界的终极真理很难通过神学上吹毛求疵的争论变得具体，但这些争论产生的分歧却可能导致数十年的谋杀和暴行：

一个好年景后，战争降临到我们身边。一天夜里，我们听到了马的嘶鸣，然后外面爆发出很多人的大笑，我们已经听到了门被撞开的声音，还没等我们拿着没用的干草叉或刀子走到街上，火焰就已经熊熊燃烧起来了。雇佣兵比往常更加饥肠辘辘。他们已经很久没有进入过一个能给他们提供这么多东西的城镇了。老路易丝睡得很香，她这次没有任何预感，死在了床上。神父站在教堂门前自卫时死了。莉泽·肖赫试图藏金币的时候死了，面包师、铁匠、老伦布克、莫里茨·布拉特和其他大多数男人为了保护妻子而死，女人则像战争中的女人一样死去。[25]

既然死亡没有尽头，而且关于神父独身不娶、变质说（将面包和葡萄酒转化为基督的身体和鲜血）或其他教派正统问题的争论也无法得到科学解决，世界观自由主义的休战——一种完全罕见的、从未尝试过的生活方式——作为一种实用的解决方案变得越来越有吸引力。

这种对自然和社会的道德诠释逐渐被冷冰冰、硬邦邦的客观事实所取代的态势一直持续到今天。人们越来越清楚地认识到，使现有社会等级制度和不平等现象显得无可回避的固有事实，大多建立在偏见和半真半假的基础之上。对妇女的性别歧视和对其他国家的种族主义剥削一直被说成是性别弱势和未开化的野蛮人天生低等的必然结果。但是，随着人类不分性别或种族的基本自然平等变得越来越不可否认，这类形式的虐待和社会歧视的事实基础也变得越来越脆弱。关于恐怖的跨大西洋奴隶贸易的书面记录——例如塞内加尔受过高等教育的富拉尼王子阿尤巴·苏莱曼·迪亚洛的记录，他于1731年被绑架和贩卖，多年后才得以重返家园——以令人痛心疾首的方式向那些对欧洲及其居民的优越性深信不疑的无知受众传达了这样一个观点：认为非洲原始民族没有意志、头脑简单、能够受苦受难的想法只是一种幻想，目的是在意识形态上使肆无忌惮地为“新世界”窃取廉价劳动力的行为合法化。玛丽·沃斯通克拉夫特1792年出版的《女权辩护》也取得了类似的效果，她否认男女之间的社会政治差异是由自然赋予的性别差距造成的，这些差距将世界划分为由智力发育落后、多少总在歇斯底里边缘挣扎的女性和事实上占主导地位的男性组成；而是将男女之间的社会政治差异描述为一种文化建构的教育结果，因此在政治上是有选择余地的。即使是最傲慢的固守现状者，也认为给无思想的微生物附加上人类价值方面的利害关系过于牵强，因此，尽管用了很久，医学细菌理论最终还是瓦解了疾病和体弱是由罪恶生活方式造成的这一观点。

在哲学方面，“罕见”的发现引发了一场思想革命，它从个人或群体**为自己立法**的能力中寻找道德行动和政治合法性的源泉。[26] 由上帝颁布、经教会批准的自然法权已经过时。从现在起，个人应从传统的家庭和统治结构的权威中解放出来，只按照自由公民的合理规则生活。

在所有这些发展的最后，有两件事情：第一，大卫·休谟洞察到**实然**与**应然**之间的障碍[27]，在此期间，这种障碍已变得不可逾越。大自然与人类无关，它已沦为没有规范形式的、道德漠然的事实的缩影。事实是价值中立的：大自然及其规律不遵循任何伦理原则，也不提出任何道德建议。

第二，如果所有爱情与好感、友谊与亲情、群体与归属的具体成熟的人际关系都被排除在外，不再为人类行为制定道德法则，那么就只剩下纯粹的合法性本身对我们的决策行使道德权威。这本质上就是康德对其普遍主义道德原则的主要论证："只按照你能同时希望其成为一般法则的准则行事。"[28]

无论是事实与价值的根本区别，还是个人主义自主伦理的最一致表述，即康德的绝对要求，都是中世纪天主教会家庭政治在认知上的最终产物。

## 英雄无处可寻

在《伊利亚特》第二十一卷中，阿喀琉斯向不久之后就会被他杀死的莱卡翁表明了什么才是最重要的：

> 我的朋友，你也必须死。你何必如此悲叹？帕特罗克洛斯也死了，他比你强得多！你没有看到我的样子吗，何等威武雄壮？神圣的母亲为一位卓越的英雄生下了我；但是死亡和强大的命运终有一天也会降临到我的头上，在清

晨，在傍晚，甚至在正午，敌人在激烈的战斗中夺去我的生命，无论是用掷出的长矛还是离弦的箭支！

这种关于伟大和力量的词汇渲染着一种经受考验和压倒一切的伦理，支撑着愤怒和死亡的勇气，而这些在新兴的信贷和资本世界中已无立足之地。从《吉尔伽美什》到中世纪盛期的德国史诗，帕西法尔和罗恩格林、埃雷克和伊维因、齐格弗里德和哈根等勇敢的战士都必须在不断创新的冒险中证明自己的皇室荣誉；然而，在鲜花和香料的贸易和交换的世界中，魁梧的身躯、灵巧的剑术以及面对敌人和死亡的冷酷勇气又有什么用呢？

当然，它们并没有完全失去价值，只是资产阶级谨慎的美德现在取代了英雄主义道德，在此之前，英雄主义道德一直是西方统治阶级的价值典范。“罕见的人”的出现消解了皇室贵族主导下的社会的尚武理想，取而代之的是经过改革的资产阶级美德，它们适合在现代化经济中发挥作用。美国经济学家戴尔德丽·麦克洛斯基认为，基督教和异教的一系列美德——表现为典型的“阳刚”和典型的“阴柔”——是伦理价值取向的混合体，它们推动了“商业时代”的发展。[29] 在这本新目录中还包括聪慧、节制、正义和仁爱等美德。

过去 5 000 年的英雄主义伦理不愿了解女性的忍耐。当然，古典时期和中世纪史诗中宣扬的英雄主义在相当程度上一直是意识形态多于现实，而且无论怎样都是皇室上层阶级的特权，在平民的日常生活中不起作用。尽管如此，前现代封建社会的意识形态上层建筑却能如此迅速地从骑士的大男子主义转向谨慎的精致和克制的情感，这一点令人瞩目。

11 世纪时，威尼斯总督娶了一位拜占庭公主，这位公主的生活习惯很是古怪。[30] 无论如何，她都不能像一个体面人那样吃饭，据说，她用一种奇怪的工具——一根有两个齿的金色小棍子——把食物送到嘴里。大臣们很不高兴。他们从未听说过如此过分的行为，从未受到过如此轻蔑、如此装模作样和傲慢的侮辱。① 不久之后，公主患上了可怕的疾病。教士们对可怜的阿吉洛（她的名字）的命运表示欣慰，认为这是对她挑剔举止的惩罚。而现在一切都变了。仅仅几个世纪之后，用桌布擤鼻涕、随地吐痰或吃饭时**不**用叉子都被看作是粗鲁无礼的行为。诺贝特·埃利亚斯将这一趋势描述为“文明进程”，它掀起了一股新的驯化浪潮，确立了统治阶级极致细化的行为规范，并将加强对冲动的控制作为社会的区别标志，用英勇取代粗暴，宣传更适合晚宴而非刀剑格斗的价值观和行为模式。

## 大逃离

对“罕见”的发现是对信仰、统治和探索的新形式的发现。然而，其最戏剧性的结果产生在经济领域：人类一直试图摆脱

① 在中世纪，包括威尼斯在内的欧洲大部分地区用餐习惯还是用手抓食物，而拜占庭的饮食文化和餐桌礼仪更加复杂，当时已经用叉子进食。——编者注

让其几千年来的生活水平几乎不变的“马尔萨斯陷阱”，却徒劳无功。[31] 因为与通常的设想相反，贫穷是没有原因的。**富裕**是有原因的，而贫穷是不受干扰的正常状态。（当然，这并不意味着曾经富裕的人不会因为战争、管理不善或自然灾害而变穷，而是说社会富足的存在本身就是一种成就，而不是理所当然的事情。）在此之前，人类一直深陷马尔萨斯陷阱，无法实现可持续的经济增长，因为生活水平的任何一点提高都会立即被随之而来的人口增长吞噬干净。

只有随着现代经济活动形式的出现——它不是建立在游手好闲的强盗大亨对劳苦大众的掠夺之上——现代的文化进化才有了真正的经济增长可能性。财富不再只是从左口袋流向右口袋，或者更准确地说：从下层流向上层，而是变成真正的盈余，（理论上）每个人都可以从中获利。

假如没有道德革命，这场经济革命是不可能发生的。因为我们必须学会比以往任何时候都更广泛地开展合作，而这只有跨出我们称为家人或朋友的值得信赖的小团体，借助新的道德结构才能实现。

经济学家们通常把几个世纪前开始的罕见社会的长期经济增长称为“大漂移”[32] 或“大逃离”[33]。在此之前，世界生产总值——一年中全世界生产的所有商品和服务的价值总量（如果可以实事求是地估算的话）总是停滞不前，几千年来没有发生值得一提的变化。[34] 人们为生计而生产，手停则嘴停。随着现代社会的到来，世界上少数地区成功地揭开了经济生产力的秘密，通过技术创新、巧妙的劳动分工、加速的物流、新形式的交换、贸易和谈判以及有效的资源分配，不仅把经济蛋糕分给了这个人或那个人，而且使生产更大的蛋糕成为可能。

由于传统家庭结构被破坏，“罕见的人”不得不逐渐训练成熟非个人的亲社会性，这是上述发展得以扎根的必要条件。亨里奇的研究得出了一个令人吃惊的结果，而且对于许多听惯了以自我为中心行动的“经济人”传说的人来说，这个结果是反直觉的，那就是来自商业化程度较高的社会的人的行为与理性的功利最大化的行为偏离得最厉害。来自以市场结构组织起来的社会的“罕见的人”的行为是最公平、最合作、最值得信赖和最不自私的。在行为经济学实验中，一个社会的市场结构越强（衡量标准是一个人通过购买，而不是靠自己生产或狩猎，以及从家庭或通过简单的交换获得商品的百分比），人们的平均出价就越慷慨。

依靠市场经济结构组织的现代社会并没有培养出精于算计、只顾自身利益的冷酷无情者，而是恰恰相反：“罕见的人”虽然对家庭和社区的忠诚度相对较低，但对陌生人的利他主义和合作精神却高于全球平均水平。非“罕见的人”可能和亲密朋友、宗族成员以及血亲极为合作，但面对其他所有人就执拗、多疑和自私，就如我们通常以为的“经济人”会有的样子。因此，这与不太复杂的社会批判形式所主张的观点恰恰相反，后者反射性地将一切社会弊端归咎于资本主义竞争的腐蚀性影响。

正是因为有了引导个人之间公平交易的市场规范，“大逃离”才成为可能。在这种规范下，买卖双方必须相互说服，商品和服务的交换能够为双方带来利益。我们今天观察到的国与国之间巨大的地缘政治不平等，正是这种因地区而异的发展的结果。

## 安娜·卡列尼娜原则

然而，人类的罕见性并不是所有这些发展的唯一原因，它只是补充了自 1997 年贾雷德·戴蒙德的《枪炮、病菌与钢铁》一书出版以来针对全球不平等的既有解释模型，该模型主要强调世界上某些地区因特定的地理方位或特别有利的动植物种群而享有的优势。

戴蒙德将之称为“安娜·卡列尼娜原则”。[35] 它追溯到托尔斯泰同名小说中著名的第一句话：“幸福的家庭都是相似的，不幸的家庭各有各的不幸。”戴蒙德认为其原因是幸福的方式只有一种，那就是摆脱**所有**可能导致不幸的问题，如嫉妒、疾病、经济困难、争吵或无法实现的生育愿望。从反面说，不幸有多种表现形式，这取决于一个家庭所面临的问题或问题的组合。

戴蒙德认为这一原则同样适用于谷物或役畜：大型哺乳动物要想成为家畜，必须具备若干特征，缺一不可。大象体型庞大，需要十多年才能长成。在此之前，饲养它们的成本大于收益。斑马容易逃跑。大型猫科动物是极其危险的肉食动物，也不能提供奶或毛等产品。适合驯化为家畜的动物必须具有合适的体型和温和的性情以及有性价比的饮食习惯。全世界有 148 种大型草食性陆地哺乳动物可以进入驯化候选名单：其中只有 14 种能被驯化；而这 14 种中的 13 种，从牛到兔子，都是欧亚大陆的原生动物。非洲大陆或澳大利亚大陆没有一种哺乳动物符合必要的标准。

农作物同样必须具备一系列特征，才能对农业有所贡献：扁豆、小麦、大麦或水稻都是欧亚大陆的原生作物，它们抵抗力强、营养丰富、易于储存和播种。欧亚大陆的大陆轴线也确保了必要的农业技术和植物本身能够在相似的气候条件下向东西方向传播。非洲和南北美洲的陆地都是自北向南延伸的，这使得本就稀少的动植物的繁殖和栽培变得更加艰难。

“罕见的人”的故事就是从“安娜·卡列尼娜原则”达到极限的地方开始的：一方面，偶然的地理–生物因素可以解释为什么最初的帝国和早期的文明必然出现在欧亚大陆上一条相对狭窄但异常肥沃的走廊地带；另一方面，亨里奇对“罕见”的研究表明，只有在作为社会组织基本原则的亲属关系在关键时刻被个人主义道德所取代的地方，才能开始下一波的社会文化进化。

## 被掠夺的身体

世界上不同地区之间在技术、科学和经济发展水平上的差异，是因为一方对另一方的掠夺吗？“富人和穷人站在一起，瞧着对方。穷人面色苍白地说：如果我不穷，你就不会富。”这是布莱希特写过的话，再一次证明了他在措辞上的犀利和在经济上的无知。

掠夺论的基本观点是，几百年前开始迅速增长的世界少数地区的繁荣，若是脱离了帝国对其他地区的剥削和殖民压迫，就无法解释。公元 1000 年前后，所有国家或多或少都同样富裕，或者不如说，同样贫穷。如今，世界上一些地区，尤其是西欧及其前殖民地美国、加拿大或澳大利亚，其富裕程度约为最贫困国家的 50 倍。如果不是通过偷窃和掠夺，这又是如何实现的呢？[36]

毕竟，一些人走向富裕与针对另一些人的掠夺同时发生是令人怀疑的。一批历史学家正试图撰写这样一部“新资本主义史”，认为现代经济活动的出现在相当程度上是以奴隶制和殖民剥削为条件的。[37]

奴隶制和殖民主义无论在过去还是现在都是难以想象的恐怖事件，是极不道德的剥削和征服、虐待和种族灭绝行为。西班牙人巴托洛梅·德·拉斯卡萨斯作为多明我会传教士目睹了克里斯托弗·哥伦布在西印度群岛发起的暴行，将之描述为一连串无休无止的习惯性残忍和肆意杀戮：

> 一个西班牙人……突然拔出了剑。然后，整整一百来人都抽出自己的武器，开始剖开“羔羊”的肚子，屠

杀“它们”——男人、女人、孩子和老人，全都坐在那里，猝不及防，惊惧万分……西班牙人进入附近的房子，因为这是在他们家门口发生的，他们开始用同样的方法，又砍又刺，找到多少就杀多少，直到血流成河，就像死了一大群牛一样。[38]

到19世纪末，几乎所有欧洲国家，还有奥斯曼帝国、日本和美国，都在南美、东南亚或非洲拥有殖民地或保护国，这些殖民地或保护国往往是与荷兰的西印度公司和东印度公司等国际贸易企业平行的行政机构。殖民政权一直是帝国政治压迫的一种形式；通常还伴随着令人震惊的残酷行为，目的是鞭笞土著居民，迫使其在政治上屈服或进行强制劳动，或（通常）两者兼而有之。爱丽丝·西利·哈里斯拍摄于1904年5月的一张照片显示，一位刚果父亲垂着头，失神地看着面前五岁的女儿博阿利被砍下来的手和脚。不久前，博阿利被比利时国王利奥波德二世任命的公共部队杀害，原因是她未能完成比利时刚果公司要求的开采贵重橡胶的配额。[39]

尽管剥削和奴役残酷无比，极不人道，但这些不太可能对富国和穷国之间的经济差异做出决定性解释。如果说奴隶制在1861—1865年的内战之前对美国经济如此重要，那么在废除奴隶制之后，美国经济为何没有崩溃，反而继续增长？为什么早已废除奴隶制的北方各州在经济上比南方邦联发达得多？为什么直到今天仍然如此？

帝国殖民主义并非造成全球国家间经济不平等的罪魁祸首。拥有最大帝国疆域的国家在过去和现在都绝不是最富有的国家，而最富有的国家在过去和现在也绝不是那些以最大的声势建立和维持帝国的国家。此外，殖民主义显然无法解释为什么一些国家成为殖民国家，而另一些国家成为殖民地。殖民帝国讲述的不是一个国家剥削另一个国家的故事，而主要是**两国**精英剥削**两国**贫困阶层的故事。盗窃是一种零和博弈：它不能创造财富，只能将财富从一方转移到另一方。然而，随着现代社会的开始，全球经济产品不断增长，这不能仅仅用掠夺来解释。各国的财富首先是经济天然**增长**的产物，在此过程中，地球上的经济产出呈指数级增长。殖民主义、征服、奴隶制和压迫已经存在了几千年，但并没有自动带来长期的经济增长。这一点很微妙：殖民主义几乎没有使谁富裕，却使许多人贫穷，因为从长远来看，其社会政治后果对前殖民地的制度网络具有破坏性。

新的资本主义史学家正试图通过具体计算来解释这些矛盾，计算显示当时奴隶贸易和棉花生产占美国经济产出的近一半。坦率地说，有关这一计算的最初尝试令人尴尬。这些人首先要知道什么是国内生产总值以及如何计算；无论如何，在所谓的美国内战前时代，即南北战争之前，棉花产业在美国经济中所占的 5% 的份额，是不能通过在最终产品的最终价值上加上其物流、劳动、种植、农业、土地征用以及整个价值生产链的所有花费而夸大到 50% 的，因为这些费用当然已经包含在棉花的最终价格中，所以不能重复计算。[40]

奴隶制和殖民主义不是可靠的经济方案，这从道德-政治角度看是个好消息。实际上，奴役和强迫劳动是双倍的坏事；它们不仅在道德上是灾难性的，而且在经济上也是不可取的。经济增长是我们所知道的消除贫困和苦难的唯一长期有效的方法，它在很大程度上依赖于"包容性"的制度[41]：有效的法治、充分自由的市场、牢固的产权、低腐败、配有充分安全网络的稳固的公共基础设施以及社会流动性共同构成的制度组合使摆脱马尔萨斯陷阱成为可能。**榨取性**的制度制定了有利于一小撮剥削精英的游戏规则，使他们能够通过政治胁迫占有过多的可用资源，而自身却不生产任何可以提高社会其他成员生活水平的东西。**包容性**的制度正是随着"罕见"的发现才逐渐在世界上某些地区站稳脚跟的。

## 西方必胜主义？

人没有"罕见"和不"罕见"这两种"类型"之分，"奇怪"是一个连续统一体，这上面虽然存在着大致的趋势，但不同文化背景下的不同人总能找到自己的位置。在个人的自我控制、分析性思维或广泛的亲社会性方面的差异并不是基因决定的，而是心理特征及其所处的制度框架共同进化的结果。

各个地区在社会、技术和政治发展方面的差异与遗传-种族差异无关，而是与文化进化的力量有关。主要是社会规模（取决于其学习与合作机构的整合能力）等因素决定了哪些心理特征在多大程度上具有社会代表性。文化进化的核心经验之一是：一个社会的复杂性几乎从来不依赖于生活在其中的个体的特征，而是取决于该社会所继承的文化实践和制度框架。大约 400 年前，当欧洲探险家第一次遇到塔斯马尼亚原住民时，他们的技术发展水平甚至低于石器时代。与此同时，距塔斯马尼亚岛不远的澳大利亚大陆，其原住民却拥有数百种复杂的器物用品，从小舟、长矛、炊具、药品到运输船。这样的鸿沟很容易让人猜测是遗传上的种族差异。[42] 事实上，今天将澳大利亚大陆与塔斯马尼亚岛分隔开来的巴斯海峡直到 1.2 万年前还是一座可以步行通过的陆地桥梁。随着上一个冰期的结束，不断上升的海水将在那里定居的人类从物理上分隔开来；继续在塔斯马尼亚岛上孤独生活的人群规模太小，根本无法在文化上维持先进的技术水平。

亨里奇昭告的雄心壮志是要说明西方世界为何在心理上变得“罕见”，以及这对西方价值观和繁荣产生的影响。根据他的主要论点之一，他所概述的历史发展不仅赋予了西方个人自由和人类尊严的理念，还使其变得**富裕**。如果这一论点让许多人感到紧张，是可以理解的，因为它似乎迎合了关于西欧知识优越性的种族中心主义偏见，这种偏见经常被用来使殖民压迫合法化，而现在不言而喻的是，这种观点被认为是不可接受的。对必胜主义的指责，是怀疑对西方事实霸权的每一种社会科学解释的背后，都存在着的在学术上轻率的种族中心主义偏执，这种指责的讽刺之处在于，对种族中心主义视角的忧虑本身就是“罕见”心理的主要征候之一。普世视角力图将自己从偶然文化的偏见中解放出来，把自己的价值观和准则仅仅视为众多世界观中的一种，这是一种深刻的西方视角。在世界上其他地方，以民族为中心的态度几乎是理所当然的，没有人怀疑自己的价值观、传统和习俗是唯一正确的。

当前世界，社会上的各种发展趋势是市场经济、民主政治体制和所谓的“消费文化”，这有时被描述为“殖民主义的软化版本”。西方国家可能不再像几代人之前那样，带着火枪和猎犬向其他国家强行推荐自己的制度和价值观；但这并不意味着扩张主义的态势不会继续存在，只是侵略者学会了使用更加隐蔽但也更加狡诈的文化同化手段。据说，如今西方已不再通过武力，而是通过现代生活方式的肤浅诱惑来传播其文化，并且掩盖了一个事实，那就是尽管西方生活方式非常舒适，可一旦你把它请进了家门，你就再也无法摆脱它的弊端。

西化只是一种边缘现象，其重要性被严重高估了。西化是存在的，但严格说来，只有当非西方国家接收制度上可有可无的文化实践时，才能被恰当地描述为西化。东方国家的精英人士也会穿着深色西装，打着纯色领带，这才是真正的西化。因为这种着装方式起源于西方国家，除了能唤起稳重感和可信赖感的象征性效果之外，让人们穿着西装而非东方传统服饰来做出政治决策并没有更深层次的理由。

大多数所谓的西化具有另外的特征。可以更有效地将其描述为自由化和现代化的双重动力，与西方并没有特别的联系[43]：日本在19世纪晚期开始将其宗族结构解体，这并非为了模仿西方，而是因为某些亲属关系体系（如一夫多妻制或明显的父权制）的组合，在客观上与明治天皇统治下的日本在1880年后打算加入的现代化进程不相容。现代经济的组织与日益自由的市场提出了一系列的功能要求，要求社会从家庭关系向（至少在官方上）公正的官僚–法律管理、个人财产权以及职业和居住地的自由选择权转变。[44]中国在20世纪中叶实现了这一转变。虽然不是向资本主义市场经济的转型，但原则是相同的：一个走向现代化的社会不能与任何传统的家庭结构共存。从20世纪50年代起，中国禁止多配偶制，禁止近亲结婚，此后也禁止将女儿排除在家产继承人以外。

中国的例子特别清楚地表明，心理上的“罕见”并不是西方特有的东西，而是取决于一个社会的制度框架条件。尽管这里的数据要零散得多，但现有证据显示了人们已经熟悉的模式：亲属体系的强度与个人主义价值观和分析性思维呈负相关。从历史上看，造成这些差异的当然不是天主教会的家庭政策，而是稻田的耕作。水稻种植所需的堤坝、灌溉渠道和梯田的建设需要大规模的组织能力，而在前现代条件下，这种组织能力只有通过广泛的宗族结构才能实现。几百年来，这种农业形式在中国南方尤为盛行（现在依然存在）；与此同时，初步的研究表明，更依赖于种植小麦而非水稻的中国北方居民，平均心理“罕见”程度不亚于美国大学新生。

这是否意味着，也许除了少数特例外，现代个人主义、技术合理化和生活的科学化最终将遍及地球上的所有地区？我们不得而知。乐观的设想是，参与祝福和诅咒科技文明，将产生一种思维和行为方式，在某一时刻不可避免地从内部破坏专制意识形态和宗教迷信。一个社会如果不想放弃现代医学和舒适的航空旅行，就必须将其部分成员培养成医生和工程师，他们不会永远不知道自己对知识的渴求与宗教激进主义教条是不相容的。但也有一种悲观的情况：某些地区已经发生了启蒙和科学革命，这却正好让其他地区可以放弃走上相同的道路。现代文明的便利设施和技术，如飞机或疫苗，某一地区也可以从外部进口，自己则无须经历同样的文化–制度革命。

目前，世界上许多地区都在走欧洲最先走上的现代化道路。出于前文所述的那些偶然性原因，欧洲是最早实现现代化的地区；然而这里所讲述的历史中明显的欧洲中心主义，只是由于接近历史而产生的假象。实际上，我们目前正处于一个新的轴心时代，在这个时代里，世界上其他地区的人们的生活正被持续了几个世纪的同一股现代化浪潮所席卷——我们只是因为离得太近而看不清楚。

［第六章］

# 50 年前：历史的道德

20 世纪是道德进步的世纪吗？

CHAPTER

—— SIX ——

## 惨痛教训

当你知道当时在普林斯顿大学的并不是罗纳德·里登霍尔，而是一个同名同姓的人时，20世纪的历史就不难理解了。

1968年3月16日，由120人组成的查理连在越南美莱村制造了越南战争中最惨绝人寰的大屠杀。美军士兵怀疑这个小村庄是敌方越共游击队的藏身之处，而不久前，他们的一些战友被越共打伤，甚至打死，因此，他们毫不留情：

> 清晨，士兵们乘坐直升机进入村庄。当他们蜂拥而出时，许多人已经开始射击，杀死了人和动物。没有越共营的踪迹，一整天也没有向查理连开过一枪，但他们还是继续前进。他们烧毁了所有房屋。他们强奸成年和未成年女性，然后杀死她们。他们用刀捅进一些妇女的阴道，割开

> 另一些妇女的肠子，砍掉她们的手或剥下她们的头皮。他们剖开孕妇的肚子，然后任其自生自灭。发生了大规模强奸、枪杀或刺刀杀人事件。还有大规模处决。包括老人、妇女和儿童在内的数十人在一条沟渠里同时被机枪扫射。4 个小时内，近 500 名村民被杀害。[1]

当驻扎在附近的第 11 步兵旅的年轻大兵罗纳德·里登霍尔得知美莱村发生的事件后，他觉得有必要让公众关注这一事件。他向美国国会议员，甚至直接向时任总统理查德·尼克松递交了一份报告。多次尝试未果，但他的声音最终被听到，他的报告让更多的公众了解到发生在越南的这一大屠杀。这篇报告以及其他关于越南战争之残酷的报道，最终使美国国内对这场越来越被视为无意义、不合理的东南亚冲突的支持荡然无存。

法哲学家卡尔·施米特在 20 世纪 20 年代仍然可以这样断言："无论谁提起人类，他都只是想要欺骗。"[2] 因为他认为"人类"是一个无定形的群体，由不可避免敌对的群体和个人组成，他们之间存在利益冲突，不可能实现真正的统一。另一方面，2012 年，英国哲学家乔纳森·格洛弗给他的 20 世纪道德史起了一个简单的书名：《人性》[3]。人们痛苦地认识到，跨越国家、民族、语言或宗教的界限，值得强调的是全人类的共同点：正如康德所说，他们参与了目的王国，其中的每一个成员都应得到道德上的重视和尊重。美国心理学家迈克尔·E. 麦卡洛也同样强调，**陌生人间的善意**是现代道德的显著特征。[4] 对于麦卡洛来说，人类有一种自然的倾向，即只为自己和周围的人保留尊重、同情心以及合作意愿。20 世纪的道德革命就是要从我们的道德中祛除这种偏袒精神——或者至少尝试这样做。这也是约翰·列侬 1971 年在《想象》中歌颂的世界：一个所有人都亲如兄弟的世界，在这个世界里，各种武断的划分最终都会被破除。

道德史在相当程度上就是在更大的群体中开展新形式合作的历史，这一主题在本书中也多次出现。20 世纪终于在最大的痛苦中发现了整个人类本身，并试图打破各民族和“种族”之间任意划分的道德界限，以便重新划定道德共同体的范围。这就是一个不断**扩大道德圈**的理念。新商定的道德共同体边界与新的人类相结合，这种形象比以往任何时候都令人更加强烈地认识到个人的社会制约，并试图将这种认识转化为预防逻辑。最重要的是，我们是社会环境的产物，社会环境决定了我们的行为是好是坏。1835 年，格奥尔格·毕希纳让他笔下的丹东问道：“在我们的内心施行撒谎、通奸、偷窃和谋杀的，究竟是什么？”而 20 世纪又以前所未有的紧迫性再次向我们提出了这个问题。任何想要改善人类和防止下一次灾难的人都必须从这里开始。这一切都集中体现在**平庸的恶**这一理念中。

最后，人们逐渐认识到，人类社会强加于其共存之上的许多准则实际上在道德上是武断的，我们赖以生存的许多所谓道德上的实质性准则实际上应被视为道德中立的，并应被降格为纯粹的惯例。这可以说是一个“去道德化”（Demoralisierung）的过程。不过，我们慢慢来。

## 道德进步？

过去几十年的历史可能是这样的：20 世纪是道德进步的世纪。从那时起，我们的基本道德取向首先是致力于帮助弱者和被剥夺权利者，我们要给予他们特别的保护，使他们免受占统治地位的多数人的侵犯。少数群体和边缘化群体开始要求兑现自由和平等的承诺，他们迄今为止——当然今天仍然——被不公正地排除在自由和平等之外。20 世纪的社会敢于尝试真正的道德进步，并不仅仅给予那些已经拥有权力的人社会共存的特权。

这一切听起来往好了说是天真，甚至可能是犬儒主义式的玩世不恭和对现状的讽刺式辩护，往坏了说是危险的意识形态，就像为一艘正在沉没的船上的乘客唱的催眠曲。请问，今天在哪里可以找到这种进步呢？在专制政权与清洗了种族身份的民族社会的法西斯式调情中？在即将烤死我们或淹死我们或两者兼而有之的急遽的气候变化中？在这场夺走了数百万人生命同时也造成了我们政治分裂的全球性大流行中？

进步论常常被讥讽为“盲目乐观”，而在知识界，几乎没有比这更糟糕的责难了：许多人可能宁愿被斥为恋童癖，也不愿被指责为盲目乐观，因为知识分子首先必须具有批判精神，而批判的态度与承认某些事物今天比过去好格格不入。在伏尔泰1759年出版的作品《老实人》中，邦葛罗斯是主人公的老师，作为一个忠实的莱布尼茨主义者，他坚信我们这个世界不仅在某种程度上是可以容忍的，而且是所有逻辑上可能存在的世界中最好的。这部小说将老实人从一个不幸推向另一个不幸，意在讽刺地驳斥这种愚蠢的、不谙世事的过度乐观主义。事实上，一个更美好的世界甚至是不可想象的，这正是伟大哲学家们一直以来所擅长的无稽之谈的一部分。叔本华更为接近事实的真相，他说："谁想简单地检验一下世界上快乐大于痛苦，或者至少两者相互平衡的论断，那就比较一下吃掉另一只动物的动物与那只被吃掉的动物的感觉。"[5]但这样明显"扔话筒"终结讨论的话语，也并不表明世界不会变得**相对**更好（不管它可能有多糟糕）。而进步论所说的正是这一点。

我们有理由对进步信仰持怀疑态度，因为"世界历史是有目标的"这一观点常常被认为是一种形而上学的隐秘宗教，它以黑格尔的"世界精神"取代了上帝，成为历史的傀儡主宰。在《法哲学》中，黑格尔的立场是，人类历史不是单纯盲目的偶然性和弱肉强食的历史，而是按照理性原则进行的，这些原则保证了道德共同体的历史实现。这种世界观是矛盾的：如果我们与历史的终结之间只隔着短短一小截的暴力路程，如果道德完美和无尽幸福的乌托邦已经触手可及，那么为了最终——**最终！**——建立这个人间天堂，即使最大的牺牲似乎也是合理的。这个计算是正确的：那些能够赢得无限的人，不介意亲力亲为地做些脏活，即使成功机会渺茫。阿尔贝·加缪在《反抗者》中说，对正义的渴望可以确保和平与团结；但沉醉于对完美社会的憧憬的过激思想则会导致“打着自由旗号的奴隶监狱，（以及）以人类之爱或超人倾向为借口的大屠杀”[6]。

那么为什么还要斗争呢？如果历史的进程在铁律的引导下进入其必然的轨道，那么我的愧疚感就可以平息，我就可以放松下来，把手放在膝盖上。既然未来的钟表已经上好了发条，我们只需等待它的实现，那么为什么还要做出牺牲，为什么还要努力呢？人们可能会认为，进步允许消极，甚至听天由命。

对道德进步的信念似乎来自道德上的冷酷无情，这种冷酷无情更愿意关注胜利者的收益，而不考虑失败者的损失。离我家不远的一家书店的屋顶上写着：“不幸的人可以打扰幸福的人的幸福吗？”那些相信进步的人的答案显然是：不可以！但是，在庆祝发达国家摆脱贫困和战争的同时，每年有数百万儿童死于腹泻和疟疾，或因盘尾丝虫病而失明，究竟什么才是优先事项呢？

尽管如此，道德进步的可能性仍然是一个有用的想法。几乎所有社会都是保守的，害怕创新。他们坚持传统的生活方式、习俗或准则，即使这种方式、习俗或准则明显有害。尼日利亚的伊爵人非常希望通过生育来促进人口增长。然而，他们几乎杀死了所有双胞胎，只是因为这是传统。[7]几乎所有社会都会为维持复杂的仪式、残缺不全的迷信和功能失调的准则付出巨大的代价。[8]尽管存在这些弊端，但往往没有什么力量能使一个社会摆脱这种有毒的平衡状态。这正是道德进步理念的用武之地：如今，道德进步的理念就像一种模因，能让社会接受社会变革和技术创新带来的好处。“我们一直都是这么做的！”被“我们还有什么可以改进的地方？”所取代，传统被创新所取代。

## 环境的力量

罗纳德·里登霍尔呢？与其他许多暴行一样，美莱村大屠杀成为社会压力所带来的令人不安的邪恶力量的象征。似乎只需一件小事，就能让原本无可指责的人变得像凶残的杀人狂——大屠杀已经为这一教训提供了无数证据。美国历史学家克里斯托弗·布朗宁记录了汉堡一〇一后备警察营的故事，该营在1940年夏天接到命令，要“清洗”波兰约瑟乌夫村（Józefów）的犹太人。威廉·特普少校（有时被部下亲切地称为“特普老爹”）在一天早上向他的500名部下交代这项可怕的任务时，向他们提出了一个不同寻常的提议：任何人，如果觉得自己无法参加对1 500人的射击行动，都可以报告，并且可以不参加这次任务，而不必承担任何后果。只有十几个人接受了这一提议。[9]

“钢铁般的服从”成为20世纪道德心理学的主旋律之一。

很快，世界上最著名的社会学家和心理学家开始更深入地研究这种特殊的必然性。他们想要了解，在什么条件下，表面上无害的公民会被推向最极端的暴力和残忍行为，以及听话和服从、团队精神和顺从主义对这些条件有什么贡献。几乎每个人都知道1961年所谓的米尔格拉姆实验，在这项实验中，以对参与者的学习能力研究为借口，可以毫不费力地诱使参与者对其他参与者实施（所谓的）严重电击。[10] 大多数人都感到非常震惊，但没有人完全拒绝在场科学家越来越紧迫的要求。

只有一个例外。当美国心理学家戴维·罗森汉在最初实验的几年后，试图在普林斯顿大学重现斯坦利·米尔格拉姆的实验结果时，只有一个人反对：一个名叫罗纳德·里登霍尔的年轻人甚至拒绝实施第一次电击。

几十年来，社会心理学家们一直把这视为一个奇特的巧合，因为同一个人既参加了这个最有影响力的实验，也与美国人在20世纪实施的最著名的大屠杀有联系，而且在这两次事件中，他都是唯一一个排除万难做了正确事情的人——更何况米尔格拉姆实验正是为了描述导致美莱村大屠杀的残酷跟风现象。

我们现已知道，士兵罗纳德·里登霍尔从未在普林斯顿大学学习过。或者说，不是参加米尔格拉姆实验的这个罗纳德·里登霍尔，因为事实上，1968年在这两个只相隔几个月却相距甚远的地方，有两个不同的人，他们有着同样铿锵有力的名字，都接受了坚贞不屈的考验。直到几年前，社会心理学家戈登·比尔才揭开了这个在教科书和讲座素材中流传了多年的谜团。他发现，这两个人差不多在同一时间随美国陆军特种部队在越南战斗，而且碰巧彼此认识（甚至还有第三个同名同姓的人）。

这种可以原谅的混乱包含两个教训：首先，米尔格拉姆实验等研究和美莱村大屠杀等历史事件表明，我们的道德价值观——甚至更多的是我们的道德行为——受外部环境的影响远大于一个人的内在个性。至少在大多数情况下，我们是外部力量的产物，这就是为什么任何道德改革计划都必须从这里开始。其次，这种见解是极其反直觉的。我们倾向于把一个人的行为归因于他或她的个人性格，而我们认为这种性格在不同的情况下基本是稳定的。[11] 这种倾向如此强烈，就连社会心理学家也无法抵挡这种印象，认为两个里登霍尔一定是同一个人：难道后者在关键时刻没有表现出勇气吗？难道这个罗纳德·里登霍尔不就是一个异常坚定、反独裁的人物，命运两次给了他大显身手的机会吗？

## 平庸的恶

当汉娜·阿伦特于 1961 年飞往以色列，为《纽约客》撰写关于阿道夫·艾希曼即将在耶路撒冷地方法院受审的报告时，知识界热切地期待着一个撒旦恶魔的肖像。与之相反，她在他身上看到了一个行政雇员，以小职员的谨慎小心的狭隘思想组织了现代最诡异的犯罪活动。阿伦特创造了道德哲学中一个最令人印象深刻、最贴切的短语。平庸的恶。[12]

阿伦特所说的“平庸的恶”，不仅与基督教的原罪观念相悖，也与哲学传统的大部分内容相悖。康德认为，人是由“扭曲的木头”构成的，“没有什么完全笔直的东西是可以从他身上凿出来的”[13]；更确切地说，人是“根本恶”的，因为他天生就倾向于违反道德法则所要求的义务。[14]

“根本恶”与“平庸的恶”之间的一个重要区别在于，前者遵循某种自我克制的逻辑：此观念认为，我们的腐化和堕落只能通过自我控制、规训和意志力来克服。然而，进入 20 世纪，越来越多的人认识到，人性的缺陷很难被弥补和克服，而只能被规避和遏制。焦点从呼吁个人振作起来、践行美德，转移到呼吁社会调整其结构、时间和机制，首先使外部环境的压力无法产生，因为任何人都无法免疫于这种压力的毒害。如果我们在这种压力下没有成为灾难的勾结者，那主要是由于运气好。重要的是，首先要防止出现这种勾结的机会。

在社会心理学中，“情境主义”范式于 20世纪 60 年代末确立。[15] 似乎并不存在在各种情况下都强大如一的性格特征：如果我们去寻找的话，根本就找不到。没有人本身就是勇敢、害羞或吝啬的；没有人是非黑即白、非善即恶的。我们的性格更加碎片化，与具体情境联系得更加紧密。与朋友一起逛跳蚤市场时，我们很吝啬，但与陌生人共进晚餐时，我们却很慷慨。大约 50 年来，社会心理学一直在努力证明，到目前为止，正是这些外部的、情境性的因素对我们的行为产生了最大的影响。在一项著名的研究中，一个人是否帮助另一个人捡起掉落的纸张，主要取决于这个人之前是否在电话亭捡到一枚硬币（故意放在那里的）。[16] 无数其他实验都证明了，外部环境的力量锻炼了我们。

“平庸的恶”让人感到欣慰。这个世界并不会分裂为极端邪恶的人和极端善良的人，他们在历史舞台上进行着永远相同的斗争，却永远无法大获全胜。世界是由人组成的，仅仅是人，他们和自然界中的其他部分一样，也被环境所塑造，不得不应对环境，并因此而失败。这并不意味着不存在会做出令人发指之事的坏人，而是意味着我们人类——至少在原则上——是可以被改造的，“我们当中”并不存在大量邪恶的恶棍，社会上的其他成员只需以某种方式应对他们内在的堕落。

但恰恰是这种平庸也有令人不安的地方：“与**应由自己负责**的倒退因素相结合，我们在 20 世纪所经历的真正的文明断裂就出现了：那绝不是‘重返野蛮状态’，而是前所未有的、从今往后**永远存在**的可能性，即一个按照当时的标准自认为‘文明’的整个民族的道德解体。”[17] 大屠杀和古拉格、红色高棉时期的柬埔寨杀戮场、对卢旺达图西族人的种族灭绝、斯雷布雷尼察大屠杀或阿布格莱布监狱虐囚事件都最终证明，我们人类始终是一股不可忽视的力量，引导我们仇恨和施暴的本能从未完全沉睡，即使是阿多诺和霍克海默曾说过的“完全开化”[18] 的社会，也始终处于道德崩溃的边缘。

20世纪的一场根本性道德变革，就是试图创造社会政治条件，尽可能地遏制、缓和和引导我们的破坏性倾向——如此，人类童年时代的梦想，即由生活在和平的温柔羽翼下的兄弟姐妹组成的群体，终有一天会成为现实。最初的情况众所周知：即使在20世纪中叶，我们对世界末日的担忧也超出了我们的想象。现在需要做的是防患于未然，在制度上筑起堤坝，以抵御厌世情绪的残酷诱惑。即使这些措施并不能够总是成功的或彻底成功的，但从那时起，我们第一次认真、全面、持久地尝试从制度上遏制我们心理上最具破坏性的力量。为了实现这一目标，就必须正视这些倾向，以了解这种道德毁灭是如何产生的。

## 血之法则

1943年秋，负责德意志帝国集中营系统内部反腐的律师兼法官、党卫军中校康拉德·摩根拿到了一个小包裹。包裹特别沉。一名医务人员想要将这个包裹寄给自己的妻子。包裹里有三个金块，其中一块“可能有两个拳头大小”，重达几公斤，品质极高。

这是牙科用的黄金，这种非法黄金货物会被摩根手下的海关调查员作为一种需要上交的外币没收。众所周知，那些死在劳改营里的人的金牙会被收集起来交给帝国银行。但摩根被这些金块的大小惊住了，他开始盘算起来：

> 然而，再仔细想想，我不禁后背发凉，因为1公斤黄金有1 000克。……（一枚）金牙，那才几克。因此，1 000克或几千克就意味着几千人的死亡。但并不是每个人都镶着金牙，在那个非常穷苦的年代，只有一小部分人才镶金牙。可能每20个、50个、100个人嘴里才有一颗金牙，得把这个数字乘上去，因此，可以说，这批被没收的物品实际上相当于2万、5万或10万具尸体。……我本来可以非常轻松地处理这批没收的黄金。现在证据确凿。我本可以逮捕并起诉犯人，这样事情就解决了。但是，经过我的考虑，我已经向你们简单描述过了，我绝对要调查清楚。

于是，党卫军中校摩根去了包裹的来源地，波兰南部一个叫奥斯威辛的小村庄。他想亲眼看看这个地方，他怀疑这里是“世界上有史以来最大的人类灭绝场所之一……”。

在接下来的几年里，他以打击腐败为借口，试图从内部破坏或至少延缓这场大屠杀——毕竟，他是一个“正义狂热分子”。[19]然而，摩根并不像奥斯卡·辛德勒那样，是尽个人的最大努力拯救人类生命的慈善英雄，而是一个受职业道德驱使的官僚，他主要关心的是如何防止集中营员工绕过国库，中饱私囊。善与恶一样，都有其平庸性。

一时间，似乎所有人都明白，大屠杀最终终结了道德进步的理念。美国哲学家玛莎·努斯鲍姆写道：“我们或许应该放弃 19 世纪对人类朝着越来越高的道德成就稳步前进的期望。20 世纪的战争抹消了这种目的论期望，而 21 世纪迄今为止也没有给我们任何理由去恢复它。”[20]

大屠杀之所以成为令人不安的文明裂隙，首先是因为它的规模骇人听闻，一方面是理性的官僚主义，另一方面是其组织的特别邪恶的性质，它以阴险的欺骗手段引导受害者进入毒气室，而且，它来自德国——自称为启蒙运动的发源地，浪漫文学的摇篮，德意志观念论、舒伯特和里尔克的故乡。[21]

所有这一切的确令人难以理解，但这并不表明世界正走在道德沦丧的道路上。凶残的罪犯夺取政权并开始屠杀被其憎恨的少数群体，这并不是什么新鲜事，而或多或少是历史的常态。每个社会总是以其当时所能达到的程度和效率，将浮现在掌权者脑海中的种族灭绝的疯狂行为付诸实践。

正是大屠杀的特殊性和例外性似乎支持而不是反驳了道德进步的观点。如果道德进步的信念仅仅是一种天真的幻想，那么人们本可以期待对大屠杀做出完全不同的反应——比如国际社会的漠不关心和无所作为。对难以想象的暴行做出的实际反应在许多方面也是不够的：太犹豫、太晚、太蹩脚、不一致。然而，最终还是形成了一个国际力量的联盟，竭尽全力地终结纳粹政权——这往往要付出巨大的个人牺牲。

毕竟，大屠杀是一起在关键之处保密的行动。巴黎市中心广场上的断头处决或 18 世纪末法国恐怖时期南特附近卢瓦尔河上的集体溺毙事件（此地被贬称为“民族的浴缸”），都是在光天化日、众目睽睽之下发生的；然而，希姆莱在他于波森发表的演讲中明确无误地指出，计划中的灭绝犹太人行动是德国历史上“从未写下也永远不会写下的光荣一页”。

看来，纳粹政权凭借对人类心理的深刻理解和空前的手腕，通过巧妙狡猾的宣传，成功地让大多数德国人相信了最无耻的谎言，从而将被巧妙毒化的人民团结到其最凶残的计划中来。

但宣传究竟是如何发挥作用的呢？1940 年的《无尽的犹太人》（*Der ewige Jude*）是约瑟夫·戈培尔策划、弗里茨·希普勒制作的最著名的宣传片之一，它将犹太人描绘成一群卑鄙的生物。今天，人们不禁要问：怎么会有人相信这些无稽之谈呢？这些绵羊怎么会看不透摆在他们面前的是什么？这部电影显然是牵强附会，带有明显的倾向性和偏见。怎么会有人如此愚蠢，如此轻信，如此容易上当受骗，竟然会被这种胡言乱语所迷惑呢？

这些问题都是误解造成的。宣传不能说服任何人，或者最多只能说服少数人，而且也不应该说服任何人。《无尽的犹太人》不可能让人信服。影片一开始就展示了贫穷的波兰犹太人在破旧房屋中的生活，他们被污垢和苍蝇包围。这是为了表明犹太人始终无法过上文明的生活。接下来的场景利用各种统计数据指出，在 20 世纪二三十年代，柏林的律师、医生和商人中，犹太人的比例过高。这反过来又是为了表明，犹太人不会在这片土地上做任何诚实的工作。之后，影片中的犹太人在被强迫做的工作中表现得毫无乐趣，这也应当受到谴责——这是由那些强迫他们做这些工作的人拍摄的。所有这一切都没有逻辑。

这是宣传的重要组成部分，而并不是因为执行不力造成的。宣传并不提供旨在让受众相信的信息。宣传提供的是**信号**。它不说要受众相信什么，而是说要表达什么。《无尽的犹太人》太愚蠢、太装腔作势，无法令人信服。它甚至没有试图提供内容，而是告诉受众应该接受什么样的信息，以便其他人能够检查他们对事业的忠诚度。要发挥这种作用，宣传**必须**是不可信的。真实的东西会因为各种原因被人相信。宣传则必须具有明显的虚假、牵强、夸大、误导，重复它才能向其他人发出正确的信号，即一个人对某一特定群体的忠诚义务。[22]

这是一个重要的见解，因为如果我们要寻找对抗宣传力量的可行方法，我们就需要了解它是如何运作的。宣传为大众提供了能够让他们相互识别的特征。但不仅如此，用真相对抗宣传者的谬误实际上加强了信号的可靠性，因为它含蓄地告知了那些想用宣传者的口号来表明自己忠于信仰的人，什么话不能说。宣传的作用就像佩戴一枚徽章，用来表达自己的归属。

当用真实信息战胜虚假信息的反击策略似乎不起作用时，反宣传者就会采取措施，试图以更大的力度和强度来传达他们的信息。然而，有时这样做会适得其反，因为现在有些人开始怀疑：他们为什么要费这么大的劲来反驳这些所谓的宣传？我们是不是被这些人民的叛徒和军队的破坏者欺骗或洗脑了？

事实上，我们现在知道，宣传只能说服那些已经被反犹纳粹议程所吸引的人。从一开始就是如此，尤其是在战争末期。位于施韦因富特的安全部门的一名员工言简意赅地说："我们的宣传在各地都遭到民众的反对，因为它被视为假话和谎言。"[23] 最重要的是，最终胜利的童话故事很快就说服不了任何人了，而纳粹伪装成"安乐死"的谋杀行为也仍然极不受欢迎。

纳粹意识形态的核心是什么？美国哲学家杰森·斯坦利令人信服地揭示了法西斯运动是如何利用对过去的浪漫憧憬，对性越界行为的不安，对法律和秩序的渴望，对种族、民族或性别的自然等级的信仰以及对专家的反智主义怀疑来激活我们的"我们/他们"心理的。[24] 边缘群体被选为堕落社会所有罪恶的替罪羊，这样，本身行为良好的社会中的多数人就能找到回归美德之路。

所有这些当然都是对的，但斯坦利的诊断未能说明导致法西斯运动成功的**具体**因素是什么：对被视为异类和颠覆性少数群体的敌视态度；对法律和秩序的渴望以及对破坏规则者的惩罚；过度的怀旧情绪加上对未来的悲观情绪；摒弃编辑部、政府部门和大学中自作聪明的书呆子，转而崇尚所谓未受污染的"健康"常识。总之，斯坦利认为法西斯主义的所有典型特征其实都是人类心理的正常特征。在许多情况下，这种心理特征并没有导致法西斯夺权，因此当法西斯真的成功夺取政权时，这种心理特征并不能对此承担因果责任。

这些"正常"的心理特征中有许多是令人不安且危险的。

对自己群体的偏袒往往会产生问题并造成适得其反的效果，怀旧和悲观主义、性道德感以及反智主义都是值得商榷的，应尽可能减少的。同时，无论如何，用绝大多数人一贯的思维和感受方式来解释一种非常特殊的政治风格并没有多大帮助，即使这种方式应受到谴责。也许斯坦利的论点是，法西斯运动利用了我们的这些心理特征，并以此达成了自己的目的。然而，这种挖掘和利用正是法西斯主义行之有效的理由。对于极权主义制度成功的根源这个问题，答案往往是：**首先**，我们人类是相当险恶的家伙——然后从来没有人提过**其次**。事实上，纳粹伦理是建立在一种非常特殊的殖民军事逻辑之上的，这种逻辑允许正常的道德价值观和原则被中和，甚至被扭曲。[25]

人类社会对法西斯主义的适当反应来得太晚了，这是灾难性的。这里所描述的道德进步的动力是在战争结束后 20 年左右才开始在德国形成的，因为只有在那时，一代人才有时间成长起来，能够以必要的自信和反思来表达自己的道德愤慨。父辈们令人失望了，失败了；他们没有足够坚定地反对法西斯主义，而这种错误是不应该重演的，因此，从现在起，国家机器的每一次专制失误，无论多么微小，都必须以道德过敏症的方式被解释为法西斯主义卷土重来的微妙迹象，而这一次——骗我一次，责任在你，骗我两次，责任在我——就是要不择手段。奥多·马夸德效仿弗洛伊德，将其恰当地描述为“延迟不服从”。[26]弗洛伊德曾将以下现象描述为延迟服从：在经历了青春期对父母的反抗阶段后，许多儿女在成年后最终会采纳上一代人的价值观和处事态度。50年前的情况恰恰相反：这一次，反法西斯的斗争及时展开了，但不幸的是，当时并没有法西斯主义，因此，虽然有几个特别严谨的学生和几个经济界和政治界要人成了牺牲品，但其他人并没有得到真正的帮助。

除了“红军旅”（简称RAF）幼稚、自恋的恐怖行为之外，左翼学生起义的道德推动力无论怎样评价都不为过，尽管它有少许粗糙、许多混乱和一些多余的想法，但它也是一个伟大的成功故事。战后虚伪的传统道德必须垮台。为什么不呢？毕竟，正派和良好公民的准则并没有成功地阻止最终的灾难。相反，那些肤浅的美德、廉价的社交技巧和虚伪的谨慎等价值观之间似乎存在着内在的共谋关系，就好像它们首先在实现道德败坏的“第三帝国”方面发挥了作用，最终几乎导致了文明的完全崩塌。

## 战争与和平

从广岛原子弹爆炸中幸存三天之后，山口彊回到他的家乡长崎——上半身烧伤，失去方向感，一只耳朵失聪，而且来得真不是时候。山口于2010年去世，享年93岁，是日本政府正式承认的唯一一位经历了1945年8月两次原子弹爆炸的幸存者。山口在晚年倡导核裁军，没有谁支持和平的主张比他的更为可信的了。

在德国各地，退伍复员者和出于良心拒服兵役者居住在齐滕街、约克街和格奈森瑙街——这些街道都是以几十年前甚至几百年前的轻骑兵将军或陆军元帅的名字命名的。他们是一个过时世界的证据，因为第二次世界大战使一种直觉上非常合理的观点迅速深入人心：战争几乎总是一个坏主意，没有战争人们会过得更好。今天，我们很难理解这一观点在当时究竟有多么新颖。

如果一挺机枪可以打出一百名士兵的子弹，那不就意味着战争中死亡的人数会减少吗？因为同样的战斗可以用更少的人员来完成。发明更可怕的杀人工具就能结束战争，这几乎是一个令人震惊的错误，而且这个错误被一犯再犯。但是，无论是发明加特林机枪，还是阿尔弗雷德·诺贝尔发明炸药，都无法满足人们通过更有效的杀戮带来和平的希望。只有核毁灭的威胁最终导致了一个自相矛盾的结果，即人类的终极武器能够使世界上的敌对国家在相互威慑的情况下达成一种合理稳定的平衡，也就是我们现在所说的冷战。但是，不仅是技术创新的文明效应使政治与战争之间的关系摆脱了克劳塞维茨的实用主义——根据这种实用主义，战争只是其他手段的政治。取缔战争也是有意识地从规范上遏制暴力冲突的结果。法学家奥娜·海瑟薇和法哲学家斯科特·夏皮罗强调了《白里安-凯洛格公约》被低估的作用。该公约于 1928 年 8 月 27日在法国外交部签署，签署人不仅有美国国务卿弗兰克·凯洛格和法国外长阿里斯蒂德·白里安，还有德国外长古斯塔夫·施特雷泽曼。当时，凯洛格送给德国外长一支金笔，上面写着：Si vis pacem，para pacem（希望和平的人，就为和平做好准备）。该公约的两个极为简短的条款规定，从今以后，国际冲突只能通过和平手段解决。[27]

该公约也被称为《巴黎公约》，现在经常被斥责天真到可笑。它试图通过宣布战争非法来结束战争，这看起来不是幼稚就是玩世不恭。当所有公约都被证明无效时，这份公约又如何帮助防止即将到来的战争呢？但是，这种态度就像那种认为“宣布谋杀和偷窃为非法毫无意义，因为谋杀和偷窃无论如何都会继续下去”的论点一样荒谬。公开宣布和平解决冲突的意愿实际上是前所未闻的，是国际政治领域真正的范式转变。它并不能阻止第二次世界大战的爆发，正如任何法律都不能仅仅因为其存在而阻止其本身遭到违背一样。但它仍然为“长期和平”奠定了规范基础，即许多过去互相被视为世仇的国家（如德国和法国、英国和俄国）之间几十年的无战争时期，这在过去是不可想象的。[28]

这一正式的和平宣言是划时代变革的基础。从根本上说，这似乎是现代国家内部和国家之间对暴力的容忍度普遍下降的一个例证，而经济动荡也加剧了这种下降。千百年来，世界各地的经济或多或少都是一场零和博弈：生产的东西不多，在许多情况下，掠夺是实现经济增长的捷径，甚至是唯一的途径。直到现代社会通过文化进化发现，创新、贸易和市场可以产生真正的经济附加值，使每个人都能从中受益，人们才意识到，财富和繁荣可以在和平的国际合作中，而不是在血腥的冲突当中找到。康德在《论永久和平》中已经认识到，相互关联的经济是国际和平最重要的激励结构之一；[29]然而，试图采取严肃措施取缔战争行为，这在历史上是绝对不寻常的。

战争从解决跨国冲突的首要手段降级为最终手段的过程，遵循的是非暴力不断增强的逻辑，这种逻辑在几乎所有生活领域都留下了印记。从谋杀到强奸，再到针对妇女和儿童的家庭暴力或常见的酒吧斗殴，现代社会越来越不能容忍身体暴力。[30]不幸的是，所有这些行为依然存在，但现代合作结构在这方面也产生了驯化作用，因为暴力行为以及相应的以荣誉和复仇为目的的尚武道德正逐渐被暴力程度较低的行为模式所取代。

社会倾向于采取暴力行动的程度，以及对暴力作为解决冲突手段的容忍程度，通常都有社会经济方面的原因。[31]在美国南部各州，仍然可以找到荣誉文化的社会心理残余：南方人（平均而言）对侮辱和挑衅的反应更加强烈，谋杀和酒吧斗殴发生得更加频繁，在这里，暴力更容易被原谅或被认为是可以理解的。与通常的假设相反，这并不是气候原因造成的（或者无论如何只是间接原因）。人们不会因为天气炎热就开始打架。相反，暴力行为与以畜牧业或（美国更北部地区的）农业为基础的经济对其参与者的声誉管理提出的不同要求有关：一群牛可能或多或少很容易被偷走，而且可能被一次性偷走；而田地和农场则不会（至少没那么容易）被偷走。因此，牧场主个人必须及时地、有说服力地表明，他准备用武力来捍卫自己的生计。在南部各州，这种形式的经济活动更为普遍，它留下了一种荣誉文化，这种文化至今仍然存在，只是逐渐被现代化的浪潮所削弱。

## 无声的革命

道德进步包括哪些内容？它是如何实现的？ 20 世纪下半叶开始了道德转型的过程，现代社会逐渐从保守转向进步。

这一转变包括日益强调所谓的解放价值观，即从压迫和不公中解放出来的自由。世俗观念取代了传统观念，人们的优先事项也从关注物质安全转向个人自主、表达性的自我实现和政治自由化。这些发展首先体现在对同性恋和性别平等的日益宽容，对言论和思想自由、独立于社会、不墨守成规、教育和个人创造力的日益重视。[32]

几十年来，技术和经济发达的知识社会更加强调个人的多样性和政治解放。这些趋势的强度因地区而异，但从根本上说是全球性的。自 1981 年以来，《世界价值观调查》（World Values Survey）一直在测量这种不断变化的价值观模式如何在不同的文化区域得到体现。虽然经济上较贫穷、政治上较压抑的国家（如罗马尼亚或阿富汗）与较进步的国家（如挪威、美国、澳大利亚或荷兰）之间在价值取向上仍有很大差异，但除少数例外情况（主要出现在撒哈拉以南非洲地区），趋势始终指向解放价值观的同一方向。[33]

美国政治学家罗纳德·英格尔哈特将这些发展描述为一场“无声的革命”[34]。但情况会一直如此吗？有人担心这些进步成就会被老龄化所吞噬，因为随着年龄的增长，人们会变得更加保守。但这种担心似乎是没有道理的：所有人都会随着年龄的增长而重新发现保守的态度和价值观，不过人们对自由、解放和宽容的渴望不会因此而逐渐逆转。此前的每一代人，单独来看，直到最后阶段，都会逐渐变得更加进步，而其后的每一代人，总体上都会比前一代人更加进步，即使个体到了老年又会在某种程度上变得更加传统。这创造了一种进步的全球总体趋势。[35]

社会政治稳定和经济繁荣是这一趋势的主要驱动力。但这究竟是为什么呢？繁荣与进步价值观之间的亲和力从何而来？这可能与不同价值的“边际效用”有关，即一个人从拥有或消费下一个单位的商品中获得的收益：一个苹果具有多少价值，取决于一个人已经拥有一个、一百个苹果还是没有苹果。在政治动荡和经济不安全的条件下，经济改善和提供稳定的传统主义价值观的边际效用是很高的，（还）没有自主、真实、自由和自我实现的空间。随着时间的推移，一个文化区域变得越是繁荣、越是安全，经济资源的边际效用就越低，因此，反过来，解放价值观的边际效用就会相对增加，并最终开始超过“法律与秩序”的边际效用。所有人都渴望自由和自主——但只有当这些价值观的相对重要性得到充分提高时，人们才会以必要的力度来要求实现这些价值观，直到即使是有意维持现状的精英们也不能再拖延其实现。

## 肮脏的金钱

从 20 世纪中叶开始，首先是新的社会经济变革释放了现代性进步的动力。只有在经济相对安全和政治相对稳定的条件下，平等、包容和自由的解放价值观才能获得其应有的权利。

金钱并不能使人幸福，这是众所周知的真理之一，但这根本就不是真的。实际上，我们很难排除这样一种怀疑，即这种观点主要是那些不用为钱发愁的人所接受的。在高高的、装饰华丽的天花板下，你可以对肮脏的金钱不屑一顾；而在潮湿的土屋里，在人们空着肚子的情况下，物质资源是否真的像那些衣食无忧的白领所看到的那样可有可无，这一点尚不清楚。

自 20 世纪 70 年代以来，似乎终于有了强有力的经验证据表明，财富和幸福确实是相互独立的。以美国经济学家理查德·伊斯特林命名的所谓“伊斯特林悖论”发现，在一个国家内，富裕的人往往比贫穷的人更幸福，但富裕国家的人民总体上并不比贫穷国家的人民更幸福。[36] 没有任何迹象表明存在以下情形：以 1~10 分给自己的幸福感评分，在丹麦（地球上最富裕的国家之一），富人会给出 8 分，较贫困的人给出 6 分，而在布隆迪（按国内生产总值计算世界最贫穷的国家），最富裕的居民会给出 4 分，最贫困的居民给出 2 分。因此，一个人的生活满意度并不会随着财富的减少而持续降低。但这怎么可能呢？财富到底会不会让人更幸福呢？

伊斯特林在解释他的这一令人恼火的发现时说，人们对自身幸福感的主观评价主要受比较因素的影响。当人们认为自己比与自己比较的人**更幸福**时，他们就会认为自己是幸福的——不幸福的情况也是如此。在他的研究中，财富的绝对水平几乎没有什么影响，至少在年收入超过约 2 万美元之后便是如此。除此之外，更多的钱并不会让人更幸福。

年收入达到 2 万美元的人就已经可以跻身于全球最富有的人群之列。因此，伊斯特林悖论永远无法证明，在世界上最贫穷的地区，大幅增加财富是不值得的。然而事实上，比较因素确实会对一个人的生活满意度产生强烈的心理影响。我们是社会人，与他人的比较会对我们的幸福感产生真正的影响。但现在，新的数据表明，伊斯特林悖论的原始形式是站不住脚的。收入在 50 万至 55 万美元之间的人，其幸福感的差异要小于收入在 5 万至 10 万美元之间的人，但这是众所周知的边际效用递减现象，而不是悖论。仔细研究现有数据我们就会发现，财富增长与幸福感增加之间确实存在很强的正相关关系。[37] 根据英裔美国经济学家安格斯·迪顿的研究，收入每提高 4 倍，幸福感指数就会在 1 到 10 分的范围内提高 1 分。[38] 由于最贫穷国家和最富裕国家之间的差异巨大，这会产生极大的影响。最富裕国家的平均幸福指数为 8，最贫穷国家的平均幸福指数约为 3。发达国家的富人更幸福、更健康、生活质量更高、生活机会更多——简而言之，他们更幸福。

但总有例外。在《圣诞颂歌》中，埃比尼泽·斯克鲁奇富有但吝啬，脾气不好，小提姆贫穷多病，但总是开朗和善。然而，平均而言，金钱会让人快乐。这意味着，平均而言，金钱对于一个人的生活满意度是**充分**条件，但不是**必要**条件。所有富裕国家的人民平均而言都相当幸福，但也有一些相对贫穷的国家——特别是南美国家——尽管收入相对较低，但人们的幸福感相对较高。我们永远无法通过客观的衡量标准确切地知道一个人有多幸福，这可能是事实；不过，对于美好生活的要求，还是有一些很好的参照标准的。没有人愿意挨饿，没有人愿意哀悼自己孩子的夭亡，没有人愿意从事艰苦的工作，也没有人愿意受到政治迫害。请那些对此有异议的人解释一下为什么人们活该这样。

发达国家的日益繁荣产生了两种道德进步。一种是人们生活得更好的进步。你即使不是一个功利主义者，也会承认，一个充满幸福和健康的世界比一个拥有更多痛苦和疾病的世界更可取。另一种是更多的财富使得人们对贫困现象的认识有所增强的进步。[39] 无论如何，只要每个人都是穷人，人们就不会意识到贫困是一种不幸的但从根本上说是可以避免的、值得与之斗争的状态。与之相反，在现代社会中，有数以百万计的人在科学地研究贫困问题，并试图通过技术、政治或慈善，努力将贫困降至最低。因此，近几十年来，所谓的绝对贫困人口，即每天仅靠 2 美元生活的人，占总人口的百分比已从 90%（按今天的标准评估）下降到不足 10%。[40] 即使有人质疑这一门槛的有效性，但一个简单的事实仍然是，在工业革命之前，人人都是穷人，而今天不再如此。[41] 最近取得了惊人的进展，特别是在中国和印度，其福利政策的爆炸性现已开始显现。在这里，自由和包容的解放价值观也开始慢慢为人所注意。

现代国家——尤其是发达资本主义国家——的生活总是导致心理和精神的贫瘠。这些国家的人在物质上无忧无虑，内心却疲惫不堪，虚无、抑郁或焦虑，他们在浮士德式的交易中用自己的心理健康换取闪亮的玩具，这是另一个长期存在的神话。[42] 文化批评家们似乎已经彻底爱上了这样一种观点：如果说资本主义下的物质进步无可非议，那么它至少是以抑郁症、恐惧症或普遍存在的不安全感等心理病理现象的增加为代价换来的。实际上，数据显示，这里也主要是些好消息，因为抑郁症诊断的增加几乎完全是由于对抑郁症的**诊断**增加，而不是抑郁症的**病例**增加。生活总是艰辛、困难和悲伤的，但与早年相比，那时心理问题充其量只是被轻描淡写地提及，更多时候是被掩盖或被污蔑为个人缺陷，而 20 世纪，人们对人类灵魂的脆弱性越来越敏感，治疗方法和解决方案也越来越多。人们开始关注并治疗精神疾病——但这是一种积极的发展，而不是消极的。

## 不断扩大的圆圈

在牧师马丁·路德·金博士向人类讲述他的梦想之前的几分钟，一个正值壮年的小个子男人登上了林肯纪念堂前的讲台。和那天的大多数人一样，约阿希姆·普林茨的衣襟上别着一枚小徽章，上面一只白色的手和一只黑色的手友好地握在一起，徽章的边框上写着：1963 年 8 月 28 日，为了工作和自由，向华盛顿进军。

普林茨对着 6 只麦克风，带着特别的权威感发表讲话：作为柏林米特区奥拉宁堡街犹太教堂的拉比，他很早就赢得了鼓舞人心的演说家的声誉，并最终于 1937 年在德国犹太人日益受到威胁的生活状况中做出了决断。在他前往美国之前不久举行的告别布道会有数千人参加，其中包括德国帝国保安总局犹太事务部部门负责人：阿道夫·艾希曼。作为一名美国人、一名犹太人和一名犹太裔美国人，约阿希姆·普林茨现在在华盛顿提醒我们，我们都可以成为邻居，而沉默、冷漠和不作为，甚至比仇恨和偏执更能让本应最文明的国家走向极端。

大约 50 年后，2011 年秋天，我坐在他孙子杰西·普林茨的办公室里。杰西是纽约市立大学的哲学教授，他开玩笑地把办公室说成是电话亭，因为它太小了；但在曼哈顿，空间是很宝贵的，对于公立大学而言更是如此。我们谈论了道德的起源——当时作为一名访学博士生，我其实听的比说的更多——以及为什么同理心和同情心往往会成为一个可疑的甚至误导性的指南针。同情心很快就会耗尽，很容易分心、有偏见，并且只对最生动的印象敏感。[43] 据传，有个大人物曾经说过，“死一个人是一场悲剧。死一百万人是一个统计数据”。这似乎也是我们的同情心的座右铭：我们只关心少数人，而且只关心那些我们熟悉和爱的人。我们对大多数人漠不关心。但是，我们是否必须甘心于此？

关于 20 世纪道德进步的核心是什么，或者晚期现代性道德变革的决定性因素是什么，有许多说法，但一个核心主题是，无论宗教、肤色或出身如何，所有人都享有应有的、与生俱来的、不可侵犯的普遍尊严。在道德哲学中，道德进步的故事通常被描述为一个“不断扩大的圆圈”的故事。[44] 这种观点认为，道德地位在很长一段时间内（现在也是）只属于极少数社会精英。作为社会的正式成员得到承认，成为那些可以享受社会所提供的全部权利和福利的人，长期以来一直是具有特定性别、年龄、种族或宗教信仰以及社会经济地位的个体的特权。这是过去几千年来几乎所有社会中都存在的现象。道德地位的特权一直为诸如所有雅典公民、贵族、酋长、高官、婆罗门、资产阶级或经济独立的上层阶级所保留，这取决于人们关注的地点和时代。妇女和儿童、工人和农民、穷人和病人、移民和被剥夺权利者、少数族裔和持不同政见者充其量只是二等公民，他们的道德地位遭到了否认、贬低、侵犯、遗忘或忽视。

美国哲学家艾伦·布坎南和罗素·鲍威尔将不断扩大的道德圈称为“包容性异常”（inklusive Anomalie）。[45]“包容性”

是因为越来越多以前被排斥在外的人现在被允许进入梦寐以求的道德认可领域，而“异常”则是因为这种尝试在人类历史上极为罕见——道德地位一直是**少数人**的特权。

随着标志着现代性开端的道德革命的展开，对进入道德地位圈子的限制正在慢慢减弱，而且这个圈子正在——诚然只是逐渐地、令人沮丧地——扩大到越来越多的群体。性别、种族或阶级之间在道德上的任意界限，以及由此产生的各种形式的排斥、歧视、剥削、压迫和边缘化，现在都将被废除，至少按照这种主张是这样的。每个人，无论其有着什么样的偶然特征，都应被承认为完整的道德主体。

种族主义、性别歧视或阶级歧视被视为道德上不合理的歧视形式。在距今较近的时期，即使是属于正确生物物种之列的人类，也被贴上“物种歧视”（Speziezismus）一词：这是丑陋事物的另一个丑陋的词。要想获得道德地位，重要的是一个人是否能够思考和承受痛苦。将这一地位恰好留给一个物种是一种相当明显的偏见。在这种背景下，澳大利亚哲学家彼得·辛格的《动物解放》于1975年出版。随后在1979年，由所谓的牛津小组（也被称为牛津素食者）发起了一份关于所有动物或有知觉的生命的普遍权利宣言。

尽管这种包容的态势与我们的基本道德直觉（实际上这种本能主要是针对与我们关系更近的物种）相矛盾，但它还是被编入了20世纪的各种核心法律文件，尤其是在第二次世界大战之后。《魏玛宪法》第109条已经将废除贵族制度和男女法律平等写入法典，《德意志联邦共和国基本法》（1949年）和《日本国宪法》（1947年）以及《世界人权宣言》（1948年）的核心主题都是不加区分地承认每个人的尊严和不可侵犯。

不断扩大的道德圈这一概念起源于爱尔兰历史学家威廉·莱基，他在1869年出版的《欧洲道德史》（*History of European Morals*）中首次提出了这一概念。这个圈的结构仍存在争议。有些人认为，道德圈实际上是一个同心圆结构，每个人的道德圈基本上是由个人的亲属关系决定的，这首先意味着遗传关系。根据这一模式，每个主体都位于圆圈的中心，即每个人都离自己最近，然后是自己的父母、兄弟姐妹和子女，接着是祖父母和异父或异母的兄弟姐妹，以此类推，最后才是那些与自己不再有遗传关系，但属于自己内部群体的人，即朋友和熟人。在这个圈子之外的是其他陌生人，然后是其他哺乳动物物种、一般有知觉的生物，最后是整个生命世界。这种绘制道德圈的方式大致受到了汉密尔顿法则的启发，根据这一法则，我们的合作意愿会随着亲缘关系程度的降低而降低。

从心理学的角度看，一个人在“道德扩张的尺度”上所处的位置似乎存在个体差异。[46] 这似乎也具有政治维度：政治上较为“保守”的人倾向于更狭隘地划分道德圈，强调对自己社区的道德忠诚，而政治上的自由主义者则更强烈地认同整个人类世界。[47] 这里有各种向心力和离心力在起作用，它们决定了一个人接受谁为正式成员，比较不接受或根本不接受谁。[48]

1971 年，约翰·罗尔斯的《正义论》出版，该书宣称，这种广泛的公正性思想是公平社会制度的核心架构原则，从而在几十年的理论疲劳之后重塑了政治哲学。根据罗尔斯的观点，一个公正的社会必须像在“无知之幕”[49] 后面选择基本原则那样来构建，即公正的社会制度是一个人在不知道自己在如此建立的社会中处于何种位置的情况下会选择的制度。这是为了确保宗教、种族、性别和社会阶层的差异不会影响一个人有权享有的基本自由和其可以抓住的生活机会。收入或地位方面的社会不平等在且仅在其主要有利于社会中最弱势群体的情况下才是合理的，例如，既然每个人都能从有能力的医生那里受益，那么可以通过更高的收入创造动机，以鼓励那些天资特别出众的人成为医生。

然而，现有的社会显然不可能在绘图板上重新设计和启动，因此有时必须采取积极措施，使前人留给我们的有缺陷的制度和财产结构尽可能接近公正的理想。这在许多情况下导致了“平权行动”纲领的出台，这些纲领致力于“肯定性行动”理念，以有利于边缘化群体。1961 年，约翰·F. 肯尼迪颁布第 10925 号总统行政令，宣布政府基于种族、信仰或出身的歧视为非法。有时，根据法律规定，必须积极尝试纠正某些群体在某些职业中代表性不足的问题，例如通过盲选程序或明确的配额制度。美国哲学家伊丽莎白·安德森认为，这是向“强制的融合”的转变：现代社会必须尽一切努力，通过积极的包容措施，最终破除固有的社会隔离和不公正因素。[50]

道德圈扩大始于对陌生事物的发现。几百年前，当文化进化开始消解作为社会构建原则的亲缘关系的核心作用时，它发现了非个人的亲社会性的潜力：一个开始尝试陌生人之间合作、利他和互惠互利的社会最终会发现，将其他群体视为需要排斥、奴役或屠杀的恶魔群落，对于国际贸易和现代国家的正常运作来说是相当不利的。对全人类与生俱来的道德地位的认可也是受经济利益驱动的。

道德圈扩大固然重要，但仍然有限，例如，因暴力和谋杀日益减少而对其报以容忍就不能被称为道德地位的提升。即使是妇女解放——经常被作为道德圈扩大的一个重要例子——归根结底也是由于一种不同的动力。从历史上看，对妇女的歧视并不能主要追溯到将她们排除在道德圈之外，因为这等同于完全的非人化（当然，这种情况经常发生）。妇女从未被完全剥夺道德地位；她们所遭受的压迫并不是非人化，而是处于从属地位。女性在很大程度上确实是道德主体，但具有基于所谓的特定特征的权利和义务——这些特征往往或多或少地被直接理解为缺陷。反对性别歧视的斗争必须按照角色融合的模式（面向女主任医师和女总理）来思考，而不是按照更基本的社会融合模式（例如，融合此前按种族分隔的空间）来思考。因此，扩大道德归属圈不足以被认定为一种普遍的道德进步概念。

在许多关于进步的叙述中，道德承认的扩大占据了特别突出的位置，因为仇外、歧视、排斥、非人化或种族灭绝代表了如此明目张胆且具有历史意义的道德失败，因此任何道德地位标准的扩大最初似乎都是值得欢迎的。

另一方面，也有许多社会发展的例子表明，道德圈的收缩（即缩小）在历史上是正确的。现代的世俗化就属于这种情况，贵族制度的废除也是如此。对于自由国家来说，没有什么是神圣的，没有人比其他人更好。先天的（即与表现无关的）地位差异被抹平了，而被公认为唯一正确的救赎方式的主张（每个宗教都有此主张）则被怀疑是错误的。

道德圈的其他收缩还在继续。人们可能会认为，环保活动家或原住民的代表赋予新西兰的旺阿努伊河等大自然的无生命部分以法人实体的权利、义务和责任是个好主意。然而，人们不禁会想，我们本可以为可持续的环境管理问题寻求一种不那么泛灵论的解决办法。

道德圈的重新定位往往会产生令人不安的影响。对动物的剥削、虐待和贬低，被视为物种歧视遭到摒弃，这是硬币的一面，而硬币的另一面则可能是对人类某些成员道德地位的否定。如果道德地位取决于某些特征，如一个人的思考能力、计划能力或吃苦能力，那么出于一致性的考虑，人们往往不得不将人类生命开始或结束时的某些个体归为道德归属的边缘案例。在极端情况下，即使对某些人实施安乐死，在道德上也是允许的，甚至是必须的，这种倒退（尤其是在德国）一再使主张这一立场的伦理学家彼得·辛格等人受到指责，说他们是在宣扬一种"种族卫生学"，认为残疾人的生活从根本上说是不值得的。当然，这种批评完全是无稽之谈，因为任何生命伦理学家都不会想到去动任何人的一根汗毛，损害他们充分理解或明确表达的利益，但这也表明，在重新协商道德圈的过程中，存在着强大的心理逻辑障碍。

道德的扩展延伸到了整个自然世界。对无家可归的恐惧似乎是人类学的一个永恒研究主题。这或许是我们天性的一部分？无论如何，它既不是20世纪的发明，也不是德国浪漫派的发明，尽管后者将对真实自然的渴望作为其主要主题之一，认为只有在这种自然中，现代人饱受摧残的灵魂才能与自身和解。显然，我们都被一种潜在的忧虑所困扰，担心失去自己的家园，担心自己流离失所，不得不在某个清晨收拾行装出发，再也无法回来。顺便说一句，这种担忧并非毫无道理，因为历史上不乏因过度捕捞、滥伐森林、过度狩猎、水土流失、灌溉或土壤肥力问题而使环境超出其经济承受能力，从而导致自身崩溃的例子（通常是人口加速增长造成的）。[51]

对地球资源可持续利用的关注本质上是合理的，但对人口增长失控的担忧却是这种忧虑的一个特别阴险的版本。它经常被指责为隐含着种族主义，而且这通常是正确的，因为人们注意到，被要求减少人口数量的通常是世界上特定地区的特定人群。毕竟像挪威这样的国家给人的印象就是，人永远都不够多。1968年，保罗·R. 埃利希的《人口爆炸》出版，这是新马尔萨斯主义的狂热幻想，其主要影响在于，几乎所有关于所谓迫在眉睫的全球饥荒将不可避免地导致数亿人死亡的预测都是错误的。[52]

同年，罗马俱乐部成立，该俱乐部在1972年的一份详细报告中对“增长的极限”提出了警告，该报告成为现代环境运动的奠基文件之一。绿色和平组织（1971年）和反核运动也很快跟进。与埃利希的著作相比，《增长的极限》中对地球人口过多、自然资源很快将不足以支撑不断增长的人口的担忧少了一些世界末日式的非理性，但对人类社会的警告，从本质上来说是一样的——如果我们不小心谨慎，不走一条截然不同的道路，我们就会步入灾难。谁希望我们的子孙后代有一天会在这样一个世界里陷入绝望，挨饿受冻，没有希望和未来，裹着臭烘烘的褴褛衣衫，三五成群地在凄凉的荒原上挣扎，寻找最后一滴被污染过的水坑里的水？

## 去道德化

1940年，洛杉矶，这一次，他要做到完全精确。希区柯克先生的电影制片人大卫·O. 塞尔兹尼克因前一年《乱世佳人》的大获成功而胆大妄为。塞尔兹尼克以盛气凌人而著称，为了尽可能地阻止他对自己的艺术理念做出过大的改动，希区柯克对他的新片《蝴蝶梦》进行了“镜头内”剪辑。[53]在这一艰难的过程中，导演并不会像通常那样拍摄多余的素材，然后在剪辑室内将它们组装成成品电影。“镜头内”剪辑要求导演只拍摄完成作品所需的场景，并只能按照它们在最终成品中出现的顺序进行拍摄。由于没有多余的镜头，因此无论出资人多么执着，都无法破坏艺术家的电影的最终版本。

在如此忠实于原著的情况下，希区柯克却对达夫妮·杜穆里埃小说中的一个关键细节进行了修改，这就更加令人惊讶了：在小说中，马克西姆·德·温特承认谋杀了自己美若天仙却傲慢无情的妻子；但在电影中，她却死于意外——妻子丽贝卡身患癌症，对生活感到厌倦，她向丈夫挑衅，最终在一次争吵中，她被丈夫推倒，摔倒在地，头部受了致命伤。

造成这种不一致的原因是威廉·哈里森·海斯，或者更准确地说，是当时实行的《电影制作规范》(Motion Picture Production Code)。因为海斯曾担任美国电影制片人协会主席，所以人们非正式地称这份规范为《海斯法典》。这部电影法典旨在保证观众不受淫秽舞蹈、挑逗性动作和过度接吻等不雅行为的困扰（老电影中有一个怪异的现象，男女演员每隔两三秒钟就会中断一次接吻，这是由于《海斯法典》中对身体亲密接触时间的限制）。此外，白人和黑人之间的爱情关系——当时仍被称为“miscegenation”（字面意思为“种族混合”）——以及咒骂或渎神都是被禁止的。同时也要避免引起对罪犯的同情，更不用说让他们逍遥法外了。这也是影片中丽贝卡·德·温特死于意外而非谋杀的唯一原因。这样一来，马克西姆和他无名的第二任妻子才能最终获得幸福。即使在20年后，希区柯克的《惊魂记》中最令当时的观众感到震惊的一幕，也并不是女主角珍妮特·利出人意料的死亡，而是她在镜头前冲马桶，冲走了一些纸屑。这种明目张胆的猥亵行为在此之前从未出现过。

希区柯克并不是唯一受海斯狂热影响的传奇导演。今天，如果观看斯坦利·库布里克的《斯巴达克斯》1991年修复版，就会发现，在1960年被删掉的一个镜头里，劳伦斯·奥利维尔自己的声音被替换成了别人的。在这个失传已久的镜头中，奥利维尔饰演的克拉苏不得不由安东尼·霍普金斯来配音，霍普金斯能够完美地模仿他这位昔日表演老师的风格。在这一片段中，克拉苏在洗澡时问由年轻的托尼·柯蒂斯饰演的奴隶安东尼，喜欢吃“牡蛎”还是“蜗牛”，并明确表示他认为吃牡蛎还是吃蜗牛只是口味问题，与道德无关。然而，尽管是对古代同性恋如此隐晦的表达，审查人员还是不能让库布里克逃脱惩罚。为了不对当时清教徒的道德感造成太大的冲击，必须删除冒犯性的场景，或者正如《海斯法典》开篇白纸黑字写的那样：“不得制作有损观众道德标准的影片。”

在那以后，很多事情都发生了变化。电影制作者和文化工作者应该尊重哪些道德原则的问题仍在商榷之中。第一句“去你的吧！”的台词出自1966年《谁害怕弗吉尼亚·伍尔夫？》（*Who's Afraid of Virginia Woolf?*）中的伊丽莎白·泰勒之口——但最初也只限于在英国市场发行的版本。与此同时，各种迹象却大相径庭：虽然《海斯法典》的代表们主要关注的是描述白人清教徒多数社会的传统道德观念，他们对所谓的法律、秩序和性正派之衰落的忧虑应在电影中得到满足，但现在的道德优先事项指向的是打破不合理的特权，这些特权将日益被进步的包容性和代表性标准所削弱。因此，从2024年起，想要获得奥斯卡金像奖的影片必须确保有合理数量的少数族裔、少数社群或性少数群体成员出现在银幕上或制作过程中。[54]

道德准则是我们文化遗产的一部分，但遗产就是这样一种东西，如果认为遗产对自己的未来弊大于利，就可以拒绝全部或部分遗产。

道德进步的一个最重要的方面就是那些已经过时的传统道德准则的**去道德化**，例如，人们对婚前性行为的接受程度越来越高，而婚前性行为在过去是非常受人鄙视的。[55]这可能有多种原因：也许这些准则曾经要解决的问题已经不复存在；也许这些准则被认为是无效的，甚至是有害的。在所有这些情况下，我们都应该对自己自出生起就理所当然地接受的道德准则库进行审查，必要时进行修订。

一种准则去道德化了之后，人们就会生活在一个完全不同的世界里。我们应当在书本中读到过，在电影中出现厕所曾经被认为是无礼的，被认为几乎是令人难以忍受的粗俗。我们再也**看**不到这种情况了，而那种将展示个人卫生的基本面视为道德滑坡先兆的歇斯底里只会让我们感到好笑。

20世纪中叶，去道德化的态势愈演愈烈。准则丧失其道德性的事实在历史上曾一再发生过；从现在起，对以前被认为是离经叛道行为的道德中立化——它被大力地、有意识地追求——开始自省。旨在消除某些行为的禁忌地位而斗争的社会运动正在兴起，这样一来，那些想要这样做的人只要不伤害其他人，就可以不受打扰地行事。道德的去道德化意味着社会的解放。

这些发展往往需要人们付出极大的个人牺牲来要求和争取。19 世纪末，当奥斯卡 · 王尔德宣称“不敢说出名字的爱”是一种无须道歉的崇高精神时，他还是因为“严重猥亵”而被送进监狱。自 1969 年纽约克里斯托弗街石墙旅馆发生骚乱以来，对同性恋的去道德化已经取得了史无前例的成功，尤其是在西方社会。如今，甚至再也无法确定，是不是至少教皇仍然仇视同性恋。

在历史上，男人的同性之爱被视为“鸡奸”而遭到排斥，并在大部分情况下总是受到严厉的惩罚，这几乎是全世界几千年来的传统。因此，非异性恋生活方式被社会接受的速度之快就更加令人吃惊了。在这方面，社会已经取得了相当大的进展，而在种族主义等其他形式的歧视方面，这种进展还没有以这样的速度重现。这可能与同性恋的“水平分布”所导致的相对有利的社会心理条件有关。[56] 肤色作为所谓“种族”社会建构的一个组成部分，在任何时候都是公开可见的，而且是“垂直”分布的，带有很强的遗传性，因此可以作为隔离政策的一个特征。与肤色不同，同性恋则是不加区分地散布在整个社会中的。当越来越多的同性恋者“出柜”的时候，社会上的大多数人就会意识到，在亲朋好友、富人和穷人、右翼和左翼之中，到处都有同性恋者。从统计学上来说，不认识同性恋者是不可能的。

这为他们被完全接受铺平了道路，尽管这一点尚未实现，但总有一天会成为现实。

婚前性行为现在被认为在道德上是中性的，最多只有在其导致性传播疾病和意外怀孕的情况下，才会受到质疑。长期以来，对婚前性行为的污名化具有一定的合理性，因为在有可靠的避孕方法和现代社会的保障措施之前，是不可能保障私生子和他们不幸的母亲即使在婚姻关系之外也能得到最小限度的生存供养的。因此，放荡的名声所产生的威慑力，虽然是一种压制性的手段，但作为一种社会控制有时也是有意义的。这对女性影响尤其大，而在此事中至少参与了一半的父亲们通常只会耸耸肩。

性工作的去道德化也属于这种情况。道德也不会对自然的欲望和渴求让步，它能够注定整整几代人不得不忍受一副愚蠢准则的坚硬外壳："我们这一代人几乎不知道，在世界大战之前，欧洲的卖淫活动曾有过巨大的扩张。如今，城市街道上的妓女就像马路上的马一样罕见，但当时的人行道上到处都是待价而沽的女人，避开她们比找到她们更难。"[57] 斯特凡·茨威格在他的《昨日的世界》中冷静而讽刺地描述了，当"道德的马蹄"[58] 试图无视、压制和禁止人类性行为时可能会产生的意想不到的副作用。

茨威格在读高中时就发现，自然驱动力不能被简单地压制，这一点后来得到了弗洛伊德的证实：它们终究会为自己争取到应有的权利。仿佛可以通过隐瞒食物和病毒的存在来对抗饥饿和疾病一样，19 世纪的人们试图用道德说教来消除，或者至少是否认性欲，尤其是女性的性欲。结果是：根据茨威格的说法，几乎每个年轻人都害怕从“街头流莺”那里染上梅毒，因为治疗梅毒是一桩羞耻、漫长和无效的事情，诊断结果甚至让许多患者立即掏出了左轮手枪。而那些“站街女郎”自己呢？她们几乎总是在恶劣的环境中遭受着更大的痛苦，这不仅意味着贫困、疾病和剥削，而且还使她们无法挽回地受到社会的排斥。

19 世纪末、20 世纪初的欧洲社会将人类无害的倾向和欲望放逐到具有歇斯底里般过度严格道德规范的私人空间中，性行为的拘谨与美德和正派混淆起来，可能造成了持续数十年的社会心理灾难。茨威格以感人的同情报道了他之后那一代青年男女重新定义两性关系的自由和正常——尽管读者已经知道，20 年代道德的慷慨和自由很快就会成为明日黄花。

亚当·斯密认为，在公共场合唱歌是不应该得到报酬的——他将其比作一种“公开卖淫”[59]。这对已经饥肠辘辘的音乐产业来说可不是什么好消息。在西方哲学中，也有反对有偿借贷的悠久传统，亚里士多德和托马斯·阿奎那都将其斥为“高利贷”。当保险公司开始提供第一批死亡保单时，面对人的生命被商品化，人们发出了愤怒的抗议。即使在今天，经济学家们仍然喜欢开玩笑说，丈夫死亡的最佳保险金额是让妻子对其丈夫能否活着下班回家的问题漠不关心的那个数字。在美国，关于堕胎的道德地位的争论远未结束。然而，在几乎所有其他发达国家，堕胎在很大程度上仅仅是一个医学问题，这是由宣传运动推动的，如 1971 年由爱丽丝·施瓦泽发起的著名的“我们堕胎了！”运动。

其他过时的道德观念，如捍卫个人荣誉等，也已不复存在。美国高级政治家之间（可能）最后一次的致命决斗发生在 1804 年。[60] 那天早上，亚历山大·汉密尔顿从曼哈顿出发，跨越哈得孙河，前往西岸新泽西州的威霍肯（亚历山大·汉密尔顿的儿子之前在同一地点的决斗中身亡），在那里与亚伦·伯尔——他的宿敌和当天的挑战者——举行决斗。汉密尔顿在他的副手纳撒尼尔·彭德尔顿的陪同下，可能计划放过他的对手——他的子弹险些击中伯尔，打断了他身后的一根树枝；伯尔的反击则没有那么宽容，子弹击中了汉密尔顿的下腹部，打碎了几根肋骨和他的内脏。次日，汉密尔顿因伤势过重不治身亡。

尽管决斗在绅士之间仍时常流行，是恢复名誉和声望的一种手段，但在当时早已不合法，伯尔不久后就被指控谋杀，但从未进入审判阶段。尽管如此，两人显然都觉得，多年的纷争，无论是出于政治上的还是私人的动机，让他们别无选择。在这种情况下，道德上的“正派”要求，应该把自己的生命交付给偶然性和对手的枪法。

但是，无用的准则又是怎么能够自我繁殖的呢？功能失调的规范不会自行消失，这可能有多种原因。澳大利亚哲学家金·斯泰尔尼用美国军事术语中的一个词来描述这种情况：

SNAFU——situation normal, all fucked up（“情况正常，全搞砸了”）。[61] 在许多情况下，从前确立的规范和禁忌得以继续存在，仅仅是因为社会处于“多数人无知”[62] 的状态。许多家庭宁可违反准则，也不愿意让女儿接受割礼，却误以为只有他们才不愿意。一旦通过教育纠正了这种状况，这种准则就会被削弱。或者，这是一个常见的“先行者”问题——没有人愿意第一个打破普遍遵循的准则。或者，一种准则在很大程度上是有害的或无意义的，但维持它却对强大的精英和特定利益集团有利。[63]

去道德化，即对某些行为的道德中立化，是现代社会生活的自然结果。严格来说，文化保守派对当代价值观衰落的痴迷是有道理的，因为道德准则和价值观正在瓦解、侵蚀、消失。然而——文化保守派的担忧在这里是毫无道理的——这通常是个好消息，因为价值观的去道德化总是等同于社会的自由化和从已成为负担的限制中解放出来。这是不可避免的，因为社会文化的进化创造了新的合作形式。发达社会之所以是多元化的社会，仅仅是由于其成员的数量，而生活的多元化展示了各种所谓的“生活实验”的可能性，这必然会削弱传统准则的权威，因为它从生活实践的角度展示了许多准则最终都是可有可无的。

在许多情况下，相辅相成的挑战不仅在于使错误的东西去道德化，而且在于使正确的东西道德化。道德化首先是一种心理现象。[64] 它并不在于某个人改变了其对某一行为的道德判断，并在此期间对某一行为做出更严格或更谨慎的判断，而是指某一行为首次被视为与道德相关的问题。有时，就像吸烟一样，这是为了减少个人的有害行为；有时，就像消费肉类一样，这是出于直接的道德原因。

道德化一直存在。新鲜的是，有意识地将正确的事情道德化。例如，“飞行羞耻”（Flugscham）的概念就是试图将航空旅行从其理所当然或身份象征的性质中剥离出来，并将其标记为一种破坏性的消费行为，即出于个人方便而破坏地球环境。

当不良的、有害的、不必要的或不合理的准则与价值观被中性化时，道德进步就会发生。这是去道德化过程的核心。但反过来也同样重要，以前被错误地认为在道德上是中性的行为，也可能开始显得有害、冒犯、不公正、歧视或有问题。我们长久以来忽视了什么？我们如何才能最终让它显现出来，而不只是憎恨自己和对方呢？

[ 第七章 ]

# 5 年前：非政治的思考

我们这个时代的道德癖有一些青春期的色彩，

这也意味着，它终将过去。

CHAPTER

—— SEVEN ——

## 洪水过后是烈火？

1965 年是美国结束内战、废除奴隶制一百周年。“百年自由！”这本应得到庆祝，但美国作家、知识分子和民权活动家詹姆斯·鲍德温在谈到庆祝活动时却说：“这个国家庆祝获得自由一百年，但其实这庆祝早了一百年。”[1]

我们很难不同意他的观点。此时，爱默特·提尔入土才十年，他的母亲曾将他的尸体摆放在敞开的棺材里，以谴责对她儿子的私刑处决；斯托梅·德拉维里 1969 年 6 月 28 日在曼哈顿石墙旅馆外向辱骂她的警察挥出的第一拳，此刻也尚未发生。鲍德温担心，在民权运动如潮水般涌来之后，如果作为《效忠宣誓书》（*Pledge of Allegiance*）高潮的“人人享有自由和正义”的诉求不能很快得到令人满意的落实，那么大火终将在某个时刻熊熊燃烧。而在世界其他地区，所谓终结奴役的喜讯也会被过早地宣扬，并被视为玩世不恭和盲目自大。

自那时起，已经又过去了五十多年，现代社会重申了人人享有自由和平等的承诺——任何人都不应该因为血统或肤色的随机差异而居于劣势，任何人都不应该因为性别或宗教信仰而受到歧视、边缘化或被剥夺权利。社会应该具有彻底的**包容性**，欢迎每一个人，给予每一个人平等的机会和幸福，将每一个人从奴役中解放出来，将每一个人从压迫中解放出来，消除对战争和种族灭绝的恐惧。但我们真的成功兑现了这些道德承诺吗？

人们希望逐步废除法律形式的歧视、隔离和边缘化，提高对所有人的基本平等和尊严的认识，再加上自由的社会秩序，最终实现真正的社会、政治和物质上的人人平等，但这一希望尚未实现。当代人感受到了这种挫败感，并在这种挫败感所滋生的急躁情绪中表现出了团结精神。他们正在寻找一种新的方法，一种不再仅仅在自由和机会均等中看到理想成果的方法，以期实现马丁·路德·金当年设想的目标，即不再以肤色来评判一个人，而是只以他们的品格。[2] 相反，他们在强调集体认同和群体归属的特殊性上寻求解决之道，希望最终能够争取到应有的权利、要求或表达其失望。

我们在我们的社会契约中庄严地承诺了社会地位和经济的平等，但同时也同样坚定地承诺了个人自由。第二个承诺确保了第一个承诺永远无法完全兑现。我们当前的文化是自由多元的，因此必须赋予个人异常强大的权利，以抵御多数人和国家工具的侵害。这种自由主义已经融入了现代性的道德-政治基础架构，因此不可能通过严格的国家干预一劳永逸地实现平等的承诺。种族主义和社会不公其实并不难纠正，只需立法规定所有人必须与谁交朋友、在哪里生活、爱谁，并彻底重新分配所有财富。这才符合平等的理想。

这种对私人自主权和财产的极端激进干预在自由主义条件下是不可接受的，因此我们必须在公海上重建现代性之船，却永远无法返回船坞。我们的社会不是建立在画板上的，因此无论好坏都继承了过去的遗产和负担——充满掠夺和歧视、隔离和分层，充满屠杀、私刑和毒气室，充满仇恨、混乱和不稳定。与这一历史遗产相关联的是弱势、边缘化和不平等的结构，几乎没有一种政治解药能与之抗衡。对于这一根本冲突，没有完全和谐的解决方案。或者你知道什么解决方案？难道有人知道？当前的道德危机就是对这种磨难的反应。没有人能够确定，我们能否通过以及如何渡过这场危机。

## 当前的道德危机

“万物都已解体，中心再难维系。”这是威廉·巴特勒·叶芝在他的诗《第二次降临》（*The Second Coming*）中所写的。确实，只有短视的人才能暂时无视最近几年来文化领域快速且剧烈的震荡。

然而，那些脚踏实地的人却注意到，有些事情正在发生，道德热度正在升温。我们的道德词汇已经变得混乱不堪，评判越来越严格，评判者的不宽容也日益加剧。在英语世界里，有这样一个术语：文化战争。在文化战争的战壕里，用愤怒和怨恨将自己武装到牙齿的宿敌们为如何解释我们的现在、如何理解我们的过去以及如何塑造我们的未来而争斗不休。

在当前的讨论中，这场危机在关于“觉醒”（wokeness）的争论中达到了顶峰。20 世纪下半叶，人们试图建立一个包容性的社会，这个社会不会因为道德上任意的特征而剥夺其成员的利益和权利。这一理想至今仍被几乎所有地方所接受，并被认为是有意义的。与此同时，在过去的几十年里，人们对这一理想迟迟没有实现而感到沮丧。自 20 世纪 60 年代中期废除种族隔离法以来，美国黑人和白人享有了形式上的平等和政治权利上的平等。尽管如此，美国白人所拥有的财富仍然明显高于黑人。[3] 在德国，有移民背景的人的财富也只有平均水平的一半。[4] 妇女的收入平均比男性低 20%，要改变这一局面也异常困难。[5]

这些社会不平等现象越来越被认为是不可接受的。但是，当种族主义偏见和性别沙文主义已经大大减少，并在很大程度上受到社会的排斥时，这些问题怎么还会持续存在呢？[6] 在这里，很快就有人怀疑，社会不公正主要不是由于个人的偏见、厌恶和歧视行为造成的，而是靠深深植根于社会之中的总体社会结构来维系的。

为了纠正这些系统性的歧视和隔离，必须首先让人看到它们。“保持觉醒”（Stay woke）成为一句口号，就是保持对压迫和歧视机制的警觉。这些机制是如此根深蒂固，导致它们常常被忽视。有些人认为，觉醒文化是实现公正社会的唯一途径，它能让处于不利地位的少数群体意识到他们被边缘化的现实，从而通过最后的努力战胜它。另一些人则认为，“觉醒”文化是西方文明的终结，从今以后，过度敏感的愤怒修辞家将通过禁止思想和言论来破坏自由社会的基础。

晚期现代性道德矩阵的所有特征都集中在了觉醒文化的现象中：对正义和自由的要求，身份和群体成员资格的意义问题；权力、财产和特权的分配问题，对我们社会的象征性基础结构的争夺，对什么是可以说的进行限制。我甚至犹豫是否要使用“觉醒”这个词——它现在大多被用于讽刺甚至贬损的语境中。最初，这个词是几十年前在非裔美国人社区首次出现的，后来逐渐进入主流社会，它呼吁所有边缘化群体成员及其盟友对种族主义、性别歧视或能力歧视等往往看不见或理所当然的现实保持警惕。几年前，特别是在 2014 年 8 月密苏里州弗格森市发生警察达伦·威尔逊杀害迈克尔·布朗事件之后，这一术语在社会和传统媒体中获得了越来越广泛的关注。[7] 另一方面，批评者则用这一术语嘲笑弱势群体的道德愤怒是歇斯底里地专注于虚伪、肤浅地展示自己的正义，而不是真正的正义。

我们所经历的文化时刻是整个人类历史上形成我们的准则和价值观的各种机制和因素综合作用的结果。哪些要求、主张和关注是合理的，哪些是不合理的？如何解读这些对立方法的道德语法？善恶历史的哪些要素正在重新组合？

## 觉醒文化的起源

如果不是“9 · 11”恐怖袭击事件和2008年金融危机将知识界的注意力与全球恐怖主义和金融市场的危机波动联系在一起，清算的时刻很可能会来得更早。即使没有这些事件，类似的发展在某些时候也是不可避免的，因为互联网的颠覆性力量迟早会将种族主义和性别歧视问题提上时代精神的议程。

在21世纪最初十年的博客圈，最初的焦点仍然集中在敌对宗教之间的分裂造成的影响上。[8] 除了键盘之外一无所有的极客们很早就把互联网当成了自己的新家，他们很快就开始宣称宗教世界观（尤其是美国福音派）的愚昧教条在智力上无法满足那些始终掌握真理的人的清醒主权，以此来证明自己深思熟虑、超然物外的理性。他们花费时间发明了一些伪宗教，比如“飞天意面神教”，以戏仿的方式推翻传统宗教中最富传奇色彩的故事，如果这还无济于事，他们还会以两个学期学过的知识向信教的基督徒或穆斯林解释为什么圣母受孕本身是不可能以这种方式发生的。这一策略没有奏效，任何人应该都不会感到惊讶。

参与这场讨论的女性很快就发现，那些很少见光的书呆子在网络论坛上的调情尝试通常相当笨拙。当她们以不感兴趣或拒绝的方式回应时，和平就不复存在了，气氛往往朝着公开的厌女症方向发展。这让女性知识分子更加敏锐地意识到，女性每天都要面对这个有毒的、入侵性的世界。

但总有一天，人们会发现，歧视其实是**交叉性**的：[9]劣势汇集、交叉、放大，尽管女性也有自己的负担要背，但与黑人、女同性恋、残疾和贫困女性不得不忍受的边缘化形式相比，她们的苦难往往显得不那么重要。女性主义之外的社会不公正问题日益成为人们关注的焦点。一些新的社会运动，如“黑人的命也是命”运动，在不断得到报道的警察暴力和虐待案件的推动下，开始将社会批判的焦点转向有色人种所遭受的种种苦难上。

## 觉　醒

觉醒运动也发端于西方霸主美国。北美再次成为西方文化的灯塔和危机的先锋，在这里，构成当前社会和思想景观的断裂与错位在一种特别恶毒的歇斯底里的压力下以最激烈的方式出现。

觉醒文化被其批评者描述为终极灯塔，标志着自由与法治黄金时代的最终消亡。实际上，努力寻找并消除我们文化、语言和思想壁橱中象征性的骷髅并不是什么新鲜事，它只是人们已经熟悉的政治正确的幽灵，正困扰着现代社会，从而为记者和作家提供了生计。

政治正确的问题和任务依然摆在我们面前：现代社会越发达，改变就越困难，社会就越笨重、越不愿意被控制。只要这种情况继续存在（而且有很多迹象表明这种情况会持续很长一段时间），社会不公就会越来越难以通过政治手段加以纠正。然而，似乎有足够的财富只要动动手指，就能轻松解决这些问题。这到底是怎么回事？是什么阴险的家伙如此无情地破坏社会进步？是什么阻止了沉默的大多数走向街垒？

无法仅仅通过动动手指实现公正，这种无力感让人们在某些时候不由自主地要去改变那些与顽固的机制、根深蒂固的习惯和迟钝懒散的基础信念不同的相对容易改革的事物。对于城市精英来说，这一需要改革的事物是我们的语言。正如每个学习罗曼语言文学的学生在第一学期都会学到的那样，语言塑造了思想，如果没有人拿起干草叉来面对我们周围令人发指的不公正现象，我们肯定会被有害的意识形态思维模式所束缚。我们有责任为苍蝇指明逃出玻璃罐的出口。此外，还有文化工业那迷人、麻木和安慰性的麻醉剂，将多数人催眠般地固守在消极怠惰的不作为之中。[10] 从现在起，社会的象征性上层建筑就成了受过良好教育的文化战士的首要任务。[11] 从这里开始，距离鸟类名称是否具有种族主义的争论就不远了，就好像鸟类学命名问题真的是一个生死攸关的问题一样。[12]

这种语言符号的转变加速了，因为社会不公往往首先在热衷创新的学术环境中被发现，在这里，没有什么比成为一种新的社会病症的命名者更有声望的了。[13] 这些圈子凭借其专业优势，特别容易引入和使用古怪的新术语，然后以道德关怀的名义要求其他人也使用这些新词，即使他们常常发现采用新术语很困难。并不是每个人都经常在纽约大学的走廊里闲逛，总能随时掌握最新的道德词汇。

这不可避免地会导致两极分化，一部分人越来越强烈地要求遵守新的语言规则，而另一部分人则越来越觉得受到了新规则的蔑视和谴责。与此同时，下一代人已经部分解决了这一问题，他们吸收了文化精英的语言规范作为自己的道德母语。但对于这一代人来说，这种现象在下一个周期又会重演。政治正确，或者说“觉醒”文化，既是道德进步不可替代的推动力，也是（对大多数人而言）根深蒂固的烦恼。能够完全和解的——最终的——解决方案还遥遥无期。

对社会正义的强烈要求对那些与社会脱节的精英尤其具有吸引力，他们欢迎进步术语对社会造成的不稳定影响，将其作为表达对自身地位失望的一个受欢迎的出口。有时，一个社会会因人口结构原因而经历精英生产过剩的时期。[14] 一大批受过高等教育、智力全副武装的年轻人被父母的殷切期望压垮，他们满怀希望，带着耀眼的大学文凭进入成人世界，却发现隧道尽头的曙光来自迎面驶来的火车，而非爆裂的宝箱。在这个必须证明自己的仓鼠轮上，残酷的竞争从未停止过，因为其他人都受过同样良好的教育，而“显赫的大学学位可以顺利转化为六位数的薪水”这一隐含的保证已被事实证明是一种严重的夸张。附带高声望的好工作数量是有限的，大多数人难免空手而归。在某种程度上，这会让人觉得这个社会从根本上出了问题；但“尽管有最好的先决条件，我却未能取得我所希望的成功，因此我被嫉妒和怨恨吞噬”并不特别适合作为唤起团结和同情的政治口号。因此，最好的办法是宣布自己是受压迫者的代言人，代替他们——当然绝不是为了自己的利益——喊出要求彻底重组社会的颠覆性口号。如果作为附带收益，编辑部或律师事务所那个令人垂涎的职位的竞争者因为没有及时在自己的推特简历中添加所需的代词而让自己被淘汰，那就更好了。在富裕的白人中，这种情况最终演变成了一种心理剧，那些对现有的社会不公无法感到足够多的愧疚的人，那些宁愿少关注这些不公而希望继续不受干扰地生活的人，与一小部分支持这种或那种说法的黑人知识分子相互对立。[15] 与此同时，社会弱势群体的物质状况却并没有任何改变。

从保守派的角度来看，这些现象都是典型的自由主义万事通的症状，人们不得不将其斥为左翼势力潜在的极权主义道德控制的表现。虽然这是一种巧妙的公关策略，但它与现实无关。保守派主流一直有其自己的政治正确形式，从美国的“支持我们的军队”，到英国的“国殇罂粟花”，再到德国必须承认民主德国是一个“不公正国家”的口号。不同之处在于，这些形式的身份政治与建制派的利益和意识形态相一致，因此被视为正常的、健康的、理所应当的。

身份政治的概念最早是由康比河公社（Combahee River Collective）于 1977 年提出的，这是一个由黑人、社会主义者和女性主义活动家组成的公社，致力于实现社会正义。[16] 但是，代表边缘化群体、被剥夺权利者和贫困者的身份政治几乎总是被描绘成反传统的煽动，需要在左翼邋遢鬼没收街角鞋匠的鞋楦并警告他停止殴打妻子之前将其扼杀在萌芽状态。我们最终会走向何方？共产主义的出现就是在一切都被打得粉碎的时候，这就是——正如我们从库尔特·图霍尔斯基那时就知道的[17]——资产阶级的固定观念之一。

觉醒文化的敌人犯了一个普遍存在的错误，那就是将现有趋势推演到无限大。人们几乎总是把当前形式的觉醒计划对我们社会的影响，与如果无限期地推行和无间断地实施觉醒计划会产生什么影响的问题混为一谈。无论这是不是一件好事，它都不会发生。觉醒文化将继续存在，但只是以一种弱化和驯服的形式存在；它将在某一时刻成为某种地方特色，并在这一过程中改变其形态。

最终的结局将是这样的：首先，"觉醒"文化将被资本主义和精英统治稀释和吸收——正如1968年的一代人曾经呼吁终结"猪猡制度"，最终却成为其更具另类思想的帮凶一样。"觉醒"也将进入董事会、出版社、电影厂和议会的密室，在那里，它将继续存在，但也将被中和，被剥夺其最激进的表现形式。[18]因此，人们所担心/所渴望的西方的终结不会发生。相反，我们将有更多的女性担任领导职务，亚洲人和跨性别者将扮演更多的领导角色。这些都是早就应当取得的良好进展。[19]

其次，"觉醒"运动是西方文化的重要输出。[20]在这方面，政治正确性的影响也将在很大程度上是有益的。归根结底，在耶鲁大学、剑桥大学和洪堡大学的理论研讨会上倡导哪些激进思想并不那么重要。但是，如果觉醒运动有助于人们了解比利时的殖民历史，有助于加强阿拉伯国家妇女的权利，那么它就已经远远超越了自己的目的。

## 保持觉醒

觉醒文化为何如此遭人憎恨？或许，这一现象从一开始就遭到社会中大部分人的强烈反对，这是由两个因素共同造成的。一方面是追求社会正义的觉醒计划所引发的道德狂怒。社会中的大多数人并不认为自己是种族主义者（请注意，这往往是错误的），他们对与种族主义社会结构同流合污的指控反应过敏。有人认为，种族主义要么无法根除，要么只能通过永久的道歉和深刻的反省来治疗，如果它确实存在的话。

另一方面，前文提到的一种怀疑认为，政治正确的议程归根结底是自作聪明的大学毕业生们的精英计划，他们不断想出新的语言噱头，一是表明自己属于道德先锋，自认为站在历史正确的那一边，二是当他们用廉价的标签赢得政治上的惨烈胜利时，又表现得虚伪而自以为是，尽管最终都只是为了个人地位的提高。简言之，没有人愿意被（假定的）伪君子谴责。

20 世纪试图通过制度性预防的逻辑和对不合理禁忌的去道德化来消除群体思维的危害，从而扩大道德的范围。为了完成这一态势，从现在起，隐蔽的不公正结构将被**道德化**，以使其为人可见并予以消除。

与许多包容性道德运动一样，“觉醒”文化的基本悖论在于，其所依据的准则和价值观与其试图批判、摒弃或超越的社会经济环境密不可分。保护少数群体、渴望社会公正、要求平等、反歧视和反种族主义是西方罕见社会（Seltsame Gesellschaften）特有的理想。歧视、剥削、征服、种族灭绝和不平等（超越了简单的史前部落社会）却是历史和当代的**常态**。“觉醒”文化的悖论在于，在其最极端的表现形式中，在道德过敏症的推动下，它开始排斥唯一一种曾做出不完美但至少是认真的尝试来克服其被正确诊断为道德缺陷的社会形式。在其边缘，“觉醒”文化成为一种自身免疫性疾病，对道德进步的渴望本身是可取的，却开始质疑这种渴望最初产生的基础。

那些断然拒绝“觉醒”文化和政治正确的人，犯了一个与上述互补的错误。反觉醒运动的基本悖论在于，他们把那些坚持全面、彻底地贯彻构成了西方文明的价值观和准则的人视为西方文明的敌人。毫无疑问，包容性运动的道德**目标**是好的、正确的。每个人都应该同意，在现代社会中，种族、肤色、性取向、身体状况或社会背景不应该影响一个人的命运。唯一的分歧在于实现这些目标的**手段**。这里存在着有理性的人之间握手言和的巨大潜力，而这一点迄今为止尚未实现。

“觉醒”文化的支持者低估了这一点，就像其他任何以社会政治进步为名的社会运动一样，“觉醒”文化也会遇到策略性问题——觉醒的词汇一旦被允许使用，就会被有问题的行为者采用，并容易被搭便车者利用，他们会伪造道德敏感性的外衣来掩盖客观上有害的行为。“漂粉”（pinkwashing）或“漂绿”（greenwashing）等术语表明，当业务遍及全球的石油公司试图通过雇用50%的同性恋董事会成员（“漂粉”）、在推特上发布#TimesUp（“时间到了”）以及在这里或那里种植几棵树（“漂绿”）来弥补其破坏性的环境记录时，我们不要被他们愚弄了。[21] 正如上文所说过的，社会精英几乎总能找到一种方法，将新运动工具化，以达到他们自己的目的，而激进的时尚并不是自作曲家伦纳德·伯恩斯坦在他位于公园大道895号楼顶的14个房间的阁楼上为黑豹党发起筹款活动以来才出现的。[22]

包容有其自身的辩证法。每一种制度、每一种新的话语、每一种创新的社会实践，都会为那些发出正确的道德信号，但实际追求的目标并不高尚的人创造新的生态环境。因此，当平等和身份认同的包容性词汇被事实上的反包容性运动利用时，解放运动就会产生自己的反作用力。性受挫的非自愿独身者（involuntary celibates，即不情愿地过着单身生活的年轻男性）或男权活动家在试图主张可强制执行的性关注权时，会使用再分配和边缘化的语言，因为他们声称害羞或缺乏吸引力的人受到了不公平的歧视。残疾人不应受到歧视，但那些腼腆的年轻人又该如何呢？谁愿意倾听他们的烦恼和需求？

年轻人希望获得的性行为数量与他们实际获得的数量之间存在差距，这是世界上最平常的事情。但随着社交媒体的普及，这一事实产生了超乎想象的社会爆炸力。即使在过去，绝大多数锅盖在找到一个可以让它们感到合理满意的锅之前，也不得不忍受或多或少的长时间等待。但是，每个男人都必须以某种方式独自面对这个问题。到了互联网时代，情况就完全不同了。性受挫的青少年聚集在论坛上向他人抱怨他们的处境。他们突然意识到：我并不孤单——我们有数百万人！我们是新的被压迫的少数群体，没有人关心我们！他们开始臆想一个阴谋：一些性生活特别成功的男人（所谓的Chads）垄断了少数性欲特别旺盛的女性（所谓的Stacys）。在他们看来，大多数男人因此注定永远无法得到性福。右翼保守主义的心理核心始终是性受挫者的怨恨，因此，解决方案似乎很明确：必须让这些肮脏的"娼妓"了解古老又良好的父权制的好处，现在是时候回归父权制了。

2010年左右，理查德·斯宾塞创立了"另类右翼"（Alt-Right）运动，试图重新树立"白人至上"的观念。"另类右翼"运动很快就提出了一个问题：黑人之间特别团结，特别强调黑人文化身份，这为什么是可取的？而对欧洲后裔的美国白人的民族身份进行类似的反思却不是同样可取的？这里似乎存在双重标准：非裔美国人社区可以颂扬其特殊的价值观和特质，为什么"我们"就不可以呢？这些都是打着平等的幌子煽动种族主义或性别歧视的狡猾策略，斯宾塞因此遭受了语言上和实际中的双重殴打。[23]

什么是右翼逆反应所带来的真正严重的问题，什么不是？[24]

青少年最喜欢的就是挑衅，某些时候为达到目的，他们几乎可以采取任何手段。我的叛逆武器库逐渐清空之后，我还能做些什么？我那当过嬉皮士的父母不再对毒品和婚前性行为有意见了。下一步往往是纳粹党徽、粗暴的厌女症和对谋杀的幻想。其中的大部分内容本来就带有讽刺意味，或者说是“元讽刺”（metaironisch），所以讽刺意味恰恰在于让人搞不清楚哪些是真正的讽刺，哪些不是。不幸的是，一些刚刚互相眨了眨眼睛、开了个玩笑的人却忘了：你必须小心你所假装的人，因为最终你会变成你所假装的人。他们摆脱了讽刺的姿态，变成了真正的纳粹分子或真正的厌女者（往往两者兼而有之）。

几乎每一个社会团体，无论属于右翼还是左翼，都必须面对极端主义膨胀的问题。一个群体的意识形态会被那些持有该意识形态最极端版本的人主导。一段时间后，这种极端版本就会成为新的正统。那些想要首先加入该团体或在圈子内发展的人必须表现得对事业特别忠诚，而这通常意味着允许这种激进导向的进化循环并进一步升级。你很快就会发现自己身处一群坚定地宣称金正恩可以心灵传导或“元首”永远正确的人之中。没有人相信这些无稽之谈，也没有人相信其他人会相信。意识形态极端主义成为一个昂贵的信号，它通过烧毁通向常识的桥梁来建立信任。这种现象在各个政治派别中都有。一些人最终会否认气候变化，另一些人会否认接种疫苗有效，还有人相信一群犹太人阴谋控制着全世界的经济。每一场社会运动都必须找到解决方案，来对付被它吸引的庸医、江湖骗子、白痴和精神错乱者。

每个社会中都有从不公正中受益和受损的人。减少这种社会不公仍然是现代性的核心努力之一。只要做出了这种努力，就总会出现这种努力被利用的情况。当边缘化群体的成员得到特殊支持或受到特别关注时，就会产生一部分人夸大或直接捏造自己的受害者身份的动机。其结果就是某种社会性的孟乔森综合征：[25] 蕾切尔·多莱扎尔化名恩凯奇·阿马雷·迪亚洛，是一名来自美国蒙大拿州的女性，她是中欧裔白人，有着浅色的眼睛，多年来一直假扮成非裔活动家；杰西卡·克鲁格是一名来自美国堪萨斯州的犹太裔白人女性，她以“杰西·拉·邦巴莱拉”的身份反对东哈莱姆区的中产阶级化，或者用当地人口较多的西班牙语裔的习惯用语称她为：el Barrio。这种情况极为罕见，但它们很可能会削弱人们对觉醒运动包容性目标的信心。当然，大多数宣称自己受到压迫的人并不是谎话精、骗子或精神状态不稳定的人。但每一种新的社会实践都会产生新的激励结构和新的社会环境，而这些结构和环境有时会被滥用。

这种激励结构也解释了，为什么我们的道德词汇会受到语义变化的影响，从而逐渐丧失了准确性。像“暴力”“创伤”或“虐待”这样的词具有巨大的影响力。一个声称受到创伤或遭受暴力的人提出了强烈的道德谴责，并要求别人倾听他的声音，认真对待他受到的伤害。这种诱惑是巨大的（无论这种诱惑是多么无意识地发生的），即使是在边缘情况下，也要从这些词语的惊人力量中获益。在心理学中，这被称为概念蠕变

( concept creep )，即某些概念的含义逐渐发生转变。[26]那些想把自己描绘成特别敏感、在道德上绝不妥协的人很快就会声称，自己的“创伤”是被奥维德《变形记》中的性侵场景“触发”的。这种暴露自己脆弱性的倾向并不是一种好的发展；创伤应该被克服和处理，而不是被培养和放大。[27]

道德范畴中的语义界限的延伸蕴含着一种不自由的潜能，理所当然地让“觉醒”的批评者感到紧张，他们的支持者应该承认这一点。[28]自由社会的特点是，存在一种对自由的假定：没有被禁止的，就是被允许的；如果要禁止，就要给出充分的理由；个体的自由只有在需要保护第三方的情况下才可以受到限制。[29]因此，暴力行为是被禁止的（自卫除外），侮辱性言论则不在禁止之列（除少数例外），因为单纯的言语可能会伤到他人，但不会对任何人造成真正的伤害。由此产生了严格的言论自由准则。然而，一旦“伤害”等术语的语义界限被弱化，导致发表某些口头言论也被视为“暴力”，那么对言论自由进行广泛的限制就有了正当理由。否认跨性别女性是“真正的”女性可能是错误的，也可能会造成伤害。但是，要认为这种说法确实是一种超越言论自由限制的**暴力**，这就是一种危险的想法了。

“传播引起概念变化”[30]的现象进一步强化了这种发展，因为某件事情越是罕见，我们见到它的次数就越多。直到最近，“侵犯”一词还专指公然的身体或言语上的威胁和攻击；一个社会越是和平、温驯和合作，“真正的”侵犯的客观发生频率就会越低，从而导致我们将“侵犯”标签贴给更温和的事件。这里就有一个“狼来了”的案例：无论是谁，如果他总喊“狼来了！”（即使根本没有狼），那么当狼真的露出獠牙时，这个人就再也不能指望获得帮助了。因此，我们应该小心，不要过多地使用道德分量很重的词语，因为不管是谁，只要过于频繁地借用这些词语的警示力量，迟早会让它们的这种力量完全耗尽。

于是出现了一种矛盾的态势：一方面，我们的道德标准理应变得更加严格，我们对伤害行为的容忍度理应降低；另一方面，过度宽松地使用道德色彩浓厚的词语又会招致指责，说我们面对的是一群情感不成熟的“雪花”，他们最好振作起来，而不是总感受到攻击，一碰就碎。

很难明确可以说和不可以说的界限在哪里。如果能将歧视性的表达方式列入社会文化指数，从而将其从礼貌社会中剔除出去，达到消除歧视的目的，那当然是件令人愉快的事。遗憾的是，除非赋予这些表达以歧视含义和情感力量的态度也发生改变，否则似乎是行不通的。当一种有问题的表达方式被一种新的、起初看似没有问题的表达方式取代——比如“外国人”被“有移民背景的人”取代——新的表达方式往往很快就会带有与旧的表达方式相同的贬损性内涵，而消除这种内涵正是让它取代旧的表达方式的初衷。因此，语言改革的建议往往只是停留在表面的“委婉措辞”上。[31]

许多词语本身就具有攻击性、排斥性或非人化的语义。乌尔里克·迈因霍夫曾明确表示，她认为警察是“猪”而不是

“人”，“犹太佬”、“基佬”、“残废”、“杂种”、“废物”、“流浪汉”或“婊子”也都带有无可救药的贬损性内核。在我的童年时代，“黑鬼”（Neger）这个词还比较常见。好在这种情况已不复存在了。对这个词进行语言历史修复的尝试指出，“niger”的本意只是“黑色”，但这从来都不能令人信服。“笨蛋”（Idiotes）曾经的意思是“私人”，然而大多数喜欢使用N字头词的人可能会因为被称为“笨蛋”而感到冒犯，尽管可以说这是一种所谓价值中立的称呼方式。一个词的词源并不能决定它今天的含义。

除了像BIPoC（Black, Indigenous, and People of Color，黑人、土著和有色人种）这样从一开始就追求进步目标的善意的新造词之外，再也没有一个单独的词来指代黑皮肤的人了，这是一个明显的进步。但是，如果只是说了一个冒犯性、歧视性或不人道的词，情况又会怎样呢？年轻的说唱乐迷是否必须对一些冒犯性歌词的段落含糊带过？对于《乱世佳人》或《被解放的姜戈》这样的电影中不断提到的黑人（negroes）等内容，我们又该做何反应？

哲学家喜欢区分一个词的**使用**（Gebrauch）和**提及**（Erwähnung）。“Saturn”（土星）包含六个字母，但土星上根本没有字母，因为它是由元素而不是字母组成的。在第一种情况下，这个词被“谈及”；在第二种情况下，它被“使用”。就土星这个例子而言，这不会给我们造成任何困难，但当涉及我们的人类同胞时，情况很快就会变得不一样了。仅仅提及歧视性词语而不去使用它们，也会有问题吗？使用和提及之间的区别有时会被打破吗？

作为一个拥有符号系统的物种，人类有能力为世界的某些部分赋予意义。有时这种意义是负面的，有些负面意义变得如此强烈，所以成为禁忌。禁忌是神圣事物带有亵渎意味的表亲；它们虽然没有神明反对，但同样带有不可触碰的语义。在美国，人们现在几乎不再直接说出这个词，而是代之以“N字头的词”来表现其禁忌意味。《纽约时报》最近发表了一篇文章，哥伦比亚大学的一位（黑人）语言学家在文中讨论了这一禁忌的历史渊源，《纽约时报》不得不在文章后面附上一篇特别的短文，解释他们为什么决定不加删改地刊登这个恶毒的词。[32]

但是，此类禁忌可能会产生意想不到的后果。它们非但不能消除某种表达方式的伤害性影响，反而会赋予其新的力量，进一步巩固其情感冲击力。是有人真的**使用**了“黑鬼”这个词，还是通过说“你不应该使用‘黑鬼’这个词”来批评别人使用了这个词，这两者之间的差别是巨大的，这一点其实每个人都知道——尽管在发表这样的言论时你必须提到这个冒犯性的词本身。后者通常在道德上没有异议，而前者在道德上却是错误的。[33] 不然还能怎么办呢？“你不应该使用‘N字头的词’”这句话是错误的，因为要避免使用的是这个词本身，而不是委婉表达。

关于“N字头的词”的争论是一个特别明显的例子，它体现了“觉醒”文化充满矛盾的象征策略，即试图通过对语言的干预来强制实现社会正义。克服贬损性词语中隐含的排斥是一个值得称赞且颇有成效的项目。但是考虑下面这个著名白人的例子，美国的歌手兼创作者约翰·梅尔，他在2010年一次臭名昭著的访谈中，用一种不可避免的距离来计算他在音乐上与非裔美国社区的关系，他称这种距离在于，一个从未被餐厅拒之门外的人，永远不可能真正拥有“n*****通行证”（即白人被破例赋予特权，可以使用一个原本只属于黑人群体的词汇），这种表述人们又该如何应对呢？[34]

正如《侏罗纪公园》中的伊恩·马尔科姆博士曾经说过的那样，生活总能找到办法。事实上，下一代已经能够区分以“强硬的R”结尾的明显带有种族主义色彩的“N”字变体，以及朋友之间用来开玩笑的随意而具有招惹性的“nigga”。被边缘化的群体并非由被动的受害者组成，而是由自主的、富有创造力的个体组成的，他们可以重新使用含有贬义的词语，并消除其中的贬义，例如跛子群体，在这个群体中，残疾人自觉地以带有讽刺意味的方式将“跛子”一词用来自称。

在“觉醒文化待办事项清单”中，最前面的许多担忧都是合理且重要的：对妇女和移民、残疾人或穷人的歧视是可耻且不合理的。现代社会必须继续努力，使这些问题有一天能成为过去。与此同时，社会正义活动家的道德优先事项有时则令人惊讶。据现行的《精神疾病诊断与统计手册（第五版）》（DSM–V）估计，性别不安（Gender-Dysphorie）——即一个人的性别认同与其生理性别不匹配——的发病率占总人口的 0.014%。每个跨性别者都应该能够自由地、不受压迫和歧视地生活。然而，这并不能改变这样一个事实，即从整个社会的角度来看，与跨性别者打交道产生的问题很小。这种现象就是极为罕见。

与性别不安者相对立一方的道德恐慌更令人难以理解。性别不安是一种罕见的但真实存在的现象，执意坚持生理现实决定了谁是女人、谁是男人，对于理解这种现象或培养社会正确对待跨性别者的方式都是毫无帮助的。这或许可以与养父母的法律和社会地位类比：[35] 养父母是被收养子女的真正父母，如果一有机会就强调他们并非生物学上的"真正的"父母，那将是一种不尊重他们、给他们带来伤害同时也不必要的做法。在某些情况下，这种提法可能是合理的，例如在涉及器官捐赠或遗传性疾病诊断等医疗干预时。但如果一再怀疑一大群遭受过性侵犯的跨性别者正等着借助新身份的掩护，在女更衣室里寻找无助的受害者，则是荒谬的，这也是一种跨性别者恐惧症（即使这也可能在个别情况下发生）。有一点千万不要搞错：右翼保守派工具箱中最流行、最有效的工具一直都是通过巧妙地制造性变态恶棍的恐慌来煽动人们恐惧新事物和未知事物，从而为其自己的倒退政策赢得支持。

进步主义项目的道德优先事项有时令人难以理解，这并不是"觉醒"运动特有的问题。所有政治运动和政党都是如此。在美国，心脏病和癌症每年分别导致 50 万人死亡；肾病每年也会导致 5 万人死亡——这些数字惊人，但没有任何政党、报纸或社会活动团体会以人们所期望的紧迫感来谈论这个问题。[36] 这与政治话语的普遍病态有关。各政党和社会运动关注的重点不是那些事关全局的问题，而是那些能赢得犹豫不决的选民的支持、让对手难堪的问题。"分裂话题"[37] 如果不是不重要，也几乎总是**相对**不重要的。肾衰竭是一个重大问题这一事实并不具有足够的争议性，因此无法利用这一问题来赢得相对于政治对手的优势。这也促使政治话语转向象征性-文化性的话语。在某些时候，比如当曼哈顿的道尔顿私立学校的课程用批判种族理论来取代塞万提斯时，它就成了当下最主要的政治议题，尽管它对绝大多数人的生活没有丝毫影响。[38]

## 曾经的种族主义及其回归

古典自由主义仍然相信，时间会治愈我们的伤口。一旦我们赋予每个人平等的权利，建立起公正、平等地对待每个人的程序，对正义的渴望就会自然而然地实现。"觉醒"运动的活动家们正确地指出，有时事情并非如此简单：即使把中立的程序、平等的权利和个人自由强加给现有的社会不平等现象，也无法消除它们。在激进自由的条件下，极端的不公正也会长期存在。

那么，为什么不彻底放弃中立的幻想呢？在某种程度上，强调集体性的群体身份以直接表达这些群体的不满会取得更大的成功。白人被提醒他们不可避免的白人身份以及与之相关的“白人特权”。有色人种被呼吁与他们的兄弟姐妹团结一致，最终将自己视为一个“部落”[39]，以便能够拆除种族主义结构，用自己的苦难换取政治通货。在“觉醒”运动的圈子里，人们普遍承认“种族”是一种没有科学依据的社会建构，但与此同时，这种社会建构却以一种异常强烈的方式得到了强调和突出，这是一种具有讽刺意味的历史转折。[40] 在**某种程度**上，可以把日常用语中对不同种族出身的人（黑人、白人、亚洲人）的分类映射到具有共同历史的、可通过人口遗传学识别的群体上。[41] 但这种分类仍然非常粗略。较新的概念，如BIPoC，往往从一开始就明确地根据系统性歧视和边缘化的受害者的身份对群体进行分类。

过分强调“种族”类别实际上已被认为是过时的，这让许多人感到紧张。谁会认为，不断提醒白人他们是白人是个好主意？要求白人打着自己是**白人**的旗号表示团结，即使这样做是为了集体道歉和颂扬进步，谁又会觉得这样是进步的和治愈的呢？[42] 坚持“种族”分类以打击种族主义这种看似矛盾的倾向，让人想起喜剧演员乔治·卡林的见解：为和平而战就像为贞操而性交一样荒谬。不幸的是，这种倾向深深地扎根于“觉醒”运动的议程之中，因为如果对边缘化的受害者来说，“觉醒”意味着对自身遭受歧视的现实保持警惕，那么对歧视的受益者和实施者来说，“觉醒”则意味着承认自己的群体特权，并将自己视为“白人至上”的永久帮凶。

社会特权与不公正和歧视一样，是有交叉性的。那些因为也存在社会经济地位比较低的白人就认为“白人”特权一词具有误导性的人，忘记了这一洞见：有些白人地位较低，这当然不错，但根本说明不了什么，因为特权只适用于ceteris paribus，即在其他条件相同的情况下进行比较。白人享有特权这一事实并不意味着每个白人都过得比每个非白人要好。据说，在其他方面类似的两个人，白人会由于其特权而以稍微容易的水平参与生存竞争。[43]

与此同时，一种独立的文化批评流派已经形成，它揭示了“白人”或“纯德国人”对种族主义问题的不情愿反应。[44]罗宾·迪安吉洛等活动家和顾问举办了一些研讨会，探讨白人如何降低对于从现有“白人至上”结构中获益的敏感度，从而克服他们的“白人脆弱性”。至少可以说，这也是一个矛盾的问题：一旦掌握了这种词汇，就很难将对种族主义指控的合理反对与不愿意承认现代社会遗留下来的问题区分开来。那些否认自己有种族主义偏见的人很快就会掉进一个“卡夫卡陷阱”，在其中，对指控的否认就成了指控本身合理的表现。许多人不喜欢被称为不公正的帮凶，并对此做出防御性反应；在这种情况下，人们往往更愿意进行自我批评。但并不是每次有人否认自己是种族主义结构的受益者，都是白人超敏感性的表现。

随着罕见社会的出现，有一种观点认为，政治共同体不能再被理解为传统的等级制度和一成不变的亲属关系网络，而应被理解为共同体内所有成员都可以作为自由平等的签署人而签订的社会契约。但是，考虑到现实中持续存在的种族主义、性别歧视和能力歧视，这种想法显得陈旧而虚伪。如果黑人或女性从未被纳入这份“契约”呢？如果我们的社会契约实际上一直是一个“种族契约”，其中白人男性同意从非白人、非男性的痛苦和剥削中获益，又当如何应对呢？[45]

批判种族理论[46]试图使这些意识形态模式清晰可见：自从废除奴隶制和官方种族隔离制度以来，种族歧视可能已经变得不那么残酷了，但在某些方面，它只是改变了形式，变得更加微妙、更加非官方、更具毒性。曾经，欧洲白人的奸诈阴谋在佐治亚州棉花田里奴隶监工的鞭打、密西西比州的私刑和亚拉巴马州的隔离饮水机中暴露无遗。但是，这种根深蒂固的种族主义后遗症在怀旧的修正主义者的痛苦内心和歧视性住房政策的法规中依然存在。例如，美国的“红线”政策在很长一段时间内确保了非裔美国人只能在不利的条件下和在社会地位较差的地区购买住宅房产——这是私人财富最重要的形式，也是获得社会保障的主要途径之一。禁毒战争与美国法律体系的其他结构性病症相结合，导致了世界上独一无二的监禁率，黑人男性尤其深受其害。[47]

这意味着很多群体只能拿着带有标记的卡牌坐在社会这张牌桌前。这些结构性歧视催生了这样的要求，即当前社会仍然亏欠那些被推到边缘的人，应当对过去传承下来的不公正现象做出某种形式的补偿。[48]最年轻的一代只是继承了这些结构性歧视，并没有意识到任何罪恶感，他们质问为什么要为并非自己的意愿，也不是自己造成的事情承担责任。因此，在某些时候，各方都会感觉处于不利地位和受到了不公正的谴责。事实上，系统性的种族主义深深地融入了我们的社会，这使得它在道德上变得尤为复杂。但是，当种族主义无所不在时，我们就无法绕过它，也无法置身事外。这很快就造成了对情况的过度简化：要么你反对种族主义并积极与歧视性结构做斗争，要么你不反对种族主义——那么你就是种族主义者。单纯地非种族主义在这里并不是一个选项。[49]

人们怀疑，多数人社会对少数群体、弱势群体和另类生活方式的敌意，已经从官方的社会主流（其中种族主义攻击、性别歧视和能力歧视是可以登大雅之堂的）转移到了集体无意识中。我们的偏见并没有消失，而是变得**心照不宣**，只在个人的自动直觉反应和判断中显露出来，我们很难对其进行主观追踪。因此，自 20 世纪 90 年代末以来，旨在使这些无意识态度显性化的心理测试越来越受欢迎。最著名的是由马扎林·贝纳基和安东尼·格林沃尔德开发的哈佛内隐联想测试（IAT）。[50]这一测试现在任何人都可以在家中线上进行，[51]其设计的目的是表明，即使一个人没有注意到甚至有意识地拒绝一些负面态度，它们也可能存在。它基于这样一种观点，即歧视性态度存在于我们对社会群体和具有负面含义的物体或事实之间的内隐联想中。该测试测量的是将正面或负面含义的词语与白人或黑人、胖子或瘦子、戴头巾或不戴头巾者的形象联系起来所需的相对反应时间。如果发现有人将枪支或老鼠的形象与黑人的面孔联系起来的反应稍快，这可能会令人不快和不安。然而，这类测试的科学性越来越受到质疑，近年来尤其如此，因为它们既不是特别**有效**，也不是特别**可靠**。[52] 哈佛IAT首先测量的是反应时间，而这些反应时间是否与真实的**偏见**一致还是很不清楚；此外，重复测试得到的结果往往会有很大的不同。与总是产生基本相同的测量结果的卷尺不同，内隐联想测试的结果可能在几分钟、几小时或几天内完全改变。最后，这项测试的预测能力极低：IAT的特定分数几乎无法说明一个人在现实生活中会有怎样的歧视行为。隐性偏见很可能确实存在。但是，要使这些偏见可以测量从而可以纠正，仍然非常复杂。

对种族主义结构的强调，往往与为解决问题而提出的办法和解决方案相矛盾：有人坚持认为，对种族主义–性别歧视做法的批判与人们的思想和内心世界无关，因为是系统性因素造成了少数群体的边缘化。然而，我们遇到的疗法和改革建议往往针对的是个人的心理态度和习惯，要求他们更深入地思考，更具反思性地行动，承认自己的共谋行为或“检查”自己的特权。对种族主义的批判需要更加认真地对待自己的诊断和解释，并找出结构性问题的结构性解决方案，即使它似乎是在为从这些结构中获利的人开脱罪责。

一种进步的、雄心勃勃的社会批判必须调和朝着不同方向发展的两件事：一方面，它必须保持必要的警惕性和愤怒的潜能，任何社会批判都需要这种潜能，这样才能被认为是令人信服的、刻不容缓的，能够激励人们采取行动并赢得新的拥护者。

另一方面，如果要忠于事实，就应该承认已经取得了相当大的进步，这些已经很好地减轻了种族或性别的歧视和残酷行为所产生的恶。由于这两件事在情感上很难结合在一起——一个令人震惊，另一个令人安心——因此，进步主义的话语便陷入了这样一种论调：不公正依然存在，只是更难看到而已。奴隶制和种族隔离是可以看到和感受到的，种族主义攻击是可以听到和感受到的。但是，如果奴隶制和种族隔离已经废除，如果土耳其或希腊的“外来务工人员”及其子女已经成为德国公民，从这里的中学毕业并担任公职，那又会怎样呢？

传统左派指责身份政治将种族主义和性别歧视作为现代社会的根本问题，从而忽略了真正的问题。他们认为，实际上，这归根结底是对某些群体的**物质**歧视：“觉醒”的身份政治接手了它承诺要克服的种族-民族类别，忘记了剥削和不公正是一个社会经济阶层的问题。他们会觉得，统治精英最希望看到知识分子和社会批评家在身份政治问题上争吵不休，而不触及使统治精英成为统治精英的整个资本主义剥削制度。因此，新自由主义并非不欢迎平等代表制的逻辑，它愿意按比例在董事会当中配备女性和有色人种，以换取制度的平稳延续。

## 词汇测试

不是说，任何事物都有缝隙，都能透出光亮吗？现在需要找出这些裂缝，而这正是“觉醒”议程的真正力量所在：将创造性的能量用于微调我们的道德指南针，将社会中心从教条的沉睡中唤醒。

这往往需要新的词汇，因为作为一种以意义为媒介的符号物种，没有自己名字的东西都不会被认为是真实的。[53] 这些新的词汇经常遭到拒绝，因为它们必然会显得不自然、带有强迫性。这种冲动是可以理解的，但应该加以克服：人们可能会觉得其中的很多内容都很愚蠢，但谁又知道这些建议中的哪些会被证明是可行的和可持续的呢？今天谁还会怀疑，许多变化很快就会成为我们的第二天性？

关于性别敏感语言的各种建议竞相在细微处做出区分，这反映出的微妙自恋很容易让人感到好笑。比如Steuerberaterinnen（税务顾问）这个词，是应该称为Steuerberater-Innen、Steuerberater*innen、Steuerberater_innen还是Steuerberater: innen？标示性别差异的“间断”该如何发音？我们是忸怩作态地把它撇开呢？还是像纳博科夫笔下的亨伯特·亨伯特那样，细细品味他囚犯名字的三个音节？抑或像克莱斯特的《O侯爵夫人》（*Marquise von O...*）的名字那样，全部省略？（这两部作品在强奸问题上采取了如此令人痛苦的模棱两可的立场，在这种情况下提及它们有多值得商榷？）或者我们从现在开始就用Kanzlerin（女总理）来泛指所有男性或女性的总理了？在很大程度上，这些辩论都是在可悲的层面上进行的；但是，并不是当一个人能够驳倒头脑最简单的相反立场的代表时，他就可以宣称赢得了胜利。在这里，双方都欠社会其他成员一个让步：改革者要更多地了解自己观点的暂时性、可商榷性以及（有时的）丑陋性；保守者要更愿意看到这些努力的正义内核，而不是生闷气，假装自己从未学过一个新词。

哪种解决方案是最可行的，并不能先验地决定，而是取决于各种力量的自由发挥，多元社会并不是靠强制性命令来决定其成员的生活方式，而是通过实验性的竞争来决定的。我自己对特立独行的新名词的神秘诗意情有独钟，这些新名词打开了我以前没有注意到的、忽略了的，甚至可能根本不知道的世界的一部分。谁又愿意把自己表现成一个鄙俗的人，仅仅因为一个新词不适合自己（介于开放式办公室和保龄球俱乐部之间）的小世界就拒绝接受它呢？

常言所说的“玻璃天花板”，很多人都知道：它描述了通往真正权力和影响力职位的职业阶梯上的最后一步，许多女性都能看到这一步，但似乎有一道无形而难以逾越的屏障将她们隔开。然而，除了一小部分**在网上非常活跃**的人之外，还有谁听说过“棉花天花板”（cotton ceiling）这个词呢？它描述的是那些被顺性别女同性恋吸引的跨性别女性所经历的困难。因为人们往往不接受跨性别女性是真正的、完整的女性——或者顶多声称接受，毕竟性吸引是无法控制的。因此，原本还满怀希望的调情，往往以在内衣的棉质屏障处抓住裆部而告终，许多进步人士不得不意识到，他们的欲望只是勉强地、半途而废地、偶尔符合他们自己的政治信念。但是，这个词蕴含着丰富的经验，饱含着痛苦，即使是那些永远不会经历这些的人，也能感受到希望的破灭、羞耻和悲伤。不理解这一点是庸俗和愚蠢的。

W. E. B. 杜波依斯是20世纪最重要的黑人知识分子之一，也是第一位获得哈佛大学博士学位的非裔美国人，他曾谈到“白人的心理回报”[54]，其中包括这样一个事实：即使是最贫穷、最目不识丁的白人也总能安慰自己，**至少他们不是黑人**。主观上随之而来的特权是一种习惯，是一种对待世界和他人的态度，是一种不断在你耳边低语的声音，告诉你一切都很好，你有权利在这里和在任何地方，面对任何人都不需要感到羞耻。在我看来，这种特权是显而易见的。我自己在生活中的每一个或多或少无忧无虑的日子里都能感受到这些特权，我不会被人侮辱或抢夺。那些否认这些特权存在的人让人想起鱼的天真愚蠢，当被问及水是什么样子时，鱼会反问：“水到底是什么鬼东西？”[55]

对更具包容性语言的过分抵制经不起反向测试。[56]这项测试是由牛津大学哲学家尼克·波斯特罗姆和托比·奥德开发的，包含以下考虑因素：无论谁拒绝某个参数x向一个方向的改变，都应扪心自问，向**相反**方向上做出相应改变是不是更好的主意。那些既不喜欢这样做也不喜欢那样做的人，必须能够解释为什么我们会碰巧处于有关x的局部最优状态。许多人对通过化学或基因手段增强我们认知能力（比如智力）的前景持怀疑态度，但实际上为什么呢？我们是否应该通过化学或基因手段使自己变得更笨呢？如果这看起来也不对，那么问题就来了，为什么我们现在可以偶然达到最佳智力水平？或者，我们只是因为这是现状，所以固守现状？

诚然，语言改革的努力有时是很迟钝的，而且往往显得很奇怪。但是，我们为什么要假定，我们的语言经过几个世纪的发展，本身就已经能够满足我们对自己提出的道德要求了呢？有谁会认真地声称，我们过去强行对我们的词汇所做的修正是没有道理的呢？谁还愿意把患有唐氏综合征的儿童称为“杂种”，把半身不遂的患者称为“跛子”？但是，如果你不想重新陷入这种进步中，你就必须解释为什么现在就已经足够了。为什么目前在道德上已经达到的语言改进水平就应该是历史的终点，就应该是不能再进一步改进的最佳水平？这暴露了一种倾向于现状的保守偏见。

女性主义作家丽贝卡·索尔尼特在她引人入胜的文章《爱说教的男人》（*Men Explain Things to Me*）中，描述了她在阿斯彭别墅的一次聚会上遭遇的奇怪情况：一个男人锲而不舍、一丝不苟地向她讲解一本她自己写的书的内容。[57] 一旦你熟悉了男性说教（mansplaining）这个由男人（man）和喋喋不休的说教（explain）混合构成的词，你就能在任何地方看到这一现象。男性说教只是英国哲学家米兰达·弗里克所谓的**认知不公正**（Epistemische Ungerechtigkeiten）的一种表现。[58] 认知不公正是指一个人作为知识主体所遭受的不公正待遇。一个人一旦被剥夺了充分理解特定经验的概念手段，就会遭受解释学上的不公正。一个从未听说过“性骚扰”的秘书可能不会认为上司对她的挑逗是一种可以诉诸司法的攻击，而是认为这是一种不可避免的日常现象，她只能咬紧牙关、忍气吞声地接受。如果她能更好地理解自己的经历，就能更恰当地对其进行分类，并觉得有理由提出申诉。

**证言**不公正在于女性没有被恰当地视为知识的**来源，**即没有被视为线人或证人、权威或专家。年轻的女教授往往被当作博士生，而女博士生则被当作大学生；强奸受害者被怀疑是歇斯底里的蛇蝎美人（femmes fatales）；外国同事被打断、忽视，最终沉默。男性说教是一种认知上的傲慢，在这种傲慢态度中，个体男性权威的地位被置于经过验证的女性专家的低级权威之上。

反过来，女性所遭受的这些证言不公正可能只是一种更深层次的病理症状：父权制和厌女症这一两面怪物。澳大利亚社会哲学家凯特·曼恩在其颇具影响力的著作《不只是厌女》（*Down Girl*）中指出，厌女症是性别歧视这一立法机构的执法部门。[59] 性别歧视是一种意识形态，它将父权制中女性的从属地位和对女性的压迫合法化，以维护男性霸权的利益；厌女症不是一种厌女的感觉，而是一种社会结构，是性别歧视意识形态的执行机构，它通过精心调整的社会制裁压制反叛的女性。另一方面，曼恩声称，男人们享受同理他心（himpathy），即对（强大的）男人有一种过分的同情，仅仅因为他们是（强大的）男人。

现在，一系列新的概念已经产生，从“狗哨”（dog whistles）、“煤气灯”（Gaslighting）到“微冒犯”（Microaggression），再

到“文化挪用”（kulturelle Appropriation）等等，这些概念旨在以文化批判的方式提请人们注意，那些不符合富有、健康、异性恋的白人男性的规范期望的人所面临的大大小小的不公正和伤害。狗哨是一种传递隐藏信息的修辞策略，就像狗哨的超高音调只有狗才能感知一样，某些含义也只能针对一部分知情受众。乍听起来，在“社会薄弱的热点地区”指出社会问题在政治上是合理的。但许多听众都明白，这里指的是哪些地区，而且这里通常没有金发碧眼的路德维希和夏洛特在他们的游乐场里嬉戏。通过这种方式，煽动者可以达到他们的宣传目的，而不必摆脱社会可接受的主流的外表。

“煤气灯”指的是一种微妙的技术，它使用操纵信号让对方相信自己是不理智、歇斯底里、神志不清甚至精神错乱的。在1940年的电影《煤气灯下》（1944年重拍）中，一名男子试图让他的妻子认为自己正在失去理智。他把她的首饰藏起来，让她再也找不到，尽管她非常肯定自己把首饰放在了某个抽屉里；他还把家具从一个地方搬到另一个地方，并声称她自己在不记得的情况下做了这些事。煤气灯的闪烁和她在阁楼上听到的脚步声只是她的想象，是她神经衰弱的症状；事实是，这个男人夜间在阁楼上寻找他曾经在抢劫杀人后藏在那里的珠宝。现在，他试图让妻子不信任她自己，这样她就不会因为闪烁的灯光和噪声而怀疑任何事情。这种手法也可以用来捞取政治资本，比如，可以让社会运动的代表相信他们只是在夸大其词，他们看到的问题根本不存在，相信他们的行为就像过于敏感的懦夫，他们首先要“做好功课”，或者根本就已经失去了对现实的控制。

“微冒犯”是日常互动中的一部分，看似微不足道，却可能对接受者造成严重的伤害。[60]最典型的就是一个人的“真实”出身问题：在英国作为印度裔、在美国作为韩裔或在德国作为伊朗难民的女儿长大，很难不被数百次委婉地告知，你在某种程度上是被视为与众不同的。微冒犯是不对称的：“施暴者”可能认为它们完全无害，甚至是友好的，但它们会引发“受害者”的排斥感，这种排斥感会产生累积效应。这样，双方都会加深受到不公平对待的印象。同时，这也显示了新词汇的进步潜力：微冒犯由于其内在逻辑而具有自我隐蔽性——如果没有一个词来使这一现象具体化，发送者和接收者就会陷入相互误解的僵局。

文化挪用，也被称为文化侵占（kulturelle Aneignung），是指对某一特定群体具有重要文化意义的仪式、工艺品、表现形式或时尚被另一群体永久或暂时采用或使用的情况。同样，这种行为通常并无恶意，但如果是以冒犯或轻佻的方式进行，则会被视为不尊重或贬低——尤其是当挪用行为是由一个曾经歧视和压迫这个文化上的“被剥夺者”的群体的成员所为时。牙买加人的辫子、加拿大克里人的羽毛饰品、巴伐利亚人的连衣裙和日本人的白无垢和服，都被视作具有深刻含义和情感力量的象征，不适合作为狂欢节的服装。根据这一观念，并不是每个人都有权使用这些符号。新的词汇会带来新的问题。有些概念上的创新初听起来似乎很有道理，结果却是有毒的、适得其反的；有些是合法的，却提供了被策略性利用的可能；还有一些只是被过度使用，从而丧失了其批判的潜力。

文化挪用——即以压迫性强权窃取文化财产——是不可接受的，这一点似乎显而易见。这不禁让人想起殖民侵略者对宗教艺术品的盗窃，他们将石柱和雕像从原来的环境中敲下来，将其陈列在博物馆和富人的收藏室中。与此同时，文化并不是僵化的巨石，而是在交流、模仿、相互启发和游戏式的创造性组合中茁壮成长的。认为不同文化之间应该存在不可逾越的壁垒的想法是一种倒退，并且与它想要实现的目标恰恰相反：民族-社会群体之间的僵化取代了团结、理解、相互了解所应有的蓬勃发展。与新的社会批判性词汇中的所有其他术语一样，这一术语也应该适度使用，并应该有助于改善多元社会的共存，而不是制造新的分裂。

因此，应当消除认知不公正。但如何消除呢？少数群体和歧视的受害者的意见得不到倾听，他们从边缘化环境中报告的内容不被相信，解决这一问题最明显的办法似乎就是从现在起倾听他们的意见并相信他们。不幸的是，这是行不通的，因为要相信被压迫者，首先必须能够确定他们是被压迫者，而这一点仅仅靠相信那些声称自己是被压迫者的人是无法做到的。我们需要对此有独立的标准，这样才不会被那些只是觉得受到歧视的白人同性恋者的虚假担忧迷惑。[61] 有些人因为属于某个特定（边缘化）社会群体而有特权获取某些形式的知识，这一观点是“立场认知理论”（Standpunkt-Erkenntnistheorie）的核心论点。[62] 但呼吁或多或少地相信弱势群体，很容易被那些只会捏造或夸大自己所受压迫的行为者利用。

“男性说教”或“煤气灯”是具有高度文化传播性的概念。它们捕捉到了大多数人都熟悉的现象，并能突然变得生动形象、切中要害。很快，这些概念就会成为每个人的口头禅，并越来越多地应用于那些只能让人依稀想起其原始含义的行为。这就导致了与前述概念蠕变现象相关的“批判转变”：这些概念的社会诊断潜力被一步步削弱，因为它们被扩展到更多无害或不相关的案例中。[63] 在某些时候，任何不真实的陈述都会被视为“煤气灯”，而任何时候男性纠正女性的行为都会被视为“男性说教”。如何才能认真对待这个词，而不至于因为手里拿着锤子，就眼里都是钉子呢？

“觉醒”运动将继续存在。因为我们离不开它：在一个致力于自由、平等和人类尊严的理想，但迄今为止将其实施得并不完美的现代社会中，总会有——必须有——一场社会运动，以受影响者的真实感受来报告不平等和弱势的感受，以受苦者的权威来提出我们如何才能更好地彼此相处的要求。这些要求不应该盲目相信，但应该得到倾听。

## 真相：一则讣告

据说，在战争中首先牺牲的就是真相。诚然，我们并没有处于战争状态，但现代性道德话语中日益紧张的冲突前线，让人想起军备竞赛的国家间的不可调和性，这些国家只能看到敌人被摧毁、碾碎并最终被羞辱的未来。这种竞争的军事逻辑损害了民主的生存方式。

我们是否永远失去了共同的真相？我们似乎生活在彼此隔绝的宇宙中，受不同规则的支配，充斥着相互矛盾的事实。多年来，人们以“假新闻”为关键词对这一现象进行了讨论。假新闻是指伪装成严肃新闻的不实信息、谎言、无稽之谈或宣传。

这种现象并不新鲜，即使是像特奥多尔·冯塔内这样的文化英雄，我们也愿意相信在他那个时代，一切都更加简单、更加清晰。冯塔内在 19 世纪 50 年代担任普鲁士政府驻伦敦新闻记者期间，也向他的国内读者提供了经过美化的报道，编造目击者，渲染细节，假装自己亲历了汉普斯特德的这起或那起房屋火灾，尽管他只是通过寄给他在施特格利茨家中的伦敦《泰晤士报》才知道这些事的。[64] 当时就已经存在一种激励机制，即对金钱、影响力和关注度的竞争促使人们不去计较真相如何。今天，它依然存在。

假新闻的产生并非源于信息匮乏，而是源于信息**泛滥**，即使是最精明的公民，其有限的信息处理能力也不堪重负。其结果是迷失方向和产生逃避现实的欲望。假新闻通过展示所谓的真相来满足这种需求，它将看似清晰的事实与看似清晰的敌人形象联系起来。但为什么病毒式的假新闻会成为一个问题呢？

一个显而易见的假设是，那些相信胡言乱语的人最终都会做坏事。2016 年 12 月 4 日，28 岁的埃德加·麦迪逊·韦尔奇手持突击步枪，袭击了华盛顿特区的彗星乒乓比萨店，因为他被互联网上的虚假信息误导，怀疑这里是克林顿家族策划的国际儿童色情活动团伙的总部。韦尔奇很快就发现，所谓策划阴谋的黑暗地窖并不存在。最终他在事态进一步升级之前被逮捕。

但因果顺序是相反的，人们（通常）不会因为相信荒谬的谎言而实施残忍的暴行；人们相信荒谬的谎言，是因为他们想要实施残忍的暴行。[65] 对暴力的渴望是第一位的，这促使人们接受为这些暴力辩护的信念。虚假信息并不是问题的源头，而是位于个人残暴和社会失范的下游。

假新闻尤其阴险，因为我们个人对此无能为力。即使**知道**是假新闻，我们也会相信，仅仅因为我们听到过它们。[66] 不幸的是，政治干预的可能性也是很有限的。人们经常呼吁加强"监管"，以防止系统性虚假信息的传播。但是，谁又会毫不犹豫地委托国家政府来管理真相呢？许多人都从乔治·奥威尔的《1984》中听说过"真理部"。一旦被赋予如此大的权力，它只会落入坏人之手，这些坏人是由有血有肉的人选举产生，而这些选举他们的人本身对假新闻并无免疫力。你相信给你的护照盖章的人能严格区分知识与错误吗？

如何解释当前假新闻的爆炸性增长？**后现代**的诊断认为，我们已经完全失去了获得真相的途径，因为在现代社会中，不再有任何普遍有效的标准来区分真假。取而代之的是互不相容的范式、世界观和意识形态，在它们之间无法做出非武断的决定。但事实并非如此，事实上，每个人都清楚，这个世界上存在着我们可以依赖的客观真相，也存在着发现这些真相的严肃方法，只是很难找出它们是哪些真相——当然，情况一直如此。过去，是社会禁忌、宣传或宗教妄想掩盖了真相。如今，是私人行为者在社交媒体上几乎无限制地分享虚假信息。但重要的是，我们不能迷失方向，每个时代的每个社会都有自己的生态，在这些生态中，胡言乱语和欺骗、谎言和不实之词可以在各自的技术状态下茁壮成长。

**政治**的诊断也不适用。其观点是，全球政治向右转，反动的、反民主的专制主义卷土重来，这就产生了对虚假信息的新需求，进步的发展及其代表可以借此被打上敌对势力的烙印，反自由主义的权力争夺可以由此开始。但是，假新闻并不是一个专门的“右翼”问题，因为即使在左翼政治光谱中，相信令人发指的胡言乱语的也不乏其人。媒体和学术机构传统上更偏向于左翼自由派，这就是为什么人们对来自右翼的假消息更为敏感。但这忽略了这一现象的核心。

**心理学**的诊断也有其不足之处。加拿大的戈登·彭尼库克等心理学家研究了我们对“伪深奥的胡说”（pseudotiefsinnigen bullshit）的易感性，以及让我们相信各种荒唐事的心理机制。[67] 这些研究并没有什么问题，对于许多人来说，多培养一点“胡说抵抗力”[68] 是非常有好处的，这样他们就不会像一个容易上当的白痴一样踩中每一个政治机会主义的陷阱。但是，将假新闻的传播归咎于个人在批判性思维和理性认知方面的缺陷，这种观点无法解释假新闻数量的**增加**，因为在过去的 5 年中，社会中大部分人的批判性思维能力不可能发生如此迅速的变化，更不用说如此巨大的变化了。其中一定有结构性的原因。

一种观点认为，存在孤立的**信息茧房**，使我们能够与志同道合者消费和分享无稽之谈，但即使是这样一种诊断，也经不起更仔细的推敲。茧房是一个神话。事实上，我们接触到了**更多**的信息，也**更好**地了解周围其他人的观点。但这也让我们更清楚，哪些信念属于“我们”的群体，哪些属于“其他人”（因此需要避免）。正是因为更好地了解了周围其他人的信念，我们才能更好地将自己在群体中的观点与自己群体的观点统一起来。两极分化是通过基于身份的自我分类和基于群体的信仰校准发生的，而不是通过社会隔离。

在某些情况下，特定的个体应当对散布不实信息负责，他们通过传播不信任和不确定性来换取金钱。[69] 这听起来像是阴谋论，但实际情况确实如此。人们往往低估了聚集在私人资助的智囊团、基金会和专业协会中的一小撮科学家故意向公众提供错误信息的程度——他们往往是被相关行业雇来破坏科学共识的雇佣军。物理学家弗雷德·塞茨和弗雷德·辛格曾在第二次世界大战期间参与制造原子弹的项目；1979—1985 年，他们为R. J. 雷诺兹的烟草公司开展了一项计划，其既定目标是获取伪科学数据，用于质疑吸烟的有害影响。另外两位物理学家威廉·尼伦贝格和罗伯特·贾斯特罗曾为美国的太空计划项目工作，1989 年，他们撰写了一份报告，质疑化石燃料消耗与全球气候变化之间的因果关系，声称酸雨不是人为污染造成的，而是火山爆发造成的。

这一策略要想取得成功，并不一定要让大多数民众或决策者真正**相信**这些谎言。只要科学现状被视为有争议且无定论的，就足以削弱解决某些紧迫问题所需的政治决心。

要了解虚假信息的传播，我们必须记住我们的文化本性。由于人类与生俱来的知识很少，我们几乎所有的信息和技能都依赖于向他人学习。为了优化这些社会学习过程，我们开发了各种过滤器和方法来决定我们最好应该**向谁**学习。[70] 在这里，我们依靠大量的线索来标记信息源的可信度。其中就包括学术学位和共同的价值观。[71] 只有在极少数情况下，我们才能对研究状况和现有的科学数据所揭示的内容做出自己的判断。我们必须决定相信谁，因为作为彻底的社会动物，我们依赖于文化的传播和知识的采纳。

为了做出这样的判断，我们依赖于所谓的**二阶证据**。一阶证据是事实的证据，如温度计显示天气的冷暖。然而，在几乎所有情况下，我们都缺乏评估这种一阶证据的专业知识。实际上，没有一个人单独拥有必要的物理学、生物学、地质学、经济学、心理学、法学和社会学知识，来全面审查哪怕是最简单的政策建议的可行性。我们依赖于认知上的分工。

**二阶**证据是关于如何评估一阶证据的证据。要做到这一点，几乎总是要找出我们可以同意其评估意见的其他人。但这一判断——我们可以相信谁，我们应该相信谁——本身并不能基于认知基础做出；外行人——也就是在几乎所有事情上的所有人——无法亲自确认谁是真正的专家。因此，往往是共同的价值观和同一社会群体的归属感让我们相信某些人，而不相信其他人。这种信任网络就是假新闻易发的原因。

这个问题根深蒂固。信任网络调节着信息的流动和传输，在文化上是无可替代的。我们几乎所有的知识都是从别人那里获得的，在这个过程中，我们不能不遵循一些粗略的经验法则，比如我们应该相信谁，不应该相信谁，谁是可靠的专家，谁是有政治倾向的江湖骗子。认为有些人太愚蠢或太不理智从而无法辨别真假的观点是不准确的，也是某种自以为是，即认为不理智和被蒙蔽的总是其他人。实际上，我们都只是累积的文化资本的消费者，这些资本让我们成为信息的人质。因此，导致一些人接受假新闻的过程，虽然听起来有违直觉，却是完全理性的，在这里起作用的机制与我们获取其他各种形式知识的机制是一样的。不是个人的缺陷，而是知识传播的环境遭到破坏，才使得假新闻泛滥成灾——我们可以称其为认知环境污染。

而互联网会加剧这一问题。脸书、推特和抖音等社交媒体的商业模式原则上无法避免假新闻，由于这些提供商的资金主要来自广告收入，因此存在有利于不实信息传播的结构性机制。精彩的虚假报道会吸引更多的关注，产生更多的“点赞”，并且比下一个地球新公民的家庭照片更容易被分享——小孩子皱巴巴的脸只有他们的父母才会爱。社交媒体的经济激励结构保证了虚假信息的传播。

互联网削弱了我们对胡言乱语的群体免疫力。每个人都时不时有各种各样的观点、态度和信念，这些观点、态度和信念或混乱，或愚蠢，或自相矛盾，或根本就是错误的。直到最近，这些观点还都逃不过朋友和家人的直接社交圈的审判，如果你又胡说八道，他们很快就会让你意识到这一点。但互联网让我们跳过了常识的第一道过滤网，直接与其他相信同样废话的人打交道。本地的谎言流行就是这样产生的。[72]

因此，那些认为假新闻是个问题的人有理由反对几乎所有形式的身份政治——无论是右翼的还是左翼的——的核心论点，身份政治将社会群体理解为政治的基本组成部分，而我们应该尽可能少地强调政治群体的归属和身份，因为这会削弱我们处理信息的能力。我们几乎所有的知识都是从他人那里获得的。为此，我们必须信任他人。然而，当社会的互相信任因感知到的或真实的两极分化以及不断提醒自己和他人的政治忠诚和背叛而受到破坏时，我们就不再能够成功地从他人那里获取知识了。

因此，即使是严肃的消息源，如病毒学家或气候研究人员，只要开始强调其政治-道德“身份”，他们就会被许多人认为是不可靠的，因为衡量信任和获取社会知识的过程本身运作良好，但在政治上受到了干扰。这种腐败动力学的另一面是，一些人同时也会变得非常容易受到纯粹的胡言乱语和明显的错误信息（如阴谋论）的影响，原因很简单，仅仅因为它们是由属于自己道德-政治团体的人传播的。因此，如果我们试图从个人角度来理解这一现象，例如将其视为这个人或那个人的个人缺陷，认为他由于智力低下，或多或少容易上当受骗，容易受到胡说八道的影响，那么我们的出发点就错了。假新闻是一种彻头彻尾的社会现象，在其中，信息流动、知识共享、信任以及对价值观和群体身份的依附以一种有毒的方式混合在一起。

一定程度的无欲无求仍然是适当的。“行动主义谬论”是：我们必须做**一些事情**；这就是**这些事情**；因此我们必须**这样**做。但并非每个问题都有好的解决办法，许多问题根本就没有解决办法。相当一部分人相信疯狂的东西，这一点总会反复发生，是无法改变的。现代社会必须接受这一事实，并使媒体和政治机构能够适应这一事实。仍然有人声称艾滋病不存在，大屠杀从未发生，肯尼迪是被中央情报局暗杀的，登月的镜头是在派拉蒙影城拍摄的，天主教会系统地掩盖虐待儿童的事实。或者，其中有些可能是真的?

## 去平台化！

如果有些人和组织出于自己的目的或纯粹的恶意传播虚假信息，似乎有一个简单的解决办法：把麦克风从这些人手中夺走，把他们赶下舞台，最好一开始就不要请他们上台并因此给予他们可信的光环。

不给某些观点和理论的代表提供一个公共论坛来让他们表

达其粗俗的、冒犯性的或不真实的立场，这种做法被称为“去平台化”。但有时这样做已经太迟了，知名人士已经有了听众，已经在公众面前露面，“去平台化”已经失去了机会。在这种情况下，不受欢迎的人随后必须被解除有影响力和知名度的职位，或许只是离职。这种剥夺个人地位、声望或受众的制裁被称为“取消”。有一种假设是，在我们当前所处的时代，受到这种制裁的可能性构成了一种微妙但永久的威胁，旨在将有争议的观点排除在公共讨论之外，并诱使不少人进行自我审查，这被称为“取消文化”。

“取消文化”一词具有政治倾向性。不容忽视的是，它主要被这种方法的反对者使用，他们看到了一个过度热心的“言论警察”在工作，此人义愤填膺地想把他清教徒式的道德标准强加给社会，实际上却制造了一种不健康的自我审查和道德谴责的氛围，损害了思想和言论自由。[73]另一方面，它的支持者坚持认为，被批评者贬低为“取消文化”的实际上是一种“问责文化”，一种早该建立的责任文化。长期以来，老年白人男性的性别歧视口号和种族主义偏见的表达都没有产生过任何后果。现在，人们终于清楚地认识到，我们的社会容不下这些东西，当然我们也不会对此报以掌声。

贾斯汀·萨科的案例是我记忆中的第一个“取消”案例。[74]她在 2013 年丢掉了交互公司InterActiveCorp通信主管的工作，因为她在推特上发文称，她正乘飞机前往非洲，希望自己不会感染艾滋病，然后讽刺性地补充道：“开玩笑的。我是白人！”

至于她是因道德原因被解雇，还是因其作为通信主管的专业无能的表现被解雇，则没有定论。

但这种现象并不比政治正确或假新闻更新鲜。1988年，德国联邦议院议长菲利普·延宁格在“水晶之夜”50周年之际向德国联邦议院发表讲话，他在演讲中对许多人展现出对“迷恋希特勒”及其政策的过多理解，因此不得不辞职；彼得·辛格因其生命伦理学的立场，在德国曾多次被取消邀请，受到抨击、中伤和诽谤，因为许多人无法将他的立场与纳粹的“优生政策”区分开来。

不应将“真正的”取消与其他更严厉的制裁混为一谈。有时有人说比尔·科斯比和哈维·韦恩斯坦已经被“取消”——实际上，他们并不是因为不经意的言论而从公众视野中消失了几个月，而是被判犯有严重罪行，并被监禁多年。路易斯·C. K.的单口喜剧演员生涯也因性骚扰不得不经历一段漫长的停顿期。“Me Too”一词由活动家塔拉纳·伯克于2006年提出，旨在用一个朗朗上口的短语来表达无处不在的性骚扰问题；当演员艾莉莎·米兰诺利用她的公共平台普及#MeToo时，它成了相应主题标签下的全球运动。当时迫切需要从社会角度解决男性性骚扰问题（因为他们几乎总是施害者），还迫切需要对受害者去污名化以及对男女互动规范进行社会层面的重新谈判。[75]一位朋友当时告诉我，就在几年前，人们还认为，在参观啤酒节时安排最漂亮的年轻女同事去招待更重要的公司客人是理所当然的事。这就是真正的父权制，人们可能会因为在社交舞曲中再也感受不到骑士般的调情而感到遗憾，但在这个世界上，每个女人最终都会有一套技巧，以她所期待的分寸感来摆脱放在她膝盖上的不受欢迎的手——在某种程度上，这种行为一定会成为过去。

但是，即使是#MeToo也未能摆脱那些使社会运动失去平衡的战略力量的影响。进步运动总会遭到反动的抵制；当对性骚扰的合法批判延伸到更加矛盾或在某些时候甚至是无害的情况时，反动抵制就会火上浇油。性吸引和性交流是不能随意被定义的。美国喜剧演员阿齐兹·安萨里是否只是男性性犯罪者名单上的又一个，他们在某些时刻相信自己可以凭借自己的权力和财富为所欲为？还是说，他和他的熟人只是约会时产生了不愉快？[76]人们所提出的解决方案往往也是基于对问题的误判。当女性举报性骚扰或强奸时，她们往往不被相信。但是，"相信所有女性"的口号选得并不好，因为女性有时也会撒谎，男性性犯罪者也应做无罪推定。此外，这句口号还误解了这种情况的战略逻辑：问题从来都不在于那些讲述与有影响力的电影制片人之间不愉快经历的女性不被相信。好莱坞的每个人都知道关于哈维·韦恩斯坦的传言是真的；有权势的男人与其说是被性别歧视对受害者的不信任掩护，不如说是被集体行动的结构掩护，因为集体行动的结构使得第一个承认自己是受害者的人面临着极大的风险。其他受害者也会挺身而出吗？还是说，我会毁掉自己的职业生涯却无法改变现状？

其他许多案件也存在争议。小唐纳德·麦克尼尔是《纽约时报》的一名资深记者，刚刚因报道新冠大流行而一鸣惊人；2019 年，他在秘鲁旅行时与一群高中生交谈时说了“N”字头的词，结果丢掉了工作——请注意，他是在问学生是否可以接受在歌曲中出现“N”字头的词时这样说的。[77] 詹姆斯·达莫尔因违反谷歌的行为准则而被谷歌解雇：他在一份题为《谷歌的意识形态茧房》[78] 的备忘录中质疑谷歌多元化和包容性计划的合法性，他指出，根据经验研究，女性在技术等领域的代表性不足，原因之一是平均而言，女性对人比对物更感兴趣，因此更有可能成为心理治疗师而非软件工程师。现在，还有一些网站策划了整个“取消”名单。[79] 但在实践中，“去平台化”和“取消”又有什么用呢？

作为一种净化认知环境的策略，“去平台化”倾向于潜在的家长制。成熟的公民不需要预先过滤的信息。他们可以自主地形成自己的观点，可以独立思考自己所看到的东西，不会不加批判地采纳自己所听到的内容，也不需要保护自己免受倾向性言论或论调的影响。事实胜于雄辩，虚假的东西总会被看穿。但是，“去平台化”没有必要以家长式的姿态，侵犯理性思考者的自主权，使他们幼稚化，假装他们不能根据现有的证据对真相做出判断。然而，在某些情况下，不为某人及其观点提供平台是否仍然是合理的呢？[80]

同样，**二阶证据**的概念也发挥着重要作用。为某人提供平台并非认识论和道德上的中立行为，当然，当这种平台是以声誉的信号为框架时，如某人受邀在知名大学演讲，就不是这样了。这种邀请会产生二阶证据，证明受邀者提供的一阶证据——也就是他所说的内容——可以被认真对待，也应该被听取。获得一个平台就等于被赋予了公信力。拒绝给予某人平台就会剥夺其公信力，在某些情况下，这样做可能是合理的。但具体什么时候该这么做呢？

“去平台化”与宪法规定的言论和表达自由权无关。既然没有人有**权利**在圣保罗教堂或麻省理工学院的讲台上发言，那么被剥夺或从未获得过这种机会的人的权利都不会受到侵犯。拒绝给予某人发言机会也并不违背学术自由，因为大学及其他教育和研究机构有积极的自由（以及义务）根据其专家意见来决定哪些理论和论文符合学科标准。[81] 大多数人并不符合这些标准。

显然，有些观点和意见并不值得获得一个平台。我们不能指望历史学家反复讨论大屠杀是否真的发生过，或者它是否可能是犹太复国主义世界阴谋的发明，从而最终让犹太人拥有自己的国家。同样，严肃的生物学家也不再需要为神创论者提供平台。然而，这里的特别之处在于，这些辩论已经发生过了，而且已经有了明确的定论。只要没有新的数据、论点或证据出现，就没有必要重启这些僵尸辩论。另一方面，其他观点确实具有争议性，甚至可能具有伤害性，但必须保持讨论态度。在这方面，没有任何一般规则和原则可以说明某种理论、论点或个人何时值得或不值得获得一个平台。这必须根据具体情况来决定。

“去平台化”与“平台驱逐”不同。“去平台化”是指根本不邀请某人，而“平台驱逐”是指事后将其从平台上撤销下来。后者的风险更大，因为它会产生一种不同的二阶证据，即某人的观点在某种程度上是危险的、不受欢迎的、原创的、叛逆的、酷的、被禁止的和令人不舒服的，而那些要求从平台撤销它们的人是胆小怕事的懦夫或居高临下的家庭教师。许多人都喜欢叛逆者的魅力，因此“平台驱逐”往往会产生不良的副作用，实际上会增加一个人在某些受众群体中的可信度——通常是那些你最不希望产生此种反应的群体。

至于“去平台化”的问题，一个重要但一直未被重视的观点是，一个人是否获得平台并不在我们的掌控之中。虽然**我们**可以决定不给某人提供平台，但我们不能确保**别人**也不给他们提供平台。我们无法在提供平台和不提供平台之间做出选择。实际上，我们可以在以下两种情况之间做出选择：一种情况是给一个有问题的人提供一个平台，而平台上的人都是仁慈的、不加批判的谄媚者；另一种情况是给**我们**提供一个平台，而我们无论如何都希望能够提出批判性的问题，敢于在众人面前揭露皇帝的新衣。要么，我们把一个有争议的、偏执的、仇恨的或不真实的立场放到一个安全的环境中，让它在臭名昭著的网络论坛和兄弟会中得到赞同者的拥护，而不受批判性质疑的干扰；要么，我们把这个立场暴露在真正的反对者面前，让它被更好的论点随意击败。

只要人们已经有了一个平台，这就是我们唯一的选择。在这种情况下，“去平台化”是不合理的，因为这会造成一种误导性的印象：没有人对有争议的观点做出认真的回应，而阴谋论式的沉默是我们反驳这种观点的唯一手段。认为“去平台化”是一种选择，这是一种幻想。我们唯一的选择是，让某人享受一个不受干扰的平台，还是享受一个让听众中尚未做出决定但仍有说服力的那部分人有机会指出论文漏洞的平台。

如果我们打个响指就能剥夺某人所有的曝光机会，我们是否应该这样做呢？也许吧，但这并不是我们所处的状态。启发式的解决办法——即决策的粗略经验法则——适用于以下情况：提供平台，但抱有疑问。由于在自由的思想市场上进行知识交流可能带来的认识、道德和政治方面的收益是如此之巨大，反对缩小话语走廊的理由又是如此之充分，因此几乎总是值得对某一观点进行自由辩论，并将其暴露在公众批判的目光之下。禁止一个回过头来发现很严肃的观点，比公开辩论一个回过头来却发现是无稽之谈的观点更具灾难性。没有必要害怕真相，糟糕的想法和不道德的观点会让它自己难堪。

## 美德的标志

“取消文化”和“去平台化”是消极的制裁，其目的是在社会层面强制人们遵守或采纳新的、要求更高的道德标准。与之相辅相成的是，有道德动机的行为者可以尝试发出积极的信号，表明自己支持这些标准，期望这些标准被接受，并准备谴责违反这些标准的行为。

在当前的话语中，公开展示自己的道德关切通常被称为“释放美德信号”。起初，这个词也是以一种价值中立的方式使用的，指的是一些人发出这样的“美德信号”，以表达他们对某些道德和政治理念的声援；与此同时，自我道德标榜者的形象也越来越声名狼藉，因为人们开始越来越多地怀疑，在过于公开地展示自己的道德敏感性背后，有着恶意的、虚伪的动机，这些标榜者试图从道德关怀的高尚声音中获利，却并没有真正地、真诚地想要投身于他们认为如此重要的事业。

许多“美德信号”只不过是道德上的哗众取宠，是一种道德表演。[82] 问题在于，美德信号的显性传递形成了一种很容易变质的做法，并很快开始降低整个道德话语的质量。道德表演往往会造成一种令人不快的态势，即集体恫吓、日益严厉的标准升级，以及对根本算不上犯罪的道德罪行的谴责。道德话语变成了一种力求超越他人的表演性竞争。其背后的弊端在于，自我标榜者主要关心的不是做道德上正确的事或者说道德上正确的话，而是提高自己在特定社会群体中的地位和成员资格。道德因此沦为忠诚的信号。

但是，“美德信号”并不总是一种虚伪的自我表现行为。对自己的道德价值观和关切的公开表达可以建立信任，而且，自信而坚定地表达这些价值观还有助于使他人信服这些价值观，并帮助他们按照这些价值观行事。[83] 它还可以在克服有害或过时的道德准则方面发挥作用，这些准则是通过相互的行为期望和“多数人的无知”[84]而得以维持的。我们做的许多事情常常是因为我们认为社会中的其他人希望我们这样做，但有时社会中的其他成员做这些事情也是出于同样的原因。公开宣扬新的道德观可以打破这些集体无知的陷阱。例如，“飞行羞耻”一词被用来描述在气候变化的破坏性后果面前，试图将乘飞机这一行为道德化，从而将私人航空旅行限制到最低限度的努力。如果人们公开承诺不乘坐飞机，最好是有威望的人这么宣布，这样有助于实现这一目标。

我们不应该相信那些提供简单解决方案的人。那些怀疑每一次道德评判背后都隐藏着虚伪的义愤填膺者，可能会对个人或团体表达合理不满的案例充耳不闻。而那些不加批判地接受每一条表达道德愤怒的推文的人则会忘记，用崇高的道德词汇来掩饰自己的私利是演化手册中最古老的伎俩之一。

## 反其道而行之

与此同时，近年来出现了一种运动，它以完全不同的手段和方法追求社会正义活动家的道德目标——一切众生的基本平等，对弱者、边缘化群体、被剥夺权利者和受压迫者的投入，以及对现代社会道德改造的愿望，也就是说，**有效利他主义**。

“觉醒”计划是表达性–象征性的，是以集体主义的方式思考的，而有效利他主义则认为自己是彻底反象征性的、个人主义的，其基本思想是，我们的利他主义动机也应遵循成本收益原则。想做好事的人通常都会关注眼前的事情；但是，如果向德国汉堡的某个幼儿园捐赠 1 000 欧元用于翻新攀爬架，这么做在道德上的“边际收益”微乎其微——从这项投资中受益的孩子们的生活质量只会发生非常微小的变化。然而，如果把这笔钱用于购买防疟疾蚊帐或资助中非国家的驱虫运动，那么同样的钱就可以拯救**更多的生命**。

有效利他主义可以追溯到彼得·辛格的伦理学思想，而这一思想现在正得到进一步发展，尤其是在牛津大学。威廉·麦卡斯基尔等哲学家呼吁更好地做善事。[85] 这是对我在上一章中提到的包容态势的连贯而深入的思考——亲戚、朋友、熟人或同胞的命运并不比其他人的命运更重要。其他人的福祉在道义上甚至更重要，因为“我们”已经如此富有和满足，以至于当我们把下一个 100 块钱花在自己身上时，我们的生活几乎没有得到改善。有效利他主义意味着，我们需要做更多的事情来对抗或至少缓解全球贫困和疾病。这包括采取素食的生活方式，避免进一步补贴残忍的肉类生产产业，有时还要对我们的生活方式进行严格限制，因为大多数奢侈品的消费不利于以尽可能有效的方式改善人类的福祉。在这里，奢侈品的外延极为广泛：即使是一件新的冬季外套或者去看一场电影，也属于奢侈品范畴——所有经不起道德上的成本收益计算的东西都属于奢侈品。

人的一生平均要工作 8 万个小时。像“8 万小时”这样的非营利组织提供了一项服务，建议人们如何根据有效利他主义原则调整自己的整个职业选择。[86]在华尔街管理对冲基金乍听起来并不像是最道德的职业，但如果我决心用我赚到的数百万美元为斯里兰卡的小额贷款提供资金，让穷人可以用这些钱来买一辆自行车或经营一个水果摊呢？“佳赠”（GiveWell）[87]或“你能拯救的生命”（The Life You Can Save）[88]等网站提供了相关信息，告诉你哪些慈善机构经得起特别严格的审查，能让你的钱花得很值。

有效利他主义从根本上打破了我们的道德直觉，因为它的超大脑建议几乎不会引起直觉上的共鸣。这绝非巧合，因为这场潮流的理性主义立场从一开始就对我们的感受持极大的怀疑态度。我们的同情心往往是一个差劲的顾问：它目光短浅、失之偏颇、容易耗尽，而且很容易三心二意。[89]如果不通过经济学计算的无情外科手术式的严格筛选，仅有一颗正义的心是不够的。

几乎每个人都能接受有效利他主义的基本理念：如果只需要接受很低的成本来帮助需要帮助的人，那么就应该这样做。[90]然而，只有极少数人接受这一基本理念的全部道德含义。但对于某些人来说，他们内疚的良知更为沉重，小市民谨慎的羞耻感给他们带来了更大的负担，使他们感到让自己的生活服从于看似美好和正确的事物的愿望是强烈而不可避免的。他们从孩提时代就开始吃素，后来成为素食主义者；他们在无家可归者的收容所和食物银行当志愿者，在残疾人工作坊和临终关怀机构做社会服务，成为社会工作者、活动家和无国界医生。比如杰夫·考夫曼和朱莉娅·考夫曼，一天晚上，他们躺在床上，为世界上的苦难而哭泣。[91] 但事情并不止于此：他们擦干眼泪，想出了一个计划。朱莉娅将捐出100%的收入，杰夫将捐出50%。除去房租和伙食费，他们每人只剩下38美元的零花钱。做正确的事很难："哦，责任，你为什么没有一张可爱女孩或漂亮姑娘的面孔？"奥格登·纳什说。而席勒在谴责道德"责任"的严格无情时，也说出了大多数人的心声。

托比·奥德是有效利他主义的主要倡导者之一，他曾做出所谓的"捐赠承诺"，即自愿发誓永久放弃个人收入的相当大一部分，将之捐献给慈善事业。在奥德创立的"尽己所能"（Giving What We Can）[92] 组织的网站上，您也可以做出这样的承诺。您准备好了吗？可能还没有；如果您犹豫不决，您可以在"我有多富有？"（How rich am I?）的网页上查看，在全球范围内，您的资产达到了何种程度。[93] 大多数人认为，富有的是其他人，但税后平均收入为24 539欧元的德国雇员属于全球最富有的4%——世界上96%的人口都要比他们贫穷。如果有人担心捐赠的钱可能会流失，无法真正送到需要帮助的人手中，可以选择"直接捐赠"，在这里，所有中间环节都被剔除，人们可以**立刻直接**将钱捐给有需要的人。[94]

在全球流行病和核战争的危险（再次）成为热门话题之前，有效利他主义者就已经发出了警告。[95] 因为使现代社会得以可能的经济增长和技术进步，不仅给我们带来了疫苗和互联网，还创造了新的、以前未曾预料到的人为问题——我们自己造成的问题——这些问题已经开始逐渐演变成生存风险，并开始威胁全人类的未来。有一种有效利他主义的变种被称为“长期主义”，它认真对待这些被大多数人遗忘、忽视或低估的问题，并追问我们是否为超级火山的爆发、巨型小行星的撞击、气候变化的后果以及失控的人工智能可能带来的世界末日做好了准备。[96] 我们只是不想再挨饿了，但我们是不是已经变得贪多嚼不烂了呢？

## 道德绝对主义

社会正义运动，如“觉醒计划”或“有效利他主义”，从截然不同的道德前提出发，得出截然不同的道德结论。我们在过去 5 年所目睹的核心道德变革，是这两场运动都深刻认同的趋势：在一种道德专制主义中，私人的总是政治的，它不允许妥协，也无法逃避，一切都必须服从于善（我们所属的）与恶（他人所属的）之间的永恒斗争，它把每一个清醒的时刻和生活的每一个领域，从爱和笑到吃和睡，都融入某种道德纯洁性所要求的阴暗的、僧侣式的禁欲主义之中。但是，就像所有的偏执狂一样，我们这个时代的道德癖也有一些青春期的色彩；这也就意味着，它终将过去。

[结　语]

# 万物的未来

## 食人者

查尔斯总是独自出去游泳。但这一次，在他们把他拖到岸边之前，他就已经没有了呼吸。

现在，居民和游客都不知道该怎么办了。科学界普遍认为，这些动物不会攻击人类。但这是短时间内发生的第二起事件：一周前，来自费城的埃普坦·万森特因失血过多死在比奇港的英格尔赛德酒店经理的办公桌前。查尔斯·布鲁德不久前离开瑞士，在斯普林莱克的埃塞克斯和苏塞克斯酒店找到了一份侍者的工作，最终却死在了救生艇上；他的两条腿都被咬断了，一条伤在膝盖以下，一条伤在膝盖以上。1916 年 7 月 7 日的《纽约时报》报道称，看到查尔斯残缺不全的尸体后，男男女女纷纷逃离海滩，惊魂未定，不得不被护送回房间。

一周后的 7 月 12 日，又发生了三起袭击事件，恐惧笼罩着新泽西海岸。遇难时，莱斯特·史迪威只有11岁，沃森·斯坦利·费舍尔曾试图救他，也因此丧命，只活到24岁。只有约瑟夫·邓恩活了下来，但伤得很重，两个月后才出院。当地渔民很快开始搜寻这种动物，他们怀着既憎恨又畏惧的心情称其为“食人者”。但是，直到哈莱姆来的德国裔驯兽师米夏埃尔·施莱瑟杀死了一条几乎到达了纽约海岸的大白鲨后，这类事件才停止发生。查尔斯的母亲一直留在故乡，不久后，她得知了儿子的命运，随消息一起到来的还有酒店里富有同情心的客人为她募集的钱款。

那年夏天的鲨鱼袭击事件也给美国时任总统伍德罗·威尔逊带来了坏消息。在同年举行的大选中，他在受影响的新泽西州沿海地区的得票率下降了10%，尽管历史学家一致认为这与鲨鱼袭击事件毫无关系。[1]

我们的政治立场常常是武断的。洪水灾害、鲨鱼袭击或流行病对我们政治态度的影响比我们想象的要大。但影响最大的是我们的价值观以及这些价值观决定我们**身份认同**的方式。我讲述的道德史就是关乎这些价值观，关乎塑造我们共同生活方式的情感、准则和制度。它把我们从东非那片平坦的土地（在那里，少数尚未成为人类的生物曾为了生存而挣扎），带到了一个全球互联的现代社会，这个社会以前所未有的方式进行着商品、武器和知识的交换。我们将何去何从？我们可以希望什么？我们又该害怕什么？

## 教 训

当前的道德危机是一场分裂的危机，或者更准确地说，是一场表面分裂的危机。现代社会给了我们自由与平等这一自相矛盾的双重承诺，且从未兑现过。由此产生的挫败感和愤怒释放了昔日本能的能量，再次将世界分裂为**我们**和**他们**。我们如果想要克服这场危机，就必须了解导致这种社会分裂的机制。定义了我们的现在的身份冲突源于一直以来推动人类生物、文化和社会进化的力量。

合作的进化解释了为什么我们的道德观是以群体为导向的。合作行为之所以能够盛行，是因为它仅限于少数人“我们”，而不包括其他人“他们”。**我们**和**他们**之所以出现，是因为只有在我们狭隘的群体中，亲缘关系、互惠交换和合作行为才能创造条件，使道德行为的收益大于成本。

为了进一步稳定我们群体的凝聚力，使我们具有更强的合作能力，我们开始通过制裁来维护保证了社会凝聚力的道德准则。我们有能力遵守这些准则，并监督和惩罚违反准则的行为。我们以群体为导向的道德心理变得具有**惩罚性**。

动荡的环境对灵活性的要求不断提高，这引发了一个文化进化的过程，使我们成为社会学习者。我们开始构建自己的环境，其中充斥着日益复杂的技术和机制。我们在群体中的生活开始依赖于我们从他人那里获得的技能和信息的积累。共同的价值观和身份标识创造了必要的社会信任。我们惩罚性的、以群体为导向的道德心理变得**以身份为导向**。

在文化进化的过程中，出现了越来越多的大规模社会，这些社会产生了剩余收入，而这些剩余收入在最初的意识形态下被合法化，并按等级组织起来，进行不均的分配。我们的社会分裂为少数统治精英和大多数被剥削、被压迫的人民。社会变得**不平等**了。

我们对不平等和统治的厌恶依然存在。随着社会文化的演变，对个人解放、平等和自主的要求重新出现。社会规范和制度的出现造就了一种奇怪的、越来越具有个人主义倾向的人类，并开始质疑亲属关系作为社会核心组织原则的功能以及任意继承特权的合法性。

随着现代性的发展，现存的不平等以及战争、种族灭绝、歧视和剥削等道德缺陷越来越为开明社会所不能容忍。20 世纪的灾难性经历加速了自由和人人平等要求的最终实现，这一要求变得日益迫切。

由于这些要求只能极其缓慢地实现，道德话语变得热度过高，平等主义的诉求变得越来越迫切。道德斗争变得越来越具有象征意义，因为这样一来取得进展的速度就可以满足我们在道德上的迫切心态。社交媒体给人的印象是两极分化、不可调和的阵营，要么更强烈地要求为社会正义而斗争，要么似乎试图阻止它。我们的惩罚性群体心理遇到了我们对社会不平等的厌恶，这让我们的道德身份更加明显。文化的信息流动被打乱了，因为社会信任只被给予那些属于所谓自己的道德阵营的人。

当前的道德氛围正是由那些一直影响着我们道德历史的因素的不利组合造成的。我们看到群体之间存在着冲突，这些群体对内以友好合作的方式行事，对外却表现出多疑和敌对，他们有时用严厉的制裁来捍卫自己的准则和价值观，并且只信任他们认同的人。几个世纪以来，这些群体构建了一个社会严重不平等的世界，同时又阐明了个人主义价值观来谴责这些不平等。人们试图通过更加一致地贯彻平等主义价值观（例如通过资源再分配或配额条例）来克服这些不平等现象，但只能非常缓慢地（有时甚至根本无法）取得预期的成功。与此相对，人们通过重新强调集体身份，特别关注一个人的种族或性取向来实现社会公正的这一尝试，目前正面临着在我们眼前瓦解的危险。

在老问题得到解决之前，我们的道德观必须适应新的挑战，而这并非它的本意。也许，这甚至是我们在离开这个星球之前的最后一个巨大挑战——可能是因为我们想要离开，也可能是因为我们不得不离开。我们的道德始终具有为人类之间的互动制定规则的功能，使我们能够应对小群体中社会合作的尖锐问题。但是，我们现在面临的地缘政治问题超出了我们的能力范围。我们是否有能力发展出具有全球性和长期性的价值观和战略，还有待观察。如何才能在全人类，包括未来几代人的层面上实现社会合作？这个任务第一次摆在我们面前：我们不知道我们是否有能力完成这项任务，也不知道我们是否已经创造了一个我们再也无法安居乐业的世界。

政治分歧阻碍了这些问题的解决。但是，我们的政治信仰比我们想象的更加肤浅、更加短暂。它们不仅仅取决于鲨鱼袭击事件之类的巧合，而且通常完全没有我们想象的那么理性、那么有条理、那么有见识。我们的政治更多地与共同的群体身份有关，而不是与事实或对具体问题深思熟虑的解决方案有关。但这也意味着，政治极化并没有我们想象的那么严重。我们根本没有分歧——我们只是互相憎恨。当我们发现自己的政治忠诚没有想象中那么坚定时，这种分歧就可以被克服。

这些集体身份认同本应该就像一件随时可以脱下的薄斗篷。但命运却把它们变成了钢铁般坚硬的外壳，让我们难以挣脱。而我们的道德价值观又远没有我们想象的那么肤浅、那么短暂——事实上，它们极其稳定，而且是普遍共有的。不同的文化有着根本不同的价值观，但事实并非如此。在“守时是白人至上主义”和“我们需要重新恢复西方基督教的文化霸权”之间，存在着理智的沉默的大多数。集体身份认同表明我们是敌人，而我们本来可以是相互支持的（或至少相互无视的）朋友或邻居。但是，如果我们诉诸共同的道德价值观和准则来面对未来的一切，政治分歧是可以被克服的。

## 脆弱的意识形态

政治信仰是不稳定的。它们很容易被操纵。在一项实验中，如果欺骗实验参与者，让他们相信自己的主张与他们实际上的主张相反，他们就会很容易准备好去证明本不属于他们的政治观点的合理性。[2]

瑞典心理学家托马斯·斯特兰德贝里和他在隆德大学的同事们让参与者用 1 到 9 的等级来表示他们是否同意各种带有政治内容的声明。例如，“以色列在与哈马斯的冲突中采取的暴力行动在道义上是正当的，尽管给巴勒斯坦方面造成了平民伤亡”或“如果瑞典政府已宣布移民为非法，并宣称他们应该返回家园，那么庇护移民在道义上是应该受到谴责的”。为了读到陈述的第二部分，受试者必须把夹板最上面的一页向后翻折；在受试者没有注意到的情况下，这一页在再次翻折回来时，背面隐藏的一个部分被带了出来，上面的陈述内容被颠倒了过来，因此他们对瑞典移民政策的赞同变成了反对（反之亦然）。当被问及此事时，大多数参与者都仍然毫不犹豫地愿意为他们在第一轮中拒绝但现在显然积极赞成的立场进行辩护。

斯特兰德贝里和他的同事在 2016 年美国总统大选辩论期间进行的第二项研究表明，看似极端的政治立场是多么容易去极端化。[3]这项研究的参与者大多是在曼哈顿各个公共公园中随机接触的散步者，他们被邀请根据几种人格特质——魅力、勇气、激情、经验或可信度——在一个滑块上为希拉里·克林顿和唐纳德·特朗普这两名候选人打分。科学家们秘密记录了受试者的评价，并在不久后将评价结果返还给他们，不过形式要温和得多。同样，只有极少数人发现了答案是被篡改过的，大多数人都能为伪造的答案给出似是而非的理由。一位受试者原本将“经验丰富”的滑块移到了克林顿一方的94%，现在被修改为59%这一相对温和的答案，他为这个改后的答案给出理由说：“我认为两人在各自的领域都很有经验。特朗普是一位非常成功的商人。当然，希拉里也有多年的从政经验。所以……我认为他们都很有经验。”

我们的政治非理性在任何问题面前都不会止步。我们应该如何应对气候变化？在干细胞研究、同性婚姻、最低工资或移民政策问题上的正确立场是什么？是否应该恢复死刑？大多数涉及道德问题的政治议题在内容上彼此关系不大，它们是“理性正交”（rational orthogonal）的，也就是说在逻辑上彼此独立，其中任何一个问题的正确答案都不会影响到其他问题的正确答案。

然而，在大多数情况下，我们可以从一个人对其他议题的看法，推断出他对某个议题的看法。如果一个人认为气候变化是一个严重的问题，需要立即采取严厉的行动，那么他很可能对同性婚姻持自由主义态度。支持死刑的人可能不支持移民。既然在这些问题上的立场可以自由组合，为什么还会出现这种情况呢？[4]

在一系列逻辑上彼此独立的问题上，政治光谱的一方会理所当然地采取正确的立场，而另一方会自然而然地采取错误的立场，这种可能性有多大？是什么让我们如此确信自己站在“正确”的一边？如果我们的政治信仰仅仅建立在“我们”群体的信仰之上，那么我们形成观点的方式就很难在理性上站得住脚。这并不是说，采纳我们所信任的他人的信仰总是非理性的，因为正如我们曾多次看到的那样，吸收他人的知识是明智的，也是别无选择的。反之，问题在于，一个经过意识形态预先筛选的信息环境会破坏知识的理性传播。

因此，美国经济学家布赖恩·卡普兰提出了一个**意识形态**图灵测试[5]：你能否将对手的政治观点和建议表述得让**对手**接受？如果你不能——而且有很多证据表明大多数人都很难通过这一测试——那么你很可能已经成为自己意识形态偏见的受害者。你的政治信仰已经与你的身份和价值观融为一体，以至于你只能将与自己不同的政治观点视为愚蠢或卑鄙的表现。[6]

为什么许多人对更激进的气候政策持怀疑态度？因为在谎言、虚假信息和资本主义增长的意识形态的欺骗下，他们宁愿看到自己的股票投资组合增值，也不愿为人类的未来担忧。为什么许多人认为应该更彻底地重新分配财富？因为他们怯于工作，忌恨他人，在经济上毫无头绪，并不乐于见到他人的成功。这些解释偶尔甚至可能是对的。但气候怀疑论者和再分配论者自己不太可能用这种方式来证明他们的观点是正确的。这些对政治对手动机的描述，是不适合作为富有成效的辩论的起点的。你能通过测试吗？

## 将我们联系在一起的谎言

当谈到政治问题时，我们会成为意识形态层面的党派分子，我们的行为更像是狂热的流氓在为自己的球队欢呼，而不是像自主的公民，在运用自己的理性能力为具体问题寻找合理的解决方案。[7]

加纳裔英国哲学家夸梅·安东尼·阿皮亚将我们的社会身份描述为"将我们联系在一起的谎言"[8]。我们将自己视为德国人或日本人、天主教徒或印度教徒、欧洲人或非洲人、白人或黑人或棕色人种、上层阶级或工人阶级、异性恋者或同性恋者——尽管这些身份可能是真实的，但它们只是社会建构；从外太空看地球，你看不到国界，而我们的DNA也不会透露我们是"老贵"还是"新富"。

我们的政治派别似乎取决于我们接受什么样的意识形态立场。但事实并非如此。实际上，情况恰恰相反，我们所接受的实质性立场取决于我们认为自己属于哪种政治身份。社会存在决定思想意识。

在美国，几十年来，民主党一直被视为扩大社会安全网的倡导者，支持为各种旨在实现社会正义和社会经济平等的政策提供更慷慨的资助。共和党人则倾向于对福利国家的干预持更加怀疑的态度，主张减少政府赤字，强调个人自由和责任的重要性，并对动机良好但不明智的再分配措施可能带来的激励结构问题提出警告。但是，如果你向民主党的公开支持者描述一套严格紧缩的措施，并声称这是由他们自己的政党提出的，他们就会欣然同意；如果你向共和党人提出一套异常慷慨的方案，并将其归于保守派阵营——尽管在内容上与他们自己政党的所谓意识形态核心相矛盾——他们同样会赞成。对政治候选人道德品质的评价也在很大程度上取决于身份认同因素[9]：同样的行为，如果是自己政治阵营的成员所为，就会被归类为无伤大雅的失礼行为；如果是敌方阵营的成员所为，就会被归类为不可原谅的道德践踏。就我们的政治信仰而言，几乎总是政党高于政策。[10]

正如政治学术语所说，大多数人在意识形态上都是无辜的。[11]他们很难理解，更不用说阐明政治立场。他们无法参与关于政治原则的讨论，对"自由主义"或"社会主义"等抽象概念感到困惑或无动于衷，对政治议程上的几乎所有具体问题，从税率、学校政策到医疗系统，都无法发表任何意见，即使这些问题与他们切身相关。他们被日常的需求分散了注意力，忙于购物和检查孩子们的家庭作业，没有时间认真、彻底地关注各个政党的纲领所倡导的意识形态选择。我们感觉自己属于哪个政党，几乎完全是一个社会身份认同的问题。

"各尽所能，按需分配。"当被问到时，半数美国公民都说这句话出自美国宪法，而事实上，这句话出自马克思的《哥达纲领批判》。[12]

政治问题错综复杂，即使是较为简单的问题，要形成明智的立场也需要丰富的专业知识，而这些专业知识甚至超出了那些毕生致力于某一科学领域的专家的能力。在评估欧洲货币政策的宏观经济细节，农业的补贴需求，社会贫困家庭的教育状况，相互竞争的医疗保险制度的优缺点，公平住房政策的要求，德国、以色列和巴勒斯坦之间的外交关系，联邦国防军的适当预算编制以及博物馆、剧院和公园的资金需求等方面，谁又能真正称得上了如指掌呢？我们——我们所有人——在如此复杂的问题上形成自己的政治观点时所表现出的轻率，以及我们在阐述这些观点并将持不同观点的人斥为偏执的野蛮人时所表现出的自信，都令人叹为观止。

政治参与是一个典型的集体行动问题，是一个囚徒困境，在这一困境中，个人理性的行动选择对集体来说是破坏性的。[13]投票、示威和发推文会让我们产生一种积极参与政治的温暖舒适感，并让我们能够通过对所在的政治内部群体发出忠诚信号来获得地位的提升。但是，个人的非理性和无知的代价接近于零，因为个人的投票无论如何都不会产生任何影响。既然每个人都是如此，那么我们所有人都会消耗更多的政治非理性，而这对我们的政体无益。奥地利经济学家约瑟夫·熊彼特早在八十年前就对这一现象进行了总结："因此，典型的公民一旦进入政治领域，其智力水平就会下降。他论证和分析的方式在他的利益范畴内很容易被认为是幼稚的。他变成了一个原始人。"[14]

## 两极分化的神话

不久前，西方民主国家的学者和知识分子还认为相反方向的问题更为紧迫：我们的政治格局**两极分化得还不够**，这是战后人们经常表达的抱怨，因为民主政体只有为公民提供真正的选择才能生存。[15] 不幸的是，政治现实似乎证实了所谓的中间派选民定理，根据该定理，赢得选举的努力最终必然会导致意识形态同质化的平衡，因为每个政党只有不断地向“中间派”选民靠拢才能赢得更多选票。

今天，对更加两极分化的渴望在我们看来有些令人感慨：在我们生活的这个世界，有一半的父母不赞成自己的子女与来自“另一”政治阵营的人结婚；而在 20 世纪 60 年代，这种情况还只是极少数。[16] 近几十年来，城市、街区和社区之间的隔离日益加剧，这确保了文化环境和政治立场在日常生活中获得越来越多的关注，直到普伦茨劳贝格区和格洛肯巴赫区仅由彼此难以区分的离经叛道者组成。[17]

但政治两极分化在很大程度上只是特别明显的少数群体的表面现象。[18] 所谓的“百分之一规则”是指，在互联网网站的所有用户中，只有 1% 的人积极参与并添加新内容；其余 99% 的人只是“潜水者”，即他们只是（被动地）闲逛。这 1% 的用户在意识形态上并不中立，因为政治立场最极端的人自然最愿意公开发表自己的意见和建议。由于其余 99% 持不那么极端立场的人保持沉默，这就造成了一种印象，即推特或 Reddit（一个社交新闻站点）上的每个人都是意识形态狂热分子，而事实上绝大多数人都接受温和的立场，并认为意识形态相互对立的阵营应该妥协。[19] 这导致我们在意识形态图灵测试中的成绩变得越来越差，因为我们认为我们的政治“敌人”拥有的政治立场比他们实际支持的立场更加极端和激进。[20]

两极分化并不是指政治团体坚持某些信仰并逐渐代表这些信仰更极端的版本，而是指它们日益**分化**为对立的政治派别。[21] 50 年前，人们可以在每个党派中找到自由派和保守派、左翼和右翼的立场，而在过去几十年中，政治团体和意识形态立场正在加速调整。因此，与其说这是激进化，不如说是分离化。

从政党政治的角度来看，这个问题在美国尤为突出，因为美国的政治体制奉行“赢家通吃”原则，几乎注定会形成两党格局（这种趋势被称为“迪韦尔热定律”）。但在德国乃至欧洲，我们最近也观察到政治运作重新意识形态化的类似趋势。

毕竟，政治两极分化在很大程度上根本不涉及意识形态层面，而纯粹是一种情感现象。我们根本没有分歧，我们只是互相憎恨。[22] 从民意调查到隐性测量方法，再到经济博弈中明显的行为差异，各种数据都反映了政治阵营之间日益增长的敌意。[23] 对意识形态对立群体的厌恶甚至比任何种族偏见都要强烈得多。当要求研究参与者向候选人授予（虚拟的）奖学金时，几乎不存在因候选人是白人或黑人而产生的偏向差异；但在所有民主党人和共和党人中，有 80% 的人更青睐来自自己政治阵营的申请人，即使其学术资质稍逊一筹。这种形式的政治两极分化与群体内的道德自我表达密切相关——激进化源于出价竞争，在这种竞争中，越来越极端的政治立场被用来换取社会声望的提升。[24]

政治两极分化，即便主要是情感上的而非意识形态层面的，也可能会加剧意识形态茧房的破坏性影响。那些发现自己处于认知泡沫中的人甚至不会与其他人和其他观点接触——他们因孤立而受到误导。[25] 但身处认知茧房中的人情况更糟——他们已经学会了**主动不信任**偏离己方群体共识的观点。这种区别非常重要，因为泡沫和茧房需要不同的治疗方法。泡沫可以通过教育，用以前不知道的新信息渗透进去来戳破；但在茧房之中，与不熟悉的、不同的观点对抗仍然是无效的，而且可能会加强茧房中的人在认知上的孤立，因为从已经不信任的人那里听到不同意见会进一步强化自己的观点。

合作的逻辑确保我们将自己认定为值得信赖的群体成员。我们的思维是“部落式”的，即为部落思维而生的。[26] 在我们各自的群体中，发出忠诚的信号是很重要的，这些信号可以被其他部落成员感知并理解为可靠的标志。这一功能首先可以通过那些具有身份认同效应的信仰来实现，因为这些信仰无论如何都不会被所有人接受，而是具有群体特定性的。对疫苗接种的有效性或人类行为影响气候变化的真实性持怀疑和否定态度，注定会对这种身份认同的形成产生影响。

如果激起对立群体的反应，导致极端主义不断升级，其结果将是致命的。许多社会病症实际上只是集体行动的问题，如果要与之抗争，就必须这样理解。气候变化就是一个典型的例子：二氧化碳的排放导致地球大气变暖是一个囚徒困境，因为每个人消耗能源都是理性的。这种消耗的弊端几乎可以完全外化，因为没有人拥有环境，也没有人可以要求个人为破坏环境付出代价，从而将个人破坏环境的行为降低到社会生态可接受的水平。

问题在于，以这种方式看待世界是极其违反直觉的。但也不可能有别的结果，因为集体行动的问题是自我隐藏的。500万年的生物、文化和社会进化塑造了我们的思维，使我们自动地将合作选择视为理所当然，而没有意识到，从策略均衡的角度来看，不合作的选项更受青睐。几十年前，当专家首次发现全球气候波动的惊人模式时，他们就开始警告说，人类正面临着一个非常严重的问题，它将带来灾难性的后果。即使是那些对最危言耸听的预测持怀疑态度的人也不否认，全球变暖将带来各种非常严重的后果——从对全球经济的灾难性打击，到自然灾害和极端天气事件的增加，再到饥荒、生物多样性的急剧丧失和沿海居民的流离失所。[27]

人们自然希望，面对这种威胁和在国家层面解决这些问题之不可能，人类能够团结起来，果断地解决这第一场真正的人为全球危机。当这一对策未能实现时，环保活动家开始介入，但由于误解了问题的本质，他们开始加大力度对全球变暖的风险发出警告。如果人们没有团结一致解决问题，显然是因为他们还不够害怕。因此，必须让他们更加害怕，直到他们最终振作起来，采取行动。当这样也没有用时，这些活动家就开始怀疑，是邪恶利益集团在作祟。对于无良资本家来说，从他们的生意中榨取最后的利润显然比为他们的子孙后代留下一个适宜居住的星球更为重要。这导致了越来越加剧的恐慌、对局势越来越严重的夸大和越来越极端的建议，而这些越来越不被大众接受，“我们必须在 20 年内将世界人口减少到 10 亿，从今往后所有人都要靠自家后院菜园的丰收过活，否则我们将面临世界末日的威胁”，这并不是一个容易达成共识的建议。反对派政治阵营的反应是干脆完全无视忧心忡忡的气候科学家原本严肃的预测。结果是，我们有了一批在政治上有影响力的、反科学的气候怀疑论者和一批在政治上有影响力的、反科学的末日预言家，他们要么否认问题的存在，要么提出适得其反的措施，因为双方都从根本上误解了这一预测的逻辑。

政治两极分化是可以克服的，只要我们了解其根源。我们的政治信仰是不稳定的、肤浅的、非理性的、无知的；两极分化在很大程度上是一种情感现象——当我们无法认同他人时，我们就会不信任他人；当他们不属于“我们”时，我们就会开始憎恨他们，尽管实际上我们之间的共同点要多于分歧。

## 今天我要试试我的新刀（对一个毫无戒心的路人）

长期以来，道德多样性现象一直是西方经典中令人困扰的话题。早在 2 500 年前，希腊历史学家希罗多德在《历史》中就有记载：

> 大流士国王在位时，有一次召集了身边所有的希腊人，

问他们，给他们什么报酬，他们会愿意吃掉自己祖先的尸体。但这些人回答说，无论如何，他们都不愿意这样做。然后，大流士召来了吃父母尸体的印度卡拉提耶人，当着希腊人的面问他们——通过翻译，他们听懂了大流士说的话——给他们什么报酬，他们愿意焚烧他们死去的父亲。他们大声呼喊，恳求他不要再说这种不敬虔的话。各国的风俗便是如此，品达说风俗是万物之王，在我看来这是正确的。[28]

米歇尔·德·蒙田在其著名的《论食人部落》一文中，用类似的观察谴责了16世纪法国社会虚伪的自以为是。[29]但今天也依然如此吗？风俗真的是万物之王吗？

我们人类拥有共同的道德价值观，这一事实不仅可以通过我们精心挑选的逸事来支持，还可以通过严格的社会科学方法来验证。[30]几十年来，“施瓦茨价值观调查”（Schwartz Value Survey）一再证实，这个世界存在着一些基本价值观，被所有文化背景的人都视作具有约束力的。个人的安全与自由、关爱与宽容、幸福、自主与自我实现，在全世界所有文化中都被认为是重要的。这些价值观的不同优先级主要是由于社会经济差异，而不是由于道德观念的根本分歧。[31]

《人际关系地区档案》（*Human Relations Area Files*）是一部人种学作品集，收录了来自世界各个文化区域的数千份档案。奥利弗·库里和他的同事们根据严格的标准，从603个不同的来源中挑选出 3 460 个段落，这些段落来自各个大洲、各个世纪的 60 个不同的社会——有大有小，有简单有复杂，有传统的也有经济发达的——并对其道德内容进行了研究。他们安排对研究假设一无所知的工作人员独立做出选择，然后由另一位工作人员对所选行为模式的**好坏**进行编码。在诸如乐于助人、合作、尊重、公平、勇敢或主人翁精神等价值观方面，不同文化间的一致率高达 99.9%。[32]

但是，难道我们不知道存在着根本性的道德分歧吗？难道我们不知道其他地方和其他时代的人与我们有着根本不同的价值观吗？当我们审视其他文化和时代时，我们难道没有看到食人、奴役、人祭、角斗、烧死女巫、缠足、割礼、种族灭绝和杀婴等怪异的景象吗？

人类社会之间的道德差异必须与跨文化的相似性相平衡。很少有哪种文化差异能比古代中国与现代西方社会的差异更大的了。但我们发现，即使在这些相隔千年万里的文化之间，道德差异也是微乎其微的。儒家的《论语》提倡自制、美德、尊重朋友和父母、同情弱者、重视承诺的价值和正义的重要性。[33] 这些措辞既古老又陌生，而且道德优先事项与我们的不太一致。但是，如果认为这是一种与我们截然不同的道德文化，其价值观与我们的格格不入，那将是有害的，也是错误的，而且这种观点经常被专制政权滥用来否定外界的批评。

尽管当时的人们接受了我们现在（正确地）认为令人憎恶和不道德的做法，但我们不应低估即使在当时也存在的文化内部分歧的程度。说几个世纪前的“人们”认为奴隶制在道德上没有问题，是不准确的。葡萄牙王室的史官戈梅斯·埃亚内斯·德祖拉拉曾这样描述一艘奴隶船抵达拉各斯港的情况：

> 但是，无论多么坚硬的心，看到这群人，都不会不被他们虔诚的情感打动。有些人低着头，泪流满面。另一些人则痛哭流涕，目不转睛地望着天空，似乎在向自然之父求救。还有一些人双手捂住脸，倒在地上；还有一些人则用歌声来表达他们的哭泣……。但雪上加霜的是，那些负责把他们分开的人也赶了来，将他们分成五人一组；儿童必须与父母分离，妇女必须与丈夫分离，兄弟必须与兄弟分离。[34]

在这里，我们看到的不是一个被困在认为奴隶制是自然的、美好的和正确的文化中的人在冷漠地耸肩。相反，我们听到的是健康的人类同情心，看到的是奴隶制的可怕之处。每当**我们**把在看似陌生的历史或社会文化背景下遇到的行为、做法或举止视为不道德而加以摒弃时，**当时当地**也会有人赞同我们的观点，同样认为这种做法是可耻的、应受谴责的。令人惊讶的是，当我们声称奴役在当时被认为是允许的时候，我们几乎总是不提**那些被奴役的人**自己会怎么想。但是，对过去进行渲染所带来的令人愉悦的恐怖感是如此诱人，它会让我们忽视相似之处，夸大不同之处。

我们不应偏袒错误的一方。我们有时会听说，在中世纪的日本，在毫无戒备的路人身上试用自己的新刀在道德上是可以接受的。[35]这种做法被称为“辻斩”，即武士出其不意地将一个人从肩膀砍到臀部，以此来测试他新获得的武士刀的锋利程度。但是，谁会认为这种鲁莽的不人道行为在道德上是可以接受的呢？顶多是武士自己，但这也只是极少数人。那些被杀害的毫无防备的路人怎么办？他们的家人、朋友、同胞怎么办？除了那些实施“辻斩”的人，还有谁会认为“辻斩”在道德上是无懈可击的或光荣的呢？（事实上，这种行为准则是否真的存在或者有多么普遍，现在还存在争议。它可能是针对个别杀人犯的过激行为，即使在当时也被视为残忍的犯罪，并会受到相应的惩罚。[36]）在许多情况下，外来的或过去的习俗（如人祭、割礼或奴隶制）被引为根本价值冲突的证据，情况也是类似的——我们常常错误地让一个文化所谓的良善和正义被一小撮精英阶层的逸事左右，我们错误地将他们残酷自私的反常行为当作那整个文化的决定性特征。

总有一些享有特权的社会群体用精心设计的意识形态为其不道德的行为辩护，将其说成是别无选择、不可避免的，淡化其后果或贬低受害者。如果我们接受他们的观点，我们就不是在践行对文化多样性的宽容，而是再次站在了强权的一边，让他们决定自己文化的价值观是什么，让弱者和弱势群体再次沉默。

## 这盛大的节日

将我们联结在一起的道德价值观比我们相信的要更为深刻，而分裂我们的政治分歧却没有我们认为的那么深刻。

随着人类社会越来越繁荣、和平越来越持久，我们的优先事项发生了变化。物质上的安逸和社会政治上的稳定推动社会朝着解放价值观的自由化发展。[37] 道德共同体的边界被扩展到包容了越来越多的成员，新的自由得到实现，武断的准则被提出来并得到讨论。有害的传统和歧视性的做法得到道德的审视，并在必要时被建议废除。现代社会越来越有能力、最终更加认真地对待边缘化群体的关切。

但是，许多期望中的改进迟迟未能实现。人们意识到种族主义、性别歧视和其他形式的排斥与歧视是错误的，应该加以克服，但这并不总能导致它们被迅速消除；因为现代社会是一个顽固的怪胎，不可能仅仅为了满足道德先锋的平等主义理想而轻易被重塑——无论这些理想是多么值得称赞，多么崇高，多么合理。

出于极度的紧迫感，人们越来越多地将注意力转移到象征性的语言领域，因为虚无缥缈的文字和图像世界比顽固不化的传统和制度领域更容易、更快地发生改变。由于自由、个性和机会均等的旧理想未能实现，这些理想在某个时刻便也被宣布为是可疑的。如果在一个自由平等的社会中，某些群体受到的压迫最终没有消失，那或许是因为这些理想本身为我们指出了错误的方向。自由和平等的**价值观**并没有确保自由和平等的**现实**，因此，为了让现代性最终赢得这场与自身的斗争，它必须被其对立面取代。如果强大的社会中心根本不想停止基于肤色、文化或性别的歧视，那么，就像人们对以前强加给自己的身份进行挑衅一样，再大胆一次——这些身份最终必将得到应有的权利。

被社交媒体和政党政治宣传破坏了的信息环境让我们进入认知的隔离状态，在这种状态下，我们情绪化的社会政治身份只能听到证实自己观点的内容。在没有真正的意见分歧的情况下，我们将自己划分为看似敌对的阵营，我们再也找不到出路了，尽管我们实际上可以找到。

我还能说什么呢？我想已经足够了。我们以一种新的方式看到了熟悉的事物，也看到了我们不知道的新事物。一片有着无数毛茸茸的灵魂的破碎土地，一场没有成员不沉醉的狂欢，他们在鲜血、汗水和欲望中团结在一起；纤细的手指在尘土中寻找最初的知识；老师和学生，石灰画成的线条小人，巴比伦市场上的石制油灯和芝麻油；我们一起做饭，也独自烹饪，看到了救赎和牺牲，看到了千种死状，看到树根和陶罐，看到运送被掳掠者的船只被大海吞噬，看到玩耍的孩子们折磨一只彩色的甲虫；看到了头顶的星空和内心的道德法则；我们越过村庄，然后来到河畔，乘末班火车来到海边，那里的石头上长着青苔，那么茂盛，清凉而翠绿；我们看到被缠住的双脚，木桩上被肢解的尸体，刻有法律和没有刻着法律的石头，赤身裸体的死人，戴着大帽子的国王，强盗和警察，签订的契约和先被打破后又被给予的承诺，数百万人的哭泣——无人安慰，无人复仇，无人记住，永远消失，如同雨中的泪水。

这是一段漫长的历史。现在，历史讲完了，我们还能彼此相爱吗？或许，这个充满争执与仇恨的盛大节日终有一天会结束。或许——谁知道呢！——这将成为一场群体庆典，它被理性释放，也被理性征服。

# 致 谢

在写作这本书的过程中，我得到了很多人的支持。对此我非常感激。

我要特别感谢我的出版商皮珀（Piper）的整个团队，尤其是Felicitas von Lovenberg、Anne Stadler和Anja Melzig；我的编辑Charly Bieniek、Martin Janik和Steffen Geier，感谢他们给予我鼓励、批评和指导性的反馈意见；感谢经纪公司的Michael Gaeb、Andrea Vogel、Eva Semitzidou、Elisabeth Botros和Bettina Wissmann；Philipp Hübl给了我决定性的推动力；感谢我在乌得勒支大学的学生和同事；感谢我的研究项目成员Charlie Blunden、Paul Rehren、Cecilie Eriksen和Karolina Kudlek；感谢从一开始就陪伴我的Volker和Kerstin Flemming；感谢我的家人。还有Romina、Clara和Julia，感谢你们的陪伴。

谨以此书献给每一个曾经给我教益的人。

# 注　释

## 序　言


1. Nietzsche, F. (1999 [1887]), 317
2. Stark, R. (1996); s. a. Prinz, J. (2007), 217 ff.


## 第一章


1. Wood, B. (2019), 65 ff.
2. Wood, B. (2019), 65 ff.; Dunbar, R. (2016), 8 ff.
3. Pattison, K. (2020); s. a. Leakey, M. & Leakey, S. (2020)
4. Wood, B. (2019), 71
5. Pievani, T. & Zeitoun, V. (2020)
6. Dunbar, R. (2016), 84
7. Newsom, L. & Richerson, P. (2021)
8. Freud, S. (2006 [1930])
9. Tomasello, M. (2016)
10. Dunbar, R. (1992)
11. Dunbar, R. (1996), 77
12. Pinker, S. (2011), 31 ff.
13. Bowles, S. (2009)
14. Turchin, P. (2016)
15. Kant, I., KU, 400
16. Dennett, D. (1996), 48 ff.
17. Mukherjee, S. (2010)
18. Nietzsche, F. (1999 [1886]), 146
19. Stanovich, K. (2004)
20. Dennett, D. (1995)
21. Greene, J. (2013), 12
22. Hrdy, S. (2009), 1 ff.
23. Hardin, G. (1968)
24. Veblen, Th. (2007 [1899])
25. Schelling, Th. (1980 [1960])
26. Simler, K. & Hanson, R. (2018), 28
27. Fehr, E. & Gächter, S. (2000)
28. Luhmann, N. (1984)
29. Bowles, S. & Gintis, H. (2011)
30. Bloom, P. (2013), 26
31. de Waal, F. (2006)
32. Brosnan, S. F. & de Waal, F. (2003)
33. Wittgenstein, L., ÜG, § 141
34. Dawkins, R. (2016 [1976])

35. Stanovich, K. (2004)
36. Hamilton, W. (1964)
37. Trivers, R. L. (1971)
38. Axelrod, R. (2006 [1984])
39. Sinnott-Armstrong, W. 2006, 40 ff.
40. Pagel, M. (2013)
41. Simler, K. & Hanson, R. (2018)
42. Zahavi, A. (1975)
43. Wilson, D. S. (1975); Smith, J. (1964)
44. Darwin, C. (1972 [1874]), 115 –116 (Übersetzung H. S.)
45. Sober, E. & Wilson, D. (1998)
46. S. a. Richerson, P. et al. (2016)
47. Pinker, S. (2012)
48. Haidt, J. (2021)
49. Henrich, J. & Muthukrishna, M. (2021)

## 第二章

1. Lyons, L. (2003)
2. Pinker, S. (2011), 149
3. https://www.washingtonpost.com/opinions/the-death-penalty-is-in-the-death-throes/2021/02/05/e332c23e-67cb-11eb-8c64-9595888caa15_story.html
4. Wrangham, R. (2019), 163
5. Dunbar, R. (2016), 11
6. Nietzsche, F. (1999 [1886]), 322
7. Nietzsche, F. (1999 [1886]), 323
8. Nietzsche, F. (1999 [1886]), 292
9. Nietzsche, F. (1999 [1886]), 302
10. Foucault, M. (1977), 9
11. Hare, B. & Woods, V. (2020); Hare, B. (2017)
12. Wrangham, R. (2019), 24 ff.
13. Hare, B. & Woods, V. (2020), 20 ff.
14. Dugatkin, L. A. & Trut, L. (2017)
15. Wilkins, A. S., Wrangham, R. W. & Fitch, W. T. (2014)
16. Damasio, A. (1994)
17. Lee, R. B. (2013), 129 (Übersetzung H. S.)
18. Dunbar, R. (2016), 156
19. Cochrane, L. (2019)
20. Boyd, R. & Richerson, P. J. (1992)
21. Bowles, S. & Gintis, H. (2011), 24 ff.
22. Fehr, E. & Gächter, S. (2002)
23. Greene, J. D. (2008), 50 ff.
24. Aharoni, E. & Fridlund, A. J. (2012)
25. Baron, J. & Ritov, I. (1993)
26. Aharoni, E. & Fridlund, A. J.(2012)
27. Fodor, J. (1983)
28. Cosmides, L. & Tooby, J. (2013)
29. Dunbar, R. (1996)
30. Hume, D. (2007) [1739–1740], 375
31. Kant, I., KpV, 153
32. Kant, I., MdS, 466 ff.
33. Henrich, J. (2016), 188 (Übersetzung H. S.)
34. Roth, M. P. (2014), 19 (Übersetzung H. S.)
35. Kitcher, P. (2011), 140
36. https://ourworldindata.org/homicides
37. Roth, M. P. (2014), 11; Lyons, L. (2003), 71 ff.
38. Henrich, J. (2020), 400
39. Henrich, J. (2020), 311
40. Herrmann, B., Thöni, C. & Gächter, S. (2008); Henrich, J. (2020), 216 ff.
41. Henrich, J. (2020), 401 ff. (Über-

setzung H. S.)
42. Kant, I., MdS, 333
43. Hegel, G. W. F. (1995 [1820]), § 100
44. Leeson, P. (2017)
45. Kadri, S. (2006)
46. Wrangham, R. (2019), 143
47. https://warorcar.blogspot.com/2008/09/panda-stealth-bomber. html
48. Surprenant, C. & Brennan, J. (2020)
49. Roth, M. P. (2014), 11
50. Levy, N. (2015)
51. Kleiman, M. (2009)
52. Ransmayr, Ch. (2018), 101 f.
53. Petersen, M. B. et al. (2012)

## 第三章

1. Sykes, R. (2020)
2. Suzman, J. (2021), 134 ff.
3. Hare, B. & Woods, V. (2020), 33 (Übersetzung H. S.)
4. Dunbar, R. (2016), 15 (Übersetzung H. S.)
5. Marean, C. W. (2015)
6. Sterelny, K. (2010)
7. Wild, M. (2008)
8. Harari, Y. N. (2015)
9. Kant, I., ApH, 321
10. Schofield, D. P. et al. (2018)
11. Aplin, L. M. (2019)
12. Henrich, J. (2016)
13. Herder (XXXX [1772])
14. Nietzsche (1999 [1886]), § 62
15. Scheler, M. (2018 [1928])
16. Plessner, H. (1975 [1928])
17. Gehlen, A. (2016 [1940])
18. Henrich, J. (2016), 1 (Übersetzung H. S.)
19. https://www.youtube.com/watch?v=BWKfJQpZtaM
20. Wrangham, R. (2009)
21. Wrangham, R. (2009), Kapitel 2
22. Sterelny, K. (2012)
23. Dawkins, R. (1982)
24. Sterelny, K. (2007)
25. Henrich, J. (2016), 57
26. Laland, K. (2017), 215 ff.
27. Heath, J. (2014), 84; s. a. https://www.scientificamerican.com/article/no-one-can-explain-why-planes-stay-in-the-air
28. Elsen, J., Cizer, O. & Snellings, R. (2013)
29. https://www.motherjones.com/politics/2009/05/fogbank-america-forgot-how-make-nuclear-bombs
30. Dawkins, R. (2016 [1976])
31. Sperber, D. (1996)
32. Boyd, R. & Richerson, P. J. (2006), 5 (Übersetzung H. S.)
33. Boyd, R. & Richerson, P. J. (2006), 237
34. Sterelny, K. (2017)
35. Heyes, C. (2018)
36. Fodor, J. (1983)
37. Nagell, K., Olguin, R. S. & Tomasello, M. (1993)
38. Henrich, J. (2016), 28
39. Henrich, J. (2016), 97 ff.
40. Christakis, N. (2019), 372
41. Wilson, R. A. & Keil, F. (1998)
42. Henrich, J. (2016), 104 ff.

43. Leeson, P. (2017), 101 ff.
44. Freud, S. (1917)
45. Schopenhauer, A. (1988 [1859]), 11
46. Nietzsche, F. (1999 [1873]), 875
47. Kelly, D. & Hoburg, P. (2017)
48. Kant, I. (1999 [1784])
49. Levy, N. & Alfano, M. (2020)
50. Burke, E. (2014 [1790]), 173
51. Christakis, N. (2019), 59 ff.
52. Richerson, P. (2013)

## 第四章

1. Maisels, Ch. K. (1999), 25 f.
2. Wengrow, D. (2010)
3. Jaspers, K. (2017 [1949])
4. de Waal, F. (1998)
5. Renfrew, C. (2008)
6. Widerquist, K. & McCall, G. (2015)
7. https://aeon.co/essays/not-all-early-human-societies-were-small-scale-egalitarian-bands
8. Diamond, J. (1998) und (2005)
9. Diamond, J. (1987)
10. Hobbes, Th. (1966 [1651]), 96
11. Rousseau, J.-J. (1998 [1755])
12. Clark, G. (2007); Sahlins, M. (2017)
13. Boehm, Ch. (1999)
14. Lee, R. B. (1979), 244–246 (Übersetzung H. S.)
15. Marx, K. (1958 [1844])
16. Scott, J. C. (2017)
17. Turchin, P. (2016)
18. Morris, I. (2015)
19. Diamond, J. (2005)
20. Diamond, J. (2005), 79 ff.; DiNapoli, R. J., Rieth, T. M., Lipo, C. P. & Hunt, T. L. (2020)
21. Tainter, J. A. (1998)
22. Turchin, P. (2016), 131 ff.
23. Flannery, K. & Marcus, J. (2012)
24. Singh, M. & Glowacki, L. (2022)
25. Graeber, D. & Wengrow, D. (2021)
26. Graeber, D. & Wengrow, D. (2021), 96
27. Fukuyama, F. (1992)
28. Kramer, S. N. (1963), 336 ff.
29. Norenzayan, A. (2013)
30. Whitehouse, H., Francois, P., Savage, P. E., Currie, T. E., Feeney, K. C., Cioni, E., ... & Turchin, P. (2019)
31. Henrich, J. (2020), 123 ff.
32. Shariff, A. F. & Norenzayan, A. (2007)
33. Cohen, G. A. (2009), Brennan, J. (2014)
34. Norton, M. I. & Ariely, D. (2011)
35. Boyer, P. & Petersen, M. B. (2018)
36. Starmans, C., Sheskin, M. & Bloom, P. (2017)
37. Parfit, D. (1997)
38. Frankfurt, H. (1987)
39. Nozick, R. (1974)
40. Leiter, B. (2019)
41. Husi, S. (2017)
42. Sterelny, K. (2021), Kapitel 4
43. Scheidel, W. (2017)
44. Gottfried (1983), 45 (Übersetzung H. S.)
45. Diemer, M. A., Mistry, R. S., Wadsworth, M. E., López, I. & Reimers, F. (2013)
46. Piketty, Th. (2014)

47. Kuznets, S. (1955)
48. https://www.oxfam.org.uk/media/press-releases/worlds-22-richest-men-have-more-wealth-than-all-the-women-in-africa
49. Clark, G. (2014)
50. Bourdieu, P. (1987 [1979])
51. O'Connor, C. (2019)
52. Wilkinson, R. & Pickett, K. (2010)
53. Case, A. & Deaton, A. (2020)
54. Smith, A. (1976 [1776]), Buch 5, Kapitel II (Übersetzung H. S.)
55. Freiman, Ch. (2017), Kapitel 6
56. McCullough, M. E. (2020), Kapitel 7
57. Markovits, D. (2020); Sandel, M. J. (2020)
58. Sandel, M. J. (2020) 33
59. Sandel, M. J. (2020) 90

## 第五章

1. Tönnies, F. (2010 [1887])
2. Durkheim, E. (1992 [1893])
3. Weber, M. (1995 [1919])
4. Henrich, J. (2020), 192
5. Henrich, J., Heine, S. J. & Norenzayan, A. (2010)
6. Henrich, J. (2020), 44
7. Henrich, J. (2020), 44
8. Asch, S. (1956)
9. Henrich, J. (2020), 216 ff.
10. Henrich, J. (2020), 24
11. Henrich, J. (2020), 33
12. Barrett, H. C., Bolyanatz, A., Crittenden, A. N., Fessler, D. M., Fitzpatrick, S., Gurven, M., ... & Laurence, S. (2016)
13. Henrich, J. (2020), 410
14. Henrich, J. (2020), 491 ff.
15. Henrich, J. (2020), 162 f. (Übersetzung H. S.)
16. Henrich, J. (2020) 197
17. Henrich, J. (2020), 192 (Übersetzung H. S.)
18. Henrich, J. (2020), 236
19. Henrich, J. (2020), 416
20. Weber, M. (1995 [1919])
21. Husserl, E. (2012 [1936])
22. Aristoteles (1995) Buch II (B)
23. Physiologus (2001)
24. McCullough, M. E. (2020), 193 ff.
25. Kehlmann, D. (2017), 27 f.
26. Schneewind, J. B. (1998)
27. Hume, D. (2007 [1739–1740]), Buch III, Teil I, Abschnitt I
28. Kant, I., GMS, 421
29. McCloskey, D. (2006)
30. Elias, N. (1997), 261 ff.
31. Malthus, Th. R. (1970 [1798])
32. Pomeranz, K. (2001)
33. Deaton, A. (2013)
34. https://ourworldindata.org/economic-growth
35. Diamond, J. (1998)
36. Brennan, J. (2021)
37. Baptist, E. E. (2014); Levy, J. (2012); Beckert, S. (2014); Hannah-Jones, N., Roper, C., Silverman, I. & Silverstein, J. (2021)
38. Livingstone Smith, D. (2011) 76 (Übersetzung H. S.)
39. Hochschild, A. (1998)

40. Brennan, J. (2021), 122 ff.
41. Acemoglu, D. & Robinson, J. A. (2012)
42. Henrich, J. (2016), 220 f.
43. Heath, J. (2004)
44. Henrich, J. (2020), 477

## 第六章

1. Glover, J. (2012), 58 (Übersetzung H. S.)
2. Schmitt, C. (1976 [1932]), Abschnitt 6
3. Glover, J. (2012)
4. McCullough, M. E. (2020)
5. Schopenhauer, A. (1988 [1851]), § 149
6. Camus, A. (1951 [2001]), 10
7. Edgerton, R. B. (1992)
8. Sterelny, K. (2007b)
9. Browning, Ch. R. (2001 [1992])
10. Milgram, S. (1963)
11. S. Malle, B. F. (2006)
12. Arendt, H. (2021 [1964])
13. Kant, I. (1999 [1784b]), 23
14. Kant, I. (2001 [1793/94])
15. Doris, J. M. 2002; Doris, J. M. & Murphy, D. (2007)
16. Isen, A. M. & Levin, P. F. (1972)
17. Habermas, J. (2022), 174
18. Adorno, Th. W. & Horkheimer, M. (2020 [1947]), 9
19. Pauer-Studer, H. & Velleman, D. (2015)
20. Nussbaum, M. (2007), 939 (Übersetzung H. S.)
21. Pleasants, N. (2016)
22. Mercier, H. (2020), 129 ff.
23. Kershaw, I. (1983), 199
24. Stanley, J. (2020)
25. Chapoutot, J. (2020)
26. Marquard, O. (2015)
27. Hathaway, O. & Shapiro, S. J. (2017)
28. Pinker, S. (2011), 189 ff.
29. Kant, I. (1992 [1795/1796])
30. Pinker, S. (2011)
31. Nisbett, R. E. & Cohen, D. (1996)
32. Welzel, Ch. (2013), 71
33. Welzel, Ch. (2013), 107 und 143
34. Inglehart, R. (1977); Inglehart, R. (2018)
35. Pinker, S. (2018), 226 ff.
36. Easterlin, R. A. (1974)
37. Stevenson, B. & Wolfers, J. (2008)
38. Deaton, A. (2013)
39. https://cepr.org/voxeu/columns/awareness-poverty-over-three-centuries?fbclid=IwAR0d8_eC586C1GZ5d-hUhPHbdqXNYFgMbRpD5Fqkyo-Ol3Hmonvsn_4w QReaA
40. https://ourworldindata.org/extreme-poverty-in-brief
41. Hickel, J. (2016)
42. Dornes, M. (2016); Schröder, M. (2018), 100 ff.
43. Prinz, J. (2011)
44. Singer, P. (2011)
45. Buchanan, A. & Powell, R. (2018)
46. Crimston, D., Hornsey, M. J., Bain, P. G. & Bastian, B. (2018)
47. Waytz, A., Iyer, R., Young, L., Haidt, J. & Graham, J. (2019)
48. Graham et al. (2017)
49. Rawls, J. (1971)

50. Anderson, E. (2010)
51. Diamond, J. (2005)
52. Ehrlich (1968)
53. Spoto, D. (1999), 214
54. https://www.latimes.com/entertainment-arts/movies/story/2020-09-08/academy-oscars-inclusion-standards-best-picture
55. Buchanan, A. & Powell, R. (2018), 239–273
56. Kumar, V., Kodipady, A. & Young, L. (2020)
57. Zweig, S. (2017 [1942]), 104
58. Zweig, S. (2017 [1942]), 105
59. Nussbaum, M. C. (1998)
60. Appiah, K. A. (2011)
61. Sterelny, K. (2007b)
62. Bicchieri, C. (2005) und (2016)
63. Buchanan, A. & Powell, R. (2018)
64. Rhee, J. J., Schein, C. & Bastian, B. (2019)

## 第七章

1. Baldwin, J. (1963), 21
2. King, M. L. (1986), 217–221
3. https://www.theatlantic.com/magazine/archive/2014/06/the-case-for-reparations/361631
4. https://www.armuts-und-reichtumsbericht.de/SharedDocs/Downloads/Service/Studien/analyse-verteilung-einkommen-vermoegen.pdf? blob=publicationFile&v=3
5. https://www.destatis.de/EN/Themes/Labour/Labour-Market/Quality-Employment/Dimension1/1_5_GenderPayGap.html
6. Pinker, S. (2018), 216
7. https://www.vox.com/culture/21437879/stay-woke-wokeness-history-origin-evolution-controversy?fbclid=IwAR20NnYa8U6NRyLQpixl_hKGC1e_147-evIiLighF1J9YvbASrgJD6qHiY
8. https://astralcodexten.substack.com/p/the-rise-and-fall-of-online-culture
9. Crenshaw, K. (1989)
10. Adorno, Th. W. & Horkheimer, M. (2020 [1947]), 128 ff.
11. Frank, Th. (2004)
12. https://www.washingtonpost.com/climate-environment/interactive/2021/bird-names-racism-audubon/
13. Al-Gharbi, M. (im Erscheinen)
14. Turchin, P. (2013)
15. Bright, L. K. (im Erscheinen)
16. Táíwò, O. O. (2022), 6 ff.
17. Tucholsky, K. (1928 [1975])
18. Táíwò, O. O. (2022)
19. https://www.nytimes.com/2021/05/13/opinion/this-is-how-wokeness-ends.html?searchResultPosition=3
20. https://www.bloomberg.com/opinion/articles/2021-09-19/woke-movement-is-global-and-america-should-be-mostly-proud
21. Ramaswamy, V. (2021); https://spectrejournal.com/whats-new-about-woke-racial-capitalism-and-what-isnt
22. https://nymag.com/news/features/46170

23. https://www.youtube.com/watch?v=aFh08JEKDYk
24. Nagle, A. (2017)
25. https://www.theatlantic.com/international/archive/2021/03/krug-carrillo-dolezal-social-munchausen-syndrome/618289
26. Haslam, N. (2016)
27. Haidt, J. & Lukianoff, G. (2018)
28. https://theline.substack.com/p/joseph-heath-woke-tactics-are-as
29. Mill, J. S. (2009 [1859])
30. Levari, D. E., Gilbert, D. T., Wilson, T. D., Sievers, B., Amodio, D. M. & Wheatley, T. (2018)
31. https://stevenpinker.com/files/pinker/files/1994_04_03_newyorktimes.pdf
32. https://www.nytimes.com/2021/04/30/opinion/john-mcwhorter-n-word-unsayable.html; https://www.nytimes.com/2021/04/30/opinion/times-opinion-mcwhorter-essay.html; https://www.theatlantic.com/ideas/archive/2022/02/logical-end-language-policing/621500
33. https://3quarksdaily.com/3quarksdaily/2021/05/do-mention-it.html
34. https://www.playboy.com/read/playboy-interview-john-mayer
35. Chappell, S. G. (2021)
36. https://fakenous.net/?p=225
37. Heath, J. (2021)
38. https://www.vanityfair.com/news/2021/04/inside-the-antiracism-tug-of-war-at-an-elite-nyc-private-school
39. https://www.theatlantic.com/national/archive/2011/05/gathering-the-tribe/239060
40. McWhorter, J. (2021)
41. Reich, D. (2018)
42. DiAngelo, R. (2018)
43. https://whatever.scalzi.com/2012/05/15/straight-white-male-the-lowest-difficulty-setting-there-is
44. DiAngelo, R. (2018); Okun, T. (2010)
45. Mills, C. W. (1997)
46. Delgado, R. (1995)
47. Alexander, M. (2012); s. a. Pfaff, J. F. (2017)
48. https://www.theatlantic.com/magazine/archive/2014/06/the-case-for-reparations/361631
49. Kendi, I. X. (2019)
50. Singal, J. (2021), Kapitel 6
51. https://implicit.harvard.edu/implicit/germany/takeatest.html
52. Machery, E. (2022)
53. Maitra, I. (2018)
54. Du Bois, W. E. B. (1998 [1935])
55. https://fs.blog/david-foster-wallace-this-is-water
56. Bostrom, N. & Ord, T. (2006)
57. Solnit, R. (2014)
58. Fricker, M. (2007)
59. Manne, K. (2016)
60. Rini, R. (2021)
61. https://mattbruenig.com/2013/02/26/what-does-identitarian-deference-require
62. Toole, B. (2021)
63. https://inthesetimes.com/article/nyu-

grad-students-win-contract
64. McGillen, P. (2023)
65. Mercier, H. (2020), 202 ff.
66. Levy, N. (2017)
67. Pennycook, G., Cheyne, J. A., Barr, N., Koehler, D. J. & Fugelsang, J. A. (2015)
68. Hübl, P. (2018) und (2019)
69. Oreskes, N. & Conway, E. M. (2010)
70. Boyd, R. & Richerson, P. J. (2006)
71. Levy, N. (2022)
72. O'Connor, C. & Weatherall, J. O. (2019)
73. https://www.theatlantic.com/magazine/archive/2021/10/new-puritans-mob-justice-canceled/ 619818
74. Ronson, J. (2015)
75. https://www.newyorker.com/news/news-desk/from-aggressive-overtures-to-sexual-assault-harvey-weinsteins-accusers-tell-their-stories
76. https://babe.net/2018/01/13/aziz-ansari-28355
77. https://donaldgmcneiljr1954.medium.com/nytimes-peru-n-word-part-one-introduction-57eb6a3e0d95
78. https://s3.documentcloud.org/documents/3914586/Googles-Ideological-Echo-Chamber.pdf
79. https://www.canceledpeople.com/cancelations
80. Levy, N. (2019)
81. Simpson, R. M. & Srinivasan, A. (2018)
82. Tosi, J. & Warmke, B. (2016)
83. Levy, N. (2021)
84. Bicchieri, C. (2016)
85. MacAskill, W. (2015)
86. https://80000hours.org
87. https://www.givewell.org
88. https://www.thelifeyoucansave.org
89. Prinz, J. (2011)
90. Singer, P. (1972)
91. MacFarquhar, L. (2015), 71 ff.
92. https://www.givingwhatwecan.org
93. https://howrichami.givingwhatwecan.org/how-rich-am-i
94. https://www.givedirectly.org
95. Ord, T. (2020)
96. MacAskill, W. (2022)

## 结　语

1. Achen, Ch. H. & Bartels, L. M. (2016), Kapitel 5
2. Hall, L., Johansson, P. & Strandberg, T. (2012)
3. Strandberg, T., Olson, J. A., Hall, L., Woods, A. & Johansson, P. (2020)
4. Joshi, H. (2020)
5. https://www.econlib.org/archives/2011/06/the_ideological.html
6. Parker, V. A., Feinberg, M., Tullett, A.& Wilson, A. E. (2021)
7. Brennan, J. (2016), Kapitel 1
8. Appiah, K. A. (2019)
9. Walter, A. S. & Redlawsk, D. P. (2019)
10. Cohen, G. L. (2003)
11. Kinder, D. R. & Kalmoe, N. P. (2017)
12. Brennan, J. (2016), 29; Freiman, Ch. (2021), 12
13. Caplan, B. (2007)

14. Schumpeter, J. (2008 [1942]), 262 (Übersetzung H. S.)
15. Klein, E. (2020), Kapitel 1
16. Bail, Ch. (2021)
17. Bishop, B. (2009); Murray, C. (2010)
18. Fiorina, M. P., Abrams, S. J. & Pope, J. C. (2005)
19. Mercier, H. (2020), 211
20. Bail, Ch. (2021), 75; DellaPosta, D. (2020); s. a. Sauer, H. (2015)
21. Levendusky, M. (2009)
22. Mason, L. (2018) sowie Mason, L. (2018b); Iyengar, S. & Westwood, S. J. (2015)
23. Iyengar, S., Lelkes, Y., Levendusky, M., Malhotra, N. & Westwood, S. J. (2019)
24. Grubbs, J. B., Warmke, B., Tosi, J. & James, A. S. (2020)
25. Nguyen, C. T. (2020)
26. Funkhouser, E. (2022)
27. Heath, J. (2021b); Nordhaus, W. 2013; Brennan, J. & van der Vossen, B. (2018), Kapitel 11; Pinker, S. (2018, Kapitel 10); s. a. Wallace-Wells, D. (2019) und, als Kontrast, Lomborg, B. (2021) und Shellen-berger, M. (2020)
28. Herodot (2019), Drittes Buch, § 38
29. de Montaigne, M. (2011), 314–334
30. Schwartz, S. H., Cieciuch, J., Vecchione, M., Davidov, E., Fischer, R., Beierlein, C., ... & Konty, M. (2012)
31. https://www.worldvaluessurvey.org/wvs.jsp
32. Curry, O. S., Mullins, D. A. & Whitehouse, H. (2019); s. a. Sauer, H. (2019)
33. https://www.newappsblog.com/2015/02/why-i-deny-strong-versions-of-descriptive-cultural-moral-relativism.html
34. Drescher, S. (2009), 60 (Übersetzung H. S.); s. a. https://nec pluribusimpar.net/portuguese-chronicler-may-teach-us-moral-relativism
35. Midgley, M. (2005)
36. https://www.academia.edu/40029018/Tsujigiri_Mary_Midgley_s_Misleading_Essay_Trying_Out_One_s_New_Sword_
37. Welzel, Ch. (2013)

# 参考文献


Achen, Ch. H. & Bartels, L. M. (2016). *Democracy for Realists. Why Elections Do Not Produce Responsive Government*. Princeton & Oxford: Princeton University Press

Acemoglu, D. & Robinson, J. A. (2012). *Why Nations Fail. The Origins of Power, Prosperity, and Poverty*. London: Profile Books (deutsche Ausgabe: *Warum Nationen scheitern. Die Ursprünge von Macht, Wohlstand und Armut*. S. Fischer 2013)

Adorno, Th. W. & Horkheimer, M. (2020 [1947]). *Dialektik der Aufklärung. Philosophische Fragmente*. Frankfurt am Main: Fischer

Aharoni, E. & Fridlund, A. J. (2012). Punishment without Reason: Isolating Retribution in Lay Punishment of Criminal Offenders. *Psychology, Public Policy, and Law*, 18(4), 599–625

Alexander, M. (2012). *The New Jim Crow. Mass Incarceration in the Age of Colorblindness*. New York: The New Press (deutsche Ausgabe: *The new Jim Crow: Masseninhaftierung und Rassismus in den USA*. München: Kunstmann 2016)

Al-Gharbi, M. (im Erscheinen). *We Have Never Been Woke. Social Justice Discourse, Inequality and the Rise of a New Elite*. Princeton, NJ: Princeton University Press

Anderson, E. (2010). *The Imperative of Integration*. Princeton & Oxford: Princeton University Press

Appiah, K. A. (2011). *The Honor Code. How Moral Revolutions Happen*. New York/London: WW Norton & Company (deutsche Ausgabe: *Eine Frage der Ehre oder wie es zu moralischen Revolutionen kommt*. München: C. H. Beck 2011)

Appiah, K. A. (2019). *The Lies That Bind. Rethinking Identity*. London: Profile Books (deutsche Ausgabe: *Identitäten. Die Fiktionen der Zugehörigkeit*. München: Hanser Berlin 2019)

Aplin, L.M. (2019). Culture and cultural evolution in birds: a review of the evidence. *Animal Behaviour*, 147, 179 – 187

Arendt, H. (2021 [1964]). *Eichmann in Jerusalem. Ein Bericht von der Banalität des Bösen*. München: Piper

Aristoteles (1995). Physik. Vorlesung über die Natur. In: Aristoteles. *Philosophische Schriften*, Band 6. Hamburg, Meiner, 1 – 258

Asch, S. (1956). Studies of independence and conformity: A minority of one against a unanimous majority. *Psychological Monographs*, 70(9), 1 – 70

Axelrod, R. (2006 [1984]). *The Evolution of Cooperation*. Cambridge, MA: Basic Books (deutsche Ausgabe: *Die Evolution der Kooperation*. München: Oldenbourg 1987)

Bail, Ch. (2021). *Breaking the Social Media Prism. How to Make Our Platforms Less Polarizing*. Princeton & Oxford: Princeton University Press

Baptist, E.E. (2014). *The Half Has Never Been Told. Slavery and the Making of American Capitalism*. New York: Basic Books.

Baldwin, J. (1963). *The Fire Next Time*. London: Michael Joseph (deutsche Ausgabe: *Nach der Flut das Feuer*. München: dtv 2019)

Baron, J. & Ritov, I. (1993). Intuitions about penalties and compensation in the context of tort law. *Journal of Risk and Uncertainty*, 7(1), 17 – 33

Barrett, H.C., Bolyanatz, A., Crittenden, A.N., Fessler, D.M., Fitzpatrick, S., Gurven, M., ... & Laurence, S. (2016). Small-scale societies exhibit fundamental variation in the role of intentions in moral judgment. *Proceedings of the National Academy of Sciences*, 113(17), 4688 – 4693

Beckert, S. (2014). *Empire of Cotton. A Global History*. New York: Knopf (deutsche Ausgabe: *King Cotton. Eine Globalgeschichte des Kapitalismus*. München: C.H. Beck 2014)

Bicchieri, C. (2005). *The Grammar of Society. The Nature and Dynamics of Social Norms*. Cambridge University Press

Bicchieri, C. (2016). *Norms in the Wild. How to Diagnose, Measure, and Change Social Norms*. Oxford University Press

Bishop, B. (2009). *The Big Sort. Why the Clustering of Like-Minded America is Tearing Us Apart*. Boston/New York: Mariner

Bloom, P. (2013). *Just Babies. The Origins of Good and Evil*. New York: Broadway Books (deutsche Ausgabe: *Jedes Kind kennt Gut und Böse. Wie das Gewissen entsteht*. München: Pattloch 2014)

Boehm, Ch. (1999). *Hierarchy in the Forest. The Evolution of Egalitarian Behavior*. Cambridge, MA: Harvard University Press

Bostrom, N. & Ord, T. (2006). The reversal test: eliminating status quo bias in applied ethics. *Ethics*, 116(4), 656 – 679

Bourdieu, P. (1987 [1979]. *Die feinen Unterschiede. Kritik der gesellschaftlichen Urteilskraft*. Frankfurt am Main: Suhrkamp 1982)

Bowles, S. (2009). Did warfare among ancestral hunter-gatherers affect the evolution of human social behaviors? *Science*, 324(5932), 1293 – 1298

Bowles, S. & Gintis, H. (2011). *A Cooperative Species. Human Reciprocity and its Evolution*. Princeton, NJ: Princeton University Press

Boyd, R. & Richerson, P.J. (1992). Punishment allows the evolution of cooperation (or anything else) in sizable groups. *Ethology and Sociobiology*, 13(3), 171–195

Boyd, R. & Richerson, P.J. (2006). *Not by Genes Alone. How Culture Transformed Human Evolution*. Chicago/London: The University of Chicago Press

Boyer, P. & Petersen, M.B. (2018). Folk-economic beliefs: An evolutionary cognitive model. *Behavioral and Brain Sciences*, 41

Brennan, J. (2014). *Why Not Capitalism?* London/New York: Routledge

Brennan, J. (2016). *Against Democracy*. Princeton & Oxford: Princeton University Press (deutsche Ausgabe: *Gegen Demokratie. Warum wir die Politik nicht den Unvernünftigen überlassen dürfen*. Berlin: Ullstein 2017)

Brennan, J. (2020). *Why It's Ok to Want to Be Rich*. New York: Routledge

Brennan, J. & van der Vossen, B. (2018). *In Defense of Openness. Why Global Freedom is the Humane Solution to Global Poverty*. New York: Oxford University Press

Bright, L.K. (im Erscheinen). White Psychodrama. *Journal of Political Philosophy*

Brosnan, S.F. & de Waal, F. (2003). Monkeys reject unequal pay. *Nature*, 425(6955), 297–299

Browning, Ch. R. (2001 [1992]). *Ordinary Men. Police Battalion 101 and the Final Solution in Poland*. London: Penguin (deutsche Ausgabe: *Ganz normale Männer. Das Reserve-Polizeibataillon 101 und die »Endlösung« in Polen*. Reinbek: Rowohlt 1993)

Buchanan, A. & Powell, R. (2018). *The Evolution of Moral Progress: A Biocultural Theory*. New York: Oxford University Press

Burke, E. (2014 [1790]). Reflections on the Revolution in France. In: Burke, E. (2014). *Revolutionary Writings*. Cambridge: Cambridge University Press, 1–251

Camus, A. (2001 [1951]). *Der Mensch in der Revolte*. Hamburg: Rowohlt

Caplan, B. (2007). *The Myth of the Rational Voter. Why Democracies Choose Bad Policies*. Princeton & Oxford: Princeton University Press

Case, A. & Deaton, A. (2020). *Deaths of Despair and the Future of Capitalism*. Princeton & Oxford: Princeton University Press (deutsche Ausgabe: *Tod aus Verzweiflung. Der Untergang der amerikanischen Arbeiterklasse und das Ende des amerikanischen Traums*. Kulmbach: Plassen 2022)

Chapoutot, J. (2018). *The Law of Blood. Thinking and Acting Like a Nazi*. Cambridge, MA: The Belknap Press (deutsche Ausgabe: *Das Gesetz des Blutes. Von der NS-Weltanschauung zum Vernichtungskrieg*. Darmstadt: Philipp von Zabern 2016)

Clark, G. (2007). *A Farewell to Alms. A Brief Economic History of the World*. Princeton & Oxford: Princeton University Press

Clark, G. (2014). *The Son Also Rises. Surnames and the History of Social Mobility*. Princeton & Oxford: Princeton University Press

Cochrane, L. (2019). *Miracle in the Cave. The 12 Lost Boys, Their Coach, and the Heroes Who Rescued Them*. New York: HarperCollins

Cohen, G. L. (2003). Party Over Policy: The Dominating Impact of Group Influence on Political Beliefs. *Journal of Personality and Social Psychology*, 85(5), 808 – 822.

Cohen, G. A. (2009). *Why Not Socialism?* Princeton: Princeton University Press (deutsche Ausgabe: *Sozialismus – warum nicht?* München: Knaus 2010)

Cosmides, L. & Tooby, J. (2013). Evolutionary psychology: New perspectives on cognition and motivation. *Annual review of psychology*, 64, 201 – 229

Christakis, N. (2019). *Blueprint. The Evolutionary Origins of a Good Society*. New York/Boston/London: Little, Brown Spark (deutsche Ausgabe: *Blueprint. Wie unsere Gene das gesellschaftliche Zusammenleben prägen*. Frankfurt am Main: S. Fischer 2019)

Crenshaw, K. (1989). Demarginalizing the intersection of race and sex: A Black feminist critique of antidiscrimination doctrine, feminist theory, and antiracist politics. *The University of Chicago Legal Forum*, 1989 (1), 139 – 167

Crimston, D., Hornsey, M. J., Bain, P. G. & Bastian, B. (2018). Toward a psychology of moral expansiveness. *Current Directions in Psychological Science*, 27(1), 14 – 19

Curry, O. S., Mullins, D. A. & Whitehouse, H. (2019). Is it good to cooperate? Testing the theory of morality-as-cooperation in 60 societies. *Current Anthropology*, 60(1), 47 – 69

Cushman, F. (2015). Punishment in humans: From intuitions to institutions. *Philosophy Compass*, 10(2), 117 – 133

Damasio, A. (1994). *Descartes' Error. Emotion, Reason, and the Human Brain*. London: Penguin Books (deutsche Ausgabe: *Descartes' Irrtum. Fühlen, Denken und das menschliche Gehirn*. München/Leipzig: List 1995)

Darwin, C. 1972 [1871]. *The Descent of Man*. New York: The Heritage Press (deutsche Ausgabe: *Die Abstammung des Menschen*. Stuttgart: Kröner 2002)

Dawkins, R. (1982). *The Extended Phenotype. The Long Reach of the Gene*. Oxford: Oxford University Press (deutsche Ausgabe: *Der erweiterte Phänotyp. Der lange Arm der Gene*. Heidelberg: Spektrum 2010)

Dawkins, R. (2016 [1976]). *The Selfish Gene*. Oxford: Oxford University Press (deutsche Ausgabe: *Das egoistische Gen*. Berlin/Heidelberg/New York: Springer 1978)

Deaton, A. (2013). *The Great Escape. Health, Wealth, and the Origins of Inequality*. Princeton & Oxford: Princeton University Press (deutsche Ausgabe: *Der große Ausbruch. Von Armut und Wohlstand der Nationen*. Stuttgart: Klett-Cotta 2017)

DellaPosta, D. (2020). Pluralistic collapse: The »oil spill« model of mass opinion polarization. *American Sociological Review*, 85(3), 507 – 536

Delgado, R. (ed.) (1995). *Critical Race Theory. The Cutting Edge*. Philadelphia: Temple University Press

Dennett, D. (1995). *Darwin's Dangerous Idea. Evolution and the Meanings of*

*Life*. London: Penguin (deutsche Ausgabe: *Darwins gefährliches Erbe. Die Evolution und der Sinn des Lebens*. Hamburg: Hoffmann und Campe 1997)

de Waal, F. (1998). *Chimpanzee Politics. Power and Sex Among Apes*. Baltimore: The Johns Hopkins University Press (deutsche Ausgabe: *Unsere haarigen Vettern. Neueste Erfahrungen mit Schimpansen*. München: Harnack 1983)

de Waal, F. (2006). *Primates and Philosophers. How Morality Evolved*. Princeton, NJ: Princetojn University Press (deutsche Ausgabe: *Primaten und Philosophen. Wie die Evolution die Moral hervorbrachte*. München: Hanser 2008)

Diamond, J. (1987). The worst mistake in human history. *Discover*, 8(5), 64 – 66

Diamond, J. (1998). *Guns, Germs, and Steel: A short history of everybody for the last 13,000 years*. Random House (deutsche Ausgabe: *Arm und Reich. Die Schicksale menschlicher Gesellschaften*. Frankfurt am Main: S. Fischer 1999)

Diamond, J. (2005). *Collapse: How Societies Choose to Fail or Succeed*. Penguin (deutsche Ausgabe: *Kollaps. Warum Gesellschaften überleben oder untergehen*. Frankfurt am Main: S. Fischer 2005)

DiAngelo, R. (2018). *White Fragility. Why It's So Hard for White People to Talk About Racism*. Boston: Beacon Press (deutsche Ausgabe: *Wir müssen über Rassismus sprechen. Was es bedeutet, in unserer Gesellschaft weiß zu sein*. Hamburg: Hoffmann und Campe 2020)

Diemer, M. A., Mistry, R. S., Wadsworth, M. E., López, I. & Reimers, F. (2013). Best practices in conceptualizing and measuring social class in psychological research. *Analyses of Social Issues and Public Policy*, 13(1), 77 – 113

DiNapoli, R. J., Rieth, T. M., Lipo, C. P. & Hunt, T. L. (2020). A model-based approach to the tempo of »collapse«: The case of Rapa Nui (Easter Island). *Journal of Archaeological Science*, 116

Doris, J. M. & Murphy, D. (2007). From My Lai to Abu Ghraib: The moral psychology of atrocity. *Midwest Studies in Philosophy* 31 (1):25 – 55

Doris, J. M. (2002). *Lack of Character: Personality and Moral Behavior*. Cambridge University Press

Dornes, M. (2016). *Macht der Kapitalismus depressiv? Über seelische Gesundheit und Krankheit in modernen Gesellschaften*. Frankfurt am Main: Fischer

Drescher, S. (2009). *Abolition. A History of Slavery and Antislavery*. Cambridge: Cambridge University Press

Du Bois, W. E. B. (1998 [1935]). *Black Reconstruction in America*. New York: The Free Press

Dugatkin, L. A. & Trut, L. (2017). *How to Tame a Fox (and Build a Dog). Visionary Scientists and a Siberian Tale of Jump-Started Evolution*. Chicago: The University of Chicago Press (deutsche Ausgabe: *Füchse zähmen. Domestikation im Zeitraffer*. Berlin: Springer 2017)

Dunbar, R. (1992). Neocortex size as a constraint on group size in primates. *Journal of Human Evolution*, 22(6), 469 – 493

Dunbar, R. (1996). *Grooming, Gossip, and the Evolution of Language*. London: Faber & Faber (deutsche Ausgabe: *Klatsch und Tratsch. Wie der Mensch zur Sprache fand*. München: Bertelsmann 1998)

Dunbar, R. (2016). *Human Evolution*. New York: Oxford University Press

Durkheim, E. (1992 [1893]). *Über soziale Arbeitsteilung. Studie über die Organisation höherer Gesellschaften*. Frankfurt am Main: Suhrkamp

Easterlin, R. A. (1974). Does economic growth improve the human lot? Some empirical evidence. In: *Nations and Households in Economic Growth. Essays in Honor of Moses Abramowitz*. New York: Academic Press

Edgerton, R. B. (1992). *Sick Societies. Challenging the Myth of Primitive Harmony*. New York: The Free Press (deutsche Ausgabe: *Trügerische Paradiese. Der Mythos von den glücklichen Naturvölkern*. Hamburg: Kabel 1994)

Ehrlich, P. (1968). *The Population Bomb*. New York: Ballantine (deutsche Ausgabe: *Die Bevölkerungsbombe*. München: Hanser 1971)

Elias, N. (1997). *Über den Prozeß der Zivilisation. Soziogenetische und psychogenetische Untersuchungen. Erster Band: Wandlungen des Verhaltens in den weltlichen Oberschichten des Abendlandes*. Frankfurt am Main: Suhrkamp

Elsen, J., Cizer, O. & Snellings, R. (2013). Lessons from a lost technology: The secrets of Roman concrete. *American Mineralogist*, 98(11–12), 1917–1918

Fehr, E. & Gächter, S. (2000). Cooperation and punishment in public goods experiments. *American Economic Review*, 90(4), 980–994

Fehr, E. & Gächter, S. (2002). Altruistic punishment in humans. *Nature*, 415(6868), 137–140

Fiorina, M. P., Abrams, S. J. & Pope, J. C. (2005). *Culture War? The Myth of a Polarized America*. New York: Pearson Longman

Flannery, K. & Marcus, J. (2012). *The Creation of Inequality. How Our Prehistoric Ancestors Set the Stage for Monarchy, Slavery, and Empire*. Cambridge, MA: Harvard University Press

Fodor, J. (1983). *The Modularity of Mind*. Cambridge, MA: The MIT Press

Foucault, M. (1977). *Überwachen und Strafen. Die Geburt des Gefängnisses*. Frankfurt am Main: Suhrkamp

Frank, Th. (2004). *What's the Matter with Kansas? How Conservatives Won the Heart of America*. New York: Owl Books (deutsche Ausgabe: *Was ist mit Kansas los? Wie die Konservativen das Herz von Amerika eroberten*. Berlin: Berlin 2005)

Frankfurt, H. (1987). Equality as a moral ideal. *Ethics,* 98(1), 21–43

Freiman, Ch. (2017). *Unequivocal Justice*. London/New York: Routledge

Freiman, Ch. (2021). *Why It's Ok to Ignore Politics*. New York: Routledge

Freud, S. (1917). Eine Schwierigkeit der Psychoanalyse. In: *Imago. Zeitschrift für Anwendung der Psychoanalyse auf die Geisteswissenschaften,* 5, 1–7

Freud, S. (2006 [1930]). Das Unbehagen in der Kultur. In: Freud, S. (2006). *Werkausgabe in zwei Bänden*. Band 2, 367–427

Fricker, M. (2007). *Epistemic injustice. Power and the ethics of knowing*. Oxford: Oxford University Press

Fukuyama, F. (1992). *The End of History and the Last Man*. New York: The Free Press (deutsche Ausgabe: *Das Ende der Geschichte. Wo stehen wir?* München: Kindler 1992)

Funkhouser, E. (2022). A tribal mind: Beliefs that signal group identity or commitment. *Mind & Language,* 37(3), 444 – 464
Gehlen, A. (2016 [1940]). *Der Mensch. Seine Natur und seine Stellung in der Welt*. Frankfurt am Main: Klostermann
Glover, J. (2012). *Humanity. A Moral History of the 20th Century*. New Haven & London: Yale University Press
Gottfried, R. S. (1983). *The Black Death. Natural and Human Disaster in Medieval Europe*. New York: The Free Press
Chappell, S. G. (2021). Transgender and adoption: An analogy. *Think,* 20 (59): 25 – 30
Graeber, D. & Wengrow, D. (2021). *The Dawn of Everything. A New History of Humanity*. New York: Farrar, Strauss & Giroux (deutsche Ausgabe: *Anfänge. Eine neue Geschichte der Menschheit*. Stuttgart: Klett-Cotta 2022)
Graham, J., Waytz, A., Meindl, P., Iyer, R. & Young, L. (2017). Centripetal and centrifugal forces in the moral circle: Competing constraints on moral learning. *Cognition*, 167, 58 – 65
Greene, J. D. (2008). The Secret Joke of Kant's Soul. In: *Moral Psychology*. Vol. 3. *The Neuroscience of Morality: Emotion, Brain Disorders, and Development*. W. Sinnott-Armstrong (Hg.). Cambridge, MA: MIT Press
Greene, J. (2013). *Moral Tribes. Emotion, Reason, and the Gap Between Us and Them*. New York: The Penguin Press
Grubbs, J. B., Warmke, B., Tosi, J. & James, A. S. (2020). Moral grandstanding and political polarization: A multi-study consideration. *Journal of Research in Personality*, 88, 104009
Habermas, J. (2022). *Auch eine Geschichte der Philosophie*. Band 1: *Die okzidentale Konstellation von Glauben und Wissen*. Frankfurt am Main: Suhrkamp
Hamilton, W. (1964). The genetical evolution of social behaviour I. *Journal of Theoretical Biology*. 7(1): 1 – 16
Haidt, J. (2012). *The Righteous Mind. Why Good People Are Divided by Religion and Politics*. London: Allen Lane
Haidt. J. & Lukianoff, G. (2018). *The Coddling of the American Mind. How Good Intentions and Bad Ideas Are Setting Up a Generation for Failure*. New York: Penguin Press
Hall, L., Johansson, P. & Strandberg, T. (2012). Lifting the veil of morality: Choice blindness and attitude reversals on a self-transforming survey. *PloS one*, 7(9), e45457
Hannah-Jones, N., Roper, C., Silverman, I. & Silverstein, J. (2021). *The 1619 Project. A New Origin Story*. New York: OneWorld (deutsche Ausgabe: *1619. Eine neue Geschichte der USA*. München: Blessing 2022)
Harari, Y. N. (2013). *Eine kurze Geschichte der Menschheit*. München: DVA
Hardin, G. (1968). The Tragedy of the Commons. *Science*, 162(3859), 1243 – 1248
Hare, B. (2017). Survival of the friendliest: Homo sapiens evolved via selection for prosociality. *Annual review of psychology*, 68(1), 155 – 186

Hare, B. & Woods, V. (2020). *Survival of the Friendliest. Understanding our Origins and Rediscovering our Common Humanity*. New York: Random House

Haslam, N. (2016). Concept creep: Psychology's expanding concepts of harm and pathology. *Psychological Inquiry*, 27(1), 1 – 17

Hathaway, O. & Shapiro, S.J. (2017). *The Internationalists, And Their Plan to Outlaw War*. London: Penguin

Heath, J. (2004). Liberalization, modernization, westernization. *Philosophy & Social Criticism*, 30(5 – 6), 665 – 690

Heath, J. (2014). *Enlightenment 2.0. Restoring Sanity to Our Politics, Our Economy, and Our Lives*. Toronto: HarperCollins

Heath, J. (2021). Post-deliberative Democracy. *Analyse & Kritik*, 43(2), 285 – 308

Heath, J. (2021b). *Philosophical Foundations of Climate Change Policy*. New York: Oxford University Press

Hegel, G.W.F. (1995 [1820]). *Grundlinien der Philosophie des Rechts oder Naturrecht und Staatswissenschaft im Grundrisse*. Hamburg: Meiner

Henrich, J., Heine, S.J. & Norenzayan, A. (2010). The weirdest people in the world? *Behavioral and brain sciences*, 33(2 – 3), 61 – 83

Henrich, J. (2016). *The Secret of Our Success. How Culture is Driving Human Evolution, Domesticating Our Species, and Making Us Smarter*. Princeton & Oxford: Princeton University Press

Henrich, J. (2020). *The Weirdest People in the World. How the West Became Psychologically Peculiar and Particularly Prosperous*. London: Allen Lane (deutsche Ausgabe: *Die seltsamsten Menschen der Welt. Wie der Westen reichlich sonderbar und besonders reich wurde*. Berlin: Suhrkamp 2022)

Henrich, J. & Muthukrishna, M. (2021). The origins and psychology of human cooperation. *Annual Review of Psychology*, 72, 207 – 240

Herodot (2019). *Historien*. Stuttgart: Reclam

Herrmann, B., Thöni, C. & Gächter, S. (2008). Antisocial punishment across societies. *Science*, 319(5868), 1362 – 1367

Heyes, C. (2018). *Cognitive Gadgets. The Cultural Evolution of Thinking*. Cambridge, MA/London: The Belknap Press

Hickel, J. (2016). The true extent of global poverty and hunger: questioning the good news narrative of the Millennium Development Goals. *Third World Quarterly*, 37(5), 749 – 767

Hobbes, Th. (1966 [1651]). *Leviathan, oder Stoff, Form und Gewalt eines kirchlichen und bürgerlichen Staates*. Frankfurt am Main: Suhrkamp

Hochschild, A. (1998). *King Leopold's Ghost. A Story of Greed, Terror, and Heroism in Colonial Africa*. New York: Mariner Books (deutsche Ausgabe: *Schatten über dem Kongo. Die Geschichte eines der großen, fast vergessenen Menschheitsverbrechen*. Stuttgart: Klett-Cotta 2000)

Hrdy, S. (2009). *Mothers and Others. The Evolutionary Origins of Mutual Understanding*. Cambridge, MA: Harvard University Press (deutsche Ausgabe:

*Mütter und andere. Wie die Evolution uns zu sozialen Wesen gemacht hat*. Berlin: Berlin 2010)
Hübl, P. (2018). *Bullshit-Resistenz*. Berlin: Nicolai
Hübl, P. (2019). *Die aufgeregte Gesellschaft. Wie Emotionen unsere Moral prägen und die Polarisierung verstärken*. München: Bertelsmann
Hume, D. (2007 [1739–1740]). *A Treatise of Human Nature*. Hrsg. v. Norton, D.F. und Norton, M.J. Oxford: Clarendon Press (deutsche Ausgabe: *Ein Traktat über die menschliche Natur*. Hamburg: Meiner 2013)
Husi, S. (2017). Why we (almost certainly) are not moral equals. *The Journal of Ethics*, 21(4), 375–401
Husserl, E. (2012 [1936]). *Die Krisis der europäischen Wissenschaften und die transzendentale Phänomenologie*. Hamburg: Meiner
Inglehart, R. (1977). *The Silent Revolution. Changing Values and Political Styles Among Western Publics*. Princeton, NJ: Princeton University Press
Inglehart, R. (2018). *Cultural Evolution. People's Motivations are Changing, and Reshaping the World*. Cambridge: Cambridge University Press (deutsche Ausgabe: *Kultureller Umbruch. Wertwandel in der westlichen Welt*. Frankfurt am Main/New York: Campus 1995)
Iyengar, S. & Westwood, S.J. (2015). Fear and loathing across party lines: New evidence on group polarization. *American journal of political science*, 59(3), 690–707
Iyengar, S., Lelkes, Y., Levendusky, M., Malhotra, N. & Westwood, S.J. (2019). The origins and consequences of affective polarization in the United States. *Annual Review of Political Science*, 22(1), 129–146
Isen, A.M. & Levin, P.F. (1972). Effect of feeling good on helping: Cookies and kindness. *Journal of Personality and Social Psychology*, 21(3), 384–388
Jaspers, K. (2017 [1949]). *Vom Ursprung und Ziel der Geschichte*. Basel: Schwabe
Joshi, H. (2020). What are the chances you're right about everything? An epistemic challenge for modern partisanship. *Politics, Philosophy & Economics*, 19(1), 36–61
Kadri, S. (2006). *The Trial. A History from Socrates to O.J. Simpson*. London: Harper Perennial
Kant, I. (1999 [1784]). Beantwortung der Frage: Was ist Aufklärung? In: *Was ist Aufklärung? Ausgewählte kleine Schriften*. Hamburg: Meiner, 20–28 (zitiert nach den Seitenzahlen der Akademie-Ausgabe)
Kant, I. (1999 [1784b]). Idee zu einer allgemeinen Geschichte in weltbürgerlicher Absicht. In: *Was ist Aufklärung? Ausgewählte kleine Schriften*. Hamburg: Meiner, 3–20 (zitiert nach den Seitenzahlen der Akademie-Ausgabe)
Kant, I. (1999 [1785]). *Grundlegung zur Metaphysik der Sitten*. Hamburg: Meiner (zitiert als GMS nach den Seitenzahlen der Akademie-Ausgabe)
Kant, I. (1990 [1788]). *Kritik der praktischen Vernunft*. Hamburg: Meiner (zitiert als KpV nach den Seitenzahlen der Akademieausgabe)
Kant, I. (1992 [1795/1796]). Zum Ewigen Frieden. Ein Philosophischer Entwurf. In: (ders.) *Über den Gemeinspruch: Das mag in der Theorie richtig sein,*

*taugt aber nicht für die Praxis/Zum Ewigen Frieden*. Hamburg: Meiner (zitiert nach den Seitenzahlen der Akademie-Ausgabe)

Kant, I. (2001 [1790]). *Kritik der Urteilskraft*. Hamburg: Meiner (zitiert als KU nach den Seitenzahlen der Akademie-Ausgabe)

Kant, I. (1990 [1797]). *Die Metaphysik der Sitten*. Stuttgart: Reclam (zitiert als MdS nach den Seitenzahlen der Akademie-Ausgabe)

Kant, I. (1986 [1798]). *Anthropologie in pragmatischer Hinsicht*. Stuttgart: Reclam (zitiert als ApH nach den Seitenzahlen der Akademie-Ausgabe)

Kant, I. (2001 [1793/94]). *Die Religion innerhalb der Grenzen bloßer Vernunft*. Stuttgart: Reclam (zitiert nach den Seitenzahlen der Akademie-Ausgabe)

Kehlmann, D. (2017). *Tyll*. Hamburg: Rowohlt

Kelly, D. & Hoburg, P. (2017). A tale of two processes: On Joseph Henrich's the secret of our success: How culture is driving human evolution, domesticating our species, and making us smarter. *Philosophical Psychology*, 30(6), 832 – 848

Kendi, I. X. (2019). *How to Be an Antiracist*. New York: One World (deutsche Ausgabe: *How to Be an Antiracist*. München: btb 2020)

Kershaw, I. (1983). How effective was Nazi Propaganda? In. Welch, D. (ed.) (1983). *Nazi Propaganda. The Power and the Limitations*. London: Routledge

Kinder, D. R. & Kalmoe, N. P. (2017). *Neither Liberal Nor Conservative. Ideological Innocence in the American Public*. Chicago & London: The University of Chicago Press

King, M. L. (1986). *A Testament of Hope. The Essential Writings and Speeches of Martin Luther King, Jr.* Ed. by J. L. Washington. New York: HarperCollins (deutsche Ausgabe: *Testament der Hoffnung. Letzte Reden, Aufsätze und Predigten*. Gütersloh: Gütersloher Verlagshaus Mohn 1974)

Kitcher, P. (2011). *The Ethical Project*. Cambridge, MA: Harvard University Press

Kleiman, M. (2009). *When Brute Force Fails. How to Have Less Crime and Less Punishment*. Princeton, NJ: Princeton University Press

Klein, E. (2020). *Why We're Polarized*. London: Profile (deutsche Ausgabe: *Der tiefe Graben. Die Geschichte der gespaltenen Staaten von Amerika*. Hamburg: Hoffmann und Campe 2020)

Kleingeld, P. (2007). Kant's second thoughts on race. *The Philosophical Quarterly*, 57(229), 573 – 592

Kramer, S. N. (1963). *The Sumerians. Their History, Culture, and Character*. Chicago & London: The University of Chicago Press

Kumar, V. (2019). Empirical vindication of moral luck. *Nous*, 53(4), 987 – 1007

Kumar, V., Kodipady, A. & Young, L. (2020). *A Psychological Account of the Unique Decline in Anti-Gay Attitudes* (preprint)

Kuznets, S. (1955). Economic Growth and Income Inequality. *American Economic Review*, 45: 1 – 28

Laland, K. (2017). *Darwin's Unfinished Symphony. How Culture Made the Human Mind*. Princeton & Oxford: Princeton University Press

Leakey, M. & Leakey, S. (2020). *The Sediments of Time. My Lifelong Search for the Past.* Boston: Houghton Mifflin Harcourt

Lee, R. B. (1979). *The !Kung San. Men, Women, and Work in a Foraging Society.* Cambridge: Cambridge University Press

Lee, R. B. (2013). *The Dobe Ju/'hoansi.* Belmont: Wadsworth

Leeson, P. (2017). *WTF?! An Economic Tour of the Weird.* Stanford, CA: Stanford University Press

Leiter, B. (2019). The death of god and the death of morality. *The Monist,* 102(3), 386 – 402

Levari, D. E., Gilbert, D. T., Wilson, T. D., Sievers, B., Amodio, D. M. & Wheatley, T. (2018). Prevalence-induced concept change in human judgment. *Science,* 360(6396), 1465 – 1467

Levendusky, M. (2009). *The Partisan Sort. How Liberals became Democrats and Conservatives became Republicans.* Chicago & London: The University of Chicago Press

Levy, J. (2012). *Freaks of Fortune. The Emerging World of Capitalism and Risk in America,* Cambridge, MA: Harvard University Press

Levy, N. (2015). Less blame, less crime? The practical implications of moral responsibility skepticism. *Journal of Practical Ethics,* 3(2)

Levy, N. (2017). The Bad News About Fake News. *Social Epistemology Review and Reply Collective,* 6(8), 20 – 36

Levy, N. (2019). No-platforming and higher-order evidence, or anti-anti-no-platforming. *Journal of the American Philosophical Association,* 5(4), 487 – 502

Levy, N. & Alfano, M. (2020). Knowledge from vice: Deeply social epistemology. *Mind,* 129(515), 887 – 915

Levy, N. (2021). Virtue signalling is virtuous. *Synthese,* 198(10), 9545 – 9562

Levy, N. (2022). *Bad Beliefs. Why They Happen to Good People.* Oxford: Oxford University Press

Livingstone Smith, D. (2011). *Less Than Human. Why We Demean, Enslave, and Exterminate Others.* New York: St. Martin's Press

Lomborg, B. (2021). *False Alarm. How Climate Change Panic Costs Us Trillions, Hurts the Poor, And Fails to Fix the Planet.* New York: Basic Books (deutsche Ausgabe: *Klimapanik. Warum uns eine falsche Klimapolitik Billionen kostet und den Planeten nicht retten wird.* München: FBV 2022)

Luhmann, N. (1984). *Soziale Systeme. Grundriß einer allgemeinen Theorie.* Frankfurt am Main: Suhrkamp

Lyons, L. (2003). *The History of Punishment.* London: Amber Books

MacFarquhar, L. (2015). *Strangers Drowning. Voyages to the Brink of Moral Extremity.* London: Penguin

Machery, E. (2022). Anomalies in implicit attitudes research. *Wiley Interdisciplinary Reviews: Cognitive Science,* 13(1), e1569

Maisels, Ch. K. (1999). *Early Civilizations of the Old World. The Formative Histories of Egypt, The Levant, Mesopotamia, India and China.* London/New York: Routledge

Maitra, I. (2018). New words for old wrongs. *Episteme*, 15(3), 345 – 362
Malle, B. F. (2006). The actor-observer asymmetry in attribution: a (surprising) meta-analysis. *Psychological Bulletin*, 132(6), 895
Malthus, Th. R. (1970 [1798]). *An Essay on the Principle of Population*. Buckinghamshire: Penguin Books (deutsche Ausgabe: *Das Bevölkerungsgesetz*. München: dtv 1977)
Manne, K. (2018). *Down Girl. The Logic of Misogyny*. Oxford: Oxford University Press (deutsche Ausgabe: *Down girl. Die Logik der Misogynie*. Berlin: Suhrkamp 2019)
Marean, C. W. (2015). An evolutionary anthropological perspective on modern human origins. *Annual Review of Anthropology*, 44, 533 – 556
Markovits, D. (2020). *The Meritocracy Trap*. London: Penguin
Marquard, O. (2015). Abschied vom Prinzipiellen. Auch eine autobiografische Einleitung. In: (ders.) *Zukunft braucht Herkunft. Philosophische Essays*. Stuttgart: Reclam, 11 – 30
MacAskill, W. (2015). *Doing Good Better. How Effective Altruism Can Help You Help Others, Do Work That Matters, and Make Smarter Choices about Giving Back*. New York: Avery (deutsche Ausgabe: *Gutes besser tun. Wie wir mit effektivem Altruismus die Welt verändern können*. Berlin: Ullstein 2016)
MacAskill, W. (2022). *What We Owe The Future. A Million-Year View*. London: One World
Marx, K. (1958 [1844]). Zur Kritik der Hegelschen Rechtsphilosophie. Einleitung. In: *Marx Engels Werke*. Berlin: Dietz Verlag. 378 – 391
Mason, L. (2018). Ideologues without issues: The polarizing consequences of ideological identities. *Public Opinion Quarterly*, 82(S1), 866 – 887
Mason, L. (2018b). *Uncivil Agreement. How Politics Became Our Identity*. Chicago & London: The University of Chicago Press
McCloskey, D. N. (2006). *The Bourgeois Virtues. Ethics for an Age of Commerce*. Chicago & London: The University of Chicago Press
McCullough, M. E. (2020). *The Kindness of Strangers. How a Selfish Ape Invented a New Moral Code*. London: OneWorld
McGillen, P. (2023) »I Was There Today«: Fake Eyewitnessing and Journalistic Authority from Fontane to Relotius. In: *Journalists and Knowledge Practices: Histories of Observing the Everyday in the Newspaper Age*. Ed. By Hansjakob Ziemer. London/New York: Routledge
McWhorter, J. (2021). *Woke Racism. How a New Religion Has Betrayed Black America*. New York: Portfolio/Penguin (deutsche Ausgabe: *Die Erwählten. Wie der neue Antirassismus die Gesellschaft spaltet*. Hamburg: Hoffmann und Campe 2022)
Mercier, H. (2020). *Not Born Yesterday. The Science of Who We Trust and What We Believe*. Princeton & Oxford: Princeton University Press
Midgley, M. (2005). Trying out one's New Sword. *Ethics in the Workplace: Selected Readings in Business Ethics*, 159 – 165

Milgram, S. (1963). Behavioral study of obedience. *The Journal of Abnormal and Social Psychology*, 67(4), 371

Mill, J. S. (2009 [1859]). *On Liberty/Über die Freiheit*. Stuttgart/Reclam

Mills, C. W. (1997). *The Racial Contract*. Ithaca/London: Cornell University Press (deutsche Ausgabe: *Der Racial Contract*. Frankfurt am Main: Campus 2023)

Montaigne, M. de (2011 [1580]). *Essais*. Erstes Buch. München: dtv

Morris, I. (2015). *Foragers, Farmers, and Fossil Fuels. How Human Values Evolve*. Princeton & Oxford: Princeton University Press (deutsche Ausgabe: *Beute, Ernte, Öl. Wie Energiequellen Gesellschaften formen*. München: DVA 2020)

Mukherjee, S. (2010). *The Emperor of all Maladies. A Biography of Cancer*. New York: Simon and Schuster (deutsche Ausgabe: *Der König aller Krankheiten. Krebs – eine Biografie*. Köln: DuMont 2012)

Murray, C. (2012). *Coming Apart. The State of White America, 1960 – 2010*. Crown Forum

Nagel, Th. (1979). Moral Luck. In: Nagel, Th. (1979) *Mortal Questions*. Cambridge: Cambridge University Press, 24 – 39

Nagell, K., Olguin, R. S. & Tomasello, M. (1993). Processes of social learning in the tool use of chimpanzees (Pan troglodytes) and human children (Homo sapiens). *Journal of Comparative Psychology*, 107(2), 174

Nagle, A. (2017). *Kill All Normies. Online Culture Wars from 4Chan and Tumblr to Trump and the Alt-Right*. Winchester/Washington: Zero Books (deutsche Ausgabe: *Die digitale Gegenrevolution. Online-Kulturkämpfe der Neuen Rechten von 4chan und Tumblr bis zur Alt-Right und Trump*. Bielefeld: transcript 2018)

Newsom, L. & Richerson, P. (2021). *A Story of Us. A New Look at Human Evolution*. New York: Oxford University Press

Nguyen, C. T. (2020). Echo chambers and epistemic bubbles. *Episteme*, 17(2), 141 – 161

Nietzsche, F. (1999 [1873]). Ueber Wahrheit und Lüge im aussermoralischen Sinne. In: *Sämtliche Werke. Kritische Studienausgabe*, Band I, München: dtv, 875 – 890

Nietzsche, F. (1999 [1887]). Zur Genealogie der Moral. Eine Streitschrift. In: Nietzsche, F. (1999). *Sämtliche Werke. Kritische Studienausgabe*, Band V, München: dtv, 245 – 413

Nietzsche, F. (1999 [1886]). Jenseits von Gut und Böse. Vorspiel einer Philosophie der Zukunft. In: Nietzsche, F. (1999). *Sämtliche Werke. Kritische Studienausgabe*, Band V, München: dtv, 9 – 245

Nisbett, R. E. & Cohen, D. (1996). *Culture of Honor. The Psychology of Violence in the South*. Boulder, Colorado: Westview Press

Nordhaus, W. D. (1996). Do real-output and real-wage measures capture reality? The history of lighting suggests not. In: *The Economics of New Goods*. Chicago & London: The University of Chicago Press, 22 – 70

Nordhaus, W. (2013). *The Climate Casino. Risk, Uncertainty, and Economics for a Warming World*. Cambridge: Cambridge University Press

Norenzayan, A. (2013). *Big Gods. How Religion Transformed Cooperation and Conflict*. Princeton/Oxford: Princeton University Press

Norton, M. I. & Ariely, D. (2011). Building a better America – One wealth quintile at a time. *Perspectives on Psychological Science*, 6(1), 9 – 12

Nozick, R. (1974). *Anarchy, State, and Utopia*. New York: Basic Books (deutsche Ausgabe: *Anarchie, Staat, Utopia*. München: Olzog 2006)

Nussbaum, M. C. (1998). »Whether from reason or prejudice«: taking money for bodily services. *The Journal of Legal Studies*, 27(S2), 693 – 723

Nussbaum, M. (2007). On moral progress: A response to Richard Rorty. *U. Chi. L. Rev.*, 74 *(3)*, 939 – 960

O'Connor, C. (2019). *The Origins of Unfairness. Social Categories and Cultural Evolution*. Oxford: Oxford University Press

O'Connor, C. & Weatherall, J. O. (2019). *The Misinformation Age. How False Beliefs Spread*. New Haven & London: Yale University Press

Okun, T. (2010). *The Emperor Has No Clothes. Teaching About Race and Racism to People Who Don't Want to Know*. Charlotte: Information Age Publishing

Ord, T. (2020). *The Precipice. Existential Risk and the Future of Humanity*. London: Bloomsbury

Oreskes, N. & Conway E. M. (2010). *Merchants of Doubt. How a Handful of Scientists Obscured the Truth on Issues from Tobacco Smoke to Global Warming*. New York: Bloomsbury (deutsche Ausgabe: *Die Machiavellis der Wissenschaft. Das Netzwerk des Leugnens*. Weinheim: Wiley-VCH 2014)

Pagel, M. (2013). *Wired for Culture. Origins of the Human Social Mind*. New York/London: Norton & Company

Parfit, D. (1997). Equality and priority. *Ratio*, 10 (3), 202 – 221

Parker, V. A., Feinberg, M., Tullett, A. & Wilson, A. E. (2021). *The Ties that Blind: Misperceptions of the Opponent Fringe and the Miscalibration of Political Contempt* (preprint)

Pattison, K. (2020). *Fossil Men. The Quest for the Oldest Skeleton and the Origins of Humankind*. New York: William Morrow

Pauer-Studer, H. & Velleman, D. (2015). *Konrad Morgen. The Conscience of a Nazi Judge*. London: Palgrave Macmillan (deutsche Ausgabe: *»Weil ich nun mal ein Gerechtigkeitsfanatiker bin«. Der Fall des SS-Richters Konrad Morgen*. Berlin: Suhrkamp 2017)

Pennycook, G., Cheyne, J. A., Barr, N., Koehler, D. J. & Fugelsang, J. A. (2015). On the reception and detection of pseudo-profound bullshit. *Judgment and Decision Making*, 10(6), 549 – 563

Petersen, M. B., Sell, A., Tooby, J. & Cosmides, L. (2012). To punish or repair? Evolutionary psychology and lay intuitions about modern criminal justice. *Evolution and Human Behavior*, 33(6), 682 – 695

Pfaff, J. F. (2017). *Locked In. The True Causes of Mass Incarceration – And How to Achieve Real Reform*. New York: Basic Books

Physiologus (2001). Stuttgart: Reclam

Pievani, T. & Zeitoun, V. (2020). *Homo Sapiens. Der große Atlas der Menschheit.* Darmstadt: WBG

Piketty, Th. (2014). *Capital in the Twenty-First Century.* Cambridge, MA: The Belknap Press (deutsche Ausgabe: *Das Kapital im 21. Jahrhundert.* München: C. H. Beck 2014)

Pinker, S. (2011). *The Better Angels of Our Nature. The Decline of Violence and Its Causes.* London: Allen Lane (deutsche Ausgabe: *Gewalt. Eine neue Geschichte der Menschheit.* Frankfurt am Main: S. Fischer 2011)

Pinker, S. (2012). The False Allure of Group Selection. https://www.edge.org/conversation/steven_pinker-the-false-allure-of-group-selection

Pinker, S. (2018). *Enlightenment Now. The Case for Reason, Science, Humanism, and Progress.* New York: Viking (deutsche Ausgabe: *Aufklärung jetzt. Für Vernunft, Wissenschaft, Humanismus und Fortschritt – eine Verteidigung.* Frankfurt am Main: S. Fischer 2018)

Pleasants, N. (2016). The Question of the Holocaust's Uniqueness: Was it Something More Than or Different From Genocide? *Journal of Applied Philosophy*, 33(3), 297–310

Plessner, H. (1975 [1928]). *Die Stufen des Organischen und der Mensch. Einleitung in die philosophische Anthropologie.* Berlin/New York: de Gruyter

Pomeranz, K. (2001). *The Great Divergence. China, Europe, and the Making of the Modern World Economy.* Princeton & Oxford: Princeton University Press

Prinz, J. (2007). *The Emotional Construction of Morals.* New York: Oxford University Press

Prinz, J. (2011). Against empathy. *The Southern Journal of Philosophy*, 49, 214–233

Ramaswamy, V. (2021). *Woke, Inc. Inside Corporate America's Social Justice Scam.* New York/Nashville: Center Street

Ransmayr, Ch. (2018). *Cox oder Der Lauf der Zeit.* Frankfurt am Main: Fischer

Rawls, J. (1971). *A Theory of Justice.* Cambridge, MA: The Belknap Press (deutsche Ausgabe: *Eine Theorie der Gerechtigkeit.* Frankfurt am Main: Suhrkamp 1975)

Reich, D. (2018). *Who We Are and How We Got Here. Ancient DNA and the New Science of the Human Past.* Oxford: Oxford University Press

Renfrew, C. (2008). *Prehistory. The Making of the Human Mind.* London: Phoenix

Rhee, J. J., Schein, C. & Bastian, B. (2019). The what, how, and why of moralization: A review of current definitions, methods, and evidence in moralization research. *Social and Personality Psychology Compass*, 13(12)

Richerson, P. (2013). Group size determines cultural complexity. *Nature*, 503(7476), 351–352

Richerson, P., Baldini, R., Bell, A. V., Demps, K., Frost, K., Hillis, V., ... & Ross, C. (2016). Cultural group selection plays an essential role in explaining human cooperation: A sketch of the evidence. *Behavioral and Brain Sciences*, 39, 1–68

Rini, R. (2021). *The Ethics of Microaggression*. London/New York: Routledge

Ronson, J. (2015). *So You've Been Publicly Shamed*. London: Picador (deutsche Ausgabe: *In Shitgewittern. Wie wir uns das Leben zur Hölle machen*. Stuttgart: Tropen 2016)

Roth, M. P. (2014). *An Eye for an Eye. A Global History of Crime and Punishment*. London: Reaktion Books

Rousseau, J.-J. (1998 [1755]). *Abhandlung über den Ursprung und die Grundlagen der Ungleichheit unter den Menschen*. Stuttgart: Reclam

Sandel, M. J. (2020). *The Tyranny of Merit. What's Become of the Common Good?* London: Allen Lane (deutsche Ausgabe: *Vom Ende des Gemeinwohls. Wie die Leistungsgesellschaft unsere Demokratien zerreißt*. Frankfurt am Main: S. Fischer 2020)

Sahlins, M. (2017). *Stone Age Economics*. London/New York: Routledge

Sauer, H. (2015). Can't we all disagree more constructively? Moral foundations, moral reasoning, and political disagreement. *Neuroethics*, 8(2), 153–169

Sauer, H. (2019). The argument from agreement: How universal values undermine moral realism. *Ratio*, 32(4), 339–352

Scheidel, W. (2017). *The Great Leveler. Violence and the History of Inequality from the Stone Age to the Twenty-First Century*. Princeton & Oxford: Princeton University Press (deutsche Ausgabe: *Nach dem Krieg sind alle gleich. Eine Geschichte der Ungleichheit*. Darmstadt: wbg Theiss 2018)

Scheler, M. (2018 [1928]). *Die Stellung des Menschen im Kosmos*. Hamburg: Meiner

Schelling, Th. (1980 [1960]). *The Strategy of Conflict*. Cambridge, MA: Harvard University Press

Schmitt, C. (1976 [1932]). *Der Begriff des Politischen*. Berlin: Duncker & Humblot

Schneewind, J. B. (1998). *The Invention of Autonomy. A History of Modern Moral Philosophy*. Cambridge: Cambridge University Press

Schofield, D. P., McGrew, W. C., Takahashi, A. et al. (2018) Cumulative culture in nonhumans: overlooked findings from Japanese monkeys? *Primates*, 59, 113–122

Schopenhauer, A. (1988 [1859]). *Die Welt als Wille und Vorstellung*. Band II. Zürich: Haffmans

Schopenhauer A. (1988 [1851]). *Parerga und Paralipomena*. Band II. Zürich: Haffmans

Schröder, M. (2018). *Warum es uns noch nie so gut ging und wir trotzdem ständig von Krisen reden*. Salzburg/München: Benevento

Schumpeter, J. (2008 [1942]). *Capitalism, Social and Democracy*. New York: Harper Perennial (deutsche Ausgabe: *Kapitalismus, Sozialismus und Demokratie*. Tübingen: Narr Francke Attempto 2020)

Schwartz, S. H., Cieciuch, J., Vecchione, M., Davidov, E., Fischer, R., Beierlein,

C., ... & Konty, M. (2012). Refining the theory of basic individual values. *Journal of Personality and Social Psychology*, 103(4), 663

Scott, J. C. (2017). *Against the Grain. A Deep History of the Earliest States*. New Haven & London: Yale University Press (deutsche Ausgabe: *Die Mühlen der Zivilisation. Eine Tiefengeschichte der frühesten Staaten*. Berlin: Suhrkamp 2020)

Shariff, A. F. & Norenzayan, A. (2007). God is watching you: Priming God concepts increases prosocial behavior in an anonymous economic game. *Psychological Science*, 18(9), 803–809

Shellenberger, M. (2020). *Apocalypse Never. Why Environmental Alarmism Hurts Us All*. New York: HarperCollins (deutsche Ausgabe: *Apokalypse, niemals! Warum uns der Klima-Alarmismus krank macht*. München: LMV 2022)

Simler, K. & Hanson, R. (2018). *The Elephant in the Brain. Hidden Motives in Everyday Life*. New York: Oxford University Press

Simpson, R. M. & Srinivasan, A. (2018). No Platforming. In: Lackey, J. (ed.), *Academic Freedom*. Oxford: Oxford University Press, 186–209

Singal, J. (2021). *The Quick Fix. Why Fad Psychology Can't Cure Our Social Ills*. New York: Farrar, Strauss & Giroux

Singer, P. (1972). Famine, affluence, and morality. *Philosophy and Public Affairs*, 1(3): 229–243

Singer, P. (1995). *Animal Liberation*. London: Pimlico (deutsche Ausgabe: *Befreiung der Tiere. Eine neue Ethik zur Behandlung der Tiere*. München: Hirthammer 1982)

Singer, P. (2011). *The Expanding Circle. Ethics, Evolution, and Moral Progress*. Princeton & Oxford: Princeton University Press

Singh, M. & Glowacki, L. (2022). Human social organization during the Late Pleistocene: Beyond the nomadic-egalitarian model. *Evolution and Human Behavior*, 7/22

Sinnott-Armstrong, W. (2006). *Moral Skepticisms*. Oxford: Oxford University Press

Smith, A. (1976 [1776]). *An Inquiry into the Nature and Causes of the Wealth of Nations*. Oxford: Oxford University Press (deutsche Ausgabe: *Wohlstand der Nationen*. Köln: Anaconda 2013)

Smith, J. (1964). Group selection and kin selection. *Nature*, 201(4924), 1145–1147

Sober, E. & Wilson, D. (1998). *Unto Others. The Evolution and Psychology of Unselfish Behavior*. Cambridge, MA: Harvard University Press

Solnit, R. (2014). *Men Explain Things to Me*. Chicago: Haymarket Books (deutsche Ausgabe: *Wenn Männer mir die Welt erklären*. Hamburg: Hoffmann und Campe 2015)

Sperber, D. (1996). *Explaining Culture. A Naturalistic Approach*. Oxford: Blackwell

Spoto, D. (1999). *The Dark Side of Genius. The Life of Alfred Hitchcock*. New

York: da Capo Press (deutsche Ausgabe: *Alfred Hitchcock. Die dunkle Seite des Genies*. München/Zürich: Piper 1999)

Stanley, J. (2020). *How Fascism Works. The Politics of Us and Them*. New York: Random House

Stanovich, K. (2004). *The Robot's Rebellion. Finding Meaning in the Age of Darwin*. Chicago: Chicago University Press

Stark, R. (1996). *The Rise of Christianity. A Sociologist Reconsiders History*. Princeton, NJ: Princeton University Press (deutsche Ausgabe: *Der Aufstieg des Christentums. Neue Erkenntnisse aus soziologischer Sicht*. Weinheim: Beltz 1997)

Starmans, C., Sheskin, M. & Bloom, P. (2017). Why people prefer unequal societies. *Nature Human Behaviour*, 1(4), 1 – 7

Sterelny, K. (2007). Social intelligence, human intelligence and niche construction. *Philosophical Transactions of the Royal Society B: Biological Sciences, 362*(1480), 719 – 730

Sterelny, K. (2007b). Snafus: an evolutionary perspective. *Biological Theory*, 2(3), 317 – 328

Sterelny, K. (2010). Minds: extended or scaffolded? *Phenomenology and the Cognitive Sciences*, 9(4), 465 – 481

Sterelny, K. (2012). *The Evolved Apprentice*. Cambridge, MA: MIT Press

Sterelny, K. (2017). Cultural Evolution in California and Paris. *Studies in History and Philosophy of Science Part C: Studies in History and Philosophy of Biological and Biomedical Sciences*, 62, 42 – 50

Sterelny, K. (2021). *The Pleistocene Social Contract. Culture and Cooperation in Human Evolution*. Oxford: Oxford University Press

Stevenson, B. & Wolfers, J. (2008). *Economic growth and subjective well-being: Reassessing the Easterlin paradox* (No. w14282). National Bureau of Economic Research

Strandberg, T., Olson, J. A., Hall, L., Woods, A. & Johansson, P. (2020). Depolarizing American voters: Democrats and Republicans are equally susceptible to false attitude feedback. *Plos one*, 15(2), e0226799

Surprenant, C. & Brennan, J. (2020). *Injustice for All. How Financial Incentives Corrupted and Can Fix the US Criminal Justice System*. New York: Routledge

Suzman, J. (2021). *Work. A Deep History, From the Stone Age to the Age of Robots*. New York: Penguin Press (deutsche Ausgabe: *Sie nannten es Arbeit. Eine andere Geschichte der Menschheit*. München: C. H. Beck 2021)

Sykes, R. (2020). *Kindred. Neanderthal Life, Love, Death, and Art*. London: Bloomsbury Sigma (deutsche Ausgabe: *Der verkannte Mensch. Ein neuer Blick auf Leben, Liebe und Kunst der Neandertaler*. München: Goldmann 2022)

Tainter, J. A. (1988). *The Collapse of Complex Societies*. Cambridge: Cambridge University Press

Táíwò, O. O. (2022). *Elite Capture. How the Powerful Took Over Identity Politics (And Everything Else)*. Chicago: Haymarket Books

Tomasello, M. (2016). *A Natural History of Human Morality*. Cambridge, MA: Harvard University Press (deutsche Ausgabe: *Eine Naturgeschichte der menschlichen Moral*. Berlin: Suhrkamp 2020)

Tönnies, F. (2010 [1887]). *Gemeinschaft und Gesellschaft. Grundbegriffe der reinen Soziologie*. Darmstadt: WBG

Toole, B. (2021). Recent Work in Standpoint Epistemology. *Analysis,* 81 (2): 338–350

Tosi, J. & Warmke, B. (2016). Moral grandstanding. *Philosophy & Public Affairs*, 44(3), 197–217

Trivers, R.L. (1971). The evolution of reciprocal altruism. *The Quarterly Review of Biology*, 46(1), 35–57

Tucholsky, K. (1928 [1975]). Die Glaubenssätze der Bourgeoisie. In: (ders.) *Gesammelte Werke in zehn Bänden*. Band 6, Hamburg: Rowohlt, 251–255

Turchin, P. (2013). Modeling social pressures toward political instability. *Cliodynamics*, 4(2)

Turchin, P. (2016). *Ultrasociety. How 10,000 Years of War Made Humans the Greatest Cooperators on Earth*. Chaplin: Beresta Books

Veblen, Th. (2007 [1899]). *The Theory of the Leisure Class*. New York: Oxford University Press (deutsche Ausgabe: *Theorie der feinen Leute. Eine ökonomische Untersuchung der Institutionen*. Frankfurt am Main: Fischer 2007)

Wallace-Wells, D. (2019). *The Uninhabitable World. Life After Warming*. New York: Tim Duggan Books (deutsche Ausgabe: *Die unbewohnbare Erde. Leben nach der Erderwärmung*. München: Ludwig 2019)

Walter, A.S. & Redlawsk, D.P. (2019). Voters' partisan responses to politicians' immoral behavior. *Political Psychology*, 40(5), 1075–1097

Waytz, A., Iyer, R., Young, L., Haidt, J. & Graham, J. (2019). Ideological differences in the expanse of the moral circle. *Nature Communications*, 10(1), 1–12

Weber, M. (1995 [1919]). *Wissenschaft als Beruf*. Stuttgart: Reclam

Welzel, Ch. (2013). *Freedom Rising. Human Empowerment and the Quest for Emancipation*. Cambridge: Cambridge University Press

Wengrow, D. (2010). *What Makes Civilization?* Oxford: Oxford University Press

Whitehouse, H., Francois, P., Savage, P.E., Currie, T.E., Feeney, K.C., Cioni, E., ... & Turchin, P. (2019). Complex societies precede moralizing gods throughout world history. *Nature*, 568(7751), 226–229

Widerquist, K. & McCall, G. (2015). Myths about the State of Nature and the Reality of Stateless Societies. *Analyse & Kritik*, *37*(1–2), 233–258

Wild, M. (2008). *Die anthropologische Differenz. Der Geist der Tiere in der frühen Neuzeit bei Montaigne, Descartes und Hume*. Berlin/New York: de Gruyter

Wilkins, A.S., Wrangham, R.W. & Fitch, W.T. (2014). The »domestication syndrome« in mammals: a unified explanation based on neural crest cell behavior and genetics. *Genetics*, 197(3), 795–808

Wilkinson, R. & Pickett, K. (2010). *The Spirit Level. Why Equality is Better for Everyone.* London: Penguin (deutsche Ausgabe: *Gleichheit ist Glück. Warum gerechte Gesellschaften für alle besser sind.* Hamburg: Tolkemitt bei Zweitausendeins 2009)

Wilson, D.S. (1975). A theory of group selection. *Proceedings of the National Academy of Sciences*, 72(1), 143–146

Wilson, R.A. & Keil, F. (1998). The shadows and shallows of explanation. *Minds and Machines*, 8(1), 137 – 159

Wittgenstein, L. (1984). *Über Gewißheit.* In: Wittgenstein, L. (1984). *Werkausgabe Band 8.* Frankfurt am Main: Suhrkamp, 113 – 259 (zitiert als ÜG)

Wood, B. (2019). *Human Evolution. A Very Short Introduction.* Oxford: Oxford University Press

Wrangham, R. (2009). *Catching Fire. How Cooking Made Us Human.* New York: Basic Books (deutsche Ausgabe: *Feuer fangen. Wie uns das Kochen zum Menschen machte – eine neue Theorie der menschlichen Evolution.* München: DVA 2009)

Wrangham, R. (2019). *The Goodness Paradox. How Evolution Made Us Both More and Less Violent.* London: Profile Books (deutsche Ausgabe: *Die Zähmung des Menschen. Warum Gewalt uns friedlicher gemacht hat – eine neue Geschichte der Menschwerdung.* München: DVA 2019)

Zahavi, A. (1975). Mate selection – a selection for a handicap. *Journal of Theoretical Biology*, 53(1), 205 – 214

Zweig, S. (2017 [1942]). *Die Welt von Gestern. Erinnerungen eines Europäers.* Frankfurt am Main: Fischer